台湾研究

海峡两岸刑事司法互助研究

福建省高校服务海西建设重点项目
『『平安海西』建设研究』阶段性成果

张淑平 著

九州出版社 JIUZHOUPRESS | 全国百佳图书出版单位

图书在版编目(CIP)数据

海峡两岸刑事司法互助研究/张淑平著. —北京：
九州出版社，2011.12
ISBN 978-7-5108-1233-0

Ⅰ.①海… Ⅱ.①张… Ⅲ.①海峡两岸-刑法-司法协助—研究 Ⅳ.①D924.04

中国版本图书馆 CIP 数据核字(2011)第 249363 号

海峡两岸刑事司法互助研究

作　　者	张淑平　著
出版发行	九州出版社
出 版 人	徐尚定
地　　址	北京市西城区阜外大街甲 35 号(100037)
发行电话	(010)68992190/2/3/5/6
网　　址	www.jiuzhoupress.com
电子信箱	jiuzhou@jiuzhoupress.com
印　　刷	三河市东方印刷有限公司
开　　本	720 毫米×1020 毫米　16 开
印　　张	13.625
字　　数	260 千字
版　　次	2011 年 12 月第 1 版
印　　次	2011 年 12 月第 1 次印刷
书　　号	ISBN 978-7-5108-1233-0
定　　价	40.00 元

前　言

在海峡两岸隔绝时期，刑事司法互助问题并不突出。随着全球化的进程和两岸人员、经贸、文化等各方面交流往来日益频繁，跨境犯罪不仅大量滋生，而且从趋势看，更是利用海峡两岸尚未统一的现状，利用两岸刑事司法互助并不畅通的客观事实而大势实施，一定时间内甚至出现某些或者某类犯罪特别突出的情况。

两岸的刑事司法互助与其他领域的合作一样，与台湾岛内的政治生态密切相关。在两岸关系朝着和平方向发展之前，合作打击跨境犯罪与刑事司法互助并不具备现实的条件。《海峡两岸共同打击犯罪及司法互助协议》是两岸关系进一步回暖之后签署的一系列协议之一，它不仅顺应两岸交往的现实需要，而且是继《金门协议》之后又一个具有里程碑意义的两岸司法互助协议。但是，《海峡两岸共同打击犯罪及司法互助协议》只是一个框架性协议，对共同打击犯罪和司法互助只做原则性规定，大量的法律问题、实务操作问题还有待于研究和探索，本书正是对这一现实问题的回应。

台湾是中国的一部分，但两岸的政治格局还不是真正意义上的“一国两制”。所以，两岸刑事司法互助模式应有别于一般的区际刑事司法协助，也有别于内地与港、澳之间的刑事司法协助，必须探求并建立彼此可以接受的全新的模式，这正是2008年开始撰写本书时的出发点和立足点。

2009年，机缘巧合之下，我参加了中国警察协会在研的公安部课题“两岸合作打击跨境犯罪研究”（编号2008LLYJJCXH103）。近三年来，笔者一边潜心钻研本领域的文献资料，一边随课题组陆续赴上海、浙江、广东、福建公安机关调研。“春江水暖鸭先知”，公安部门对于两岸刑事司法互助的情况和问题最先感知、最有发言权。来自公安实战一线的两岸刑事司法互助的真实状况——虽然因为涉密的原因不能直接呈现给读者，但它为我展现了一个鲜活的现实，使笔者能够站在理论与实践的门槛上，在该领域的理论与实践相结合方面也有所尝试。

2009年5月14日，国务院公布了《支持福建加快建设海峡西岸经济区若干意见》，确立了以福建省为主体的"海峡西岸经济区"建设的战略部署，福建成为"先行先试"区域，也将成为两岸开展共同打击跨境犯罪和刑事司法互助的重要协商地和先行先试地。作为我省公安理论研究的参与者，选择这一主题作为自己学术研究的第一座高峰，内心似有一丝为建设"平安海西"尽己绵薄之力的欣慰之感。

需要说明的是，本书也是2010年福建省社会科学规划研究"两岸共同打击犯罪及司法互助研究"(项目编号2010B061)的最终成果。在此，特别要感谢福建省高校服务海西建设重点项目"'平安海西'建设研究"对本课题提供的资助，感谢我的领导熊一新院长、张昌荣副主任多年来对我科研工作和本项目研究的支持！

由于"海峡两岸刑事司法互助"尚处于探索中，更因作者水平所限，书中定有疏漏、甚至错误之处，敬祈专家、学者批评指正！

张淑平

2011年8月31日于福州

目　　录

第一章　海峡两岸关系的发展与刑事司法互助历程

2009年4月26日海峡两岸关系协会会长陈云林和海峡交流基金会董事长江丙坤在南京签署《海峡两岸共同打击犯罪及司法互助协议》（简称《南京协议》）。《南京协议》的签订主体虽为民间组织，但因为分别获得两岸官方的授权，所以实际上完全代表了两岸官方真实的意思表示，而且因其内容涉及众多互助事项，因此是中国第一个综合性的区际刑事司法互助协议，它标志着海峡两岸刑事司法互助进入了一个准官方的、全面合作的时代。

然而，在此之前，漫长的60年间，随着两岸关系的曲折发展，两岸的刑事司法互助却经历了一个从无到有、起伏反复的过程。

第一节　海峡两岸关系的发展与刑事司法互助历程

1949年，中国人民取得了新民主主义革命的胜利，中华人民共和国成立，国民党退踞台湾，此后两岸开始了长达三十年的对峙。政治对立、军事对立，经济、文化隔绝，无论是高层还是民间，两岸停止了一切形式上的联系和交往。这个阶段，两岸刑事司法互助无从谈起。

一、民间交往阶段（1979—1987）

从20世纪70年代开始，世界局势日趋缓和。随着中共中央将工作重心转移到经济建设上，大陆开始改革开放后，两岸关系开始松动。1979年元旦，全国人大常委会发表《告台湾同胞书》，阐明大陆对发展两岸关系的基本立场，宣布了用和平方式统一祖国的基本方针政策。同时提出，在解决统一问题时，将“尊重台湾现状和台湾各界人士的意见，采取合情合理的政策和办法，不使台湾人民蒙受损失”。随即在刑事司法方面，相继颁布一系列法律文件：首先，1982 年，最高人民法院、最高人民检察院和公安部联合发布《对非法越境去台人员的处理意见》。其第 3 条第（四）项规定："普通公民纯属好逸恶劳，羡慕资本主义生活方式或出于探亲、访友等目的而非法偷渡去台的，一般可不追究刑事责任，但应酌情给予必要的批评教育、训诫或者责令具结悔过。"其次，1988 年 3 月 14 日，最高人民法院和最高人民检察院共同发表《关于不再追诉去台人员在中华人民共和国成立前犯罪行为的公告》；紧接着，又于 9 月 7 日发表《关于不再追诉去台人员在中华人民共和国成立后当地人民政权建立前的犯罪行为的公告》。两个公告的宗旨即在于"进一步发展祖国大陆与台湾经济、文化交流和人员往来，促进祖国和平统一大业"，并强调"来祖国大陆的台湾同胞应遵守国家的法律，其探亲、旅游、贸易、投资等正当活动，均受法律保护"。

但是，面对大陆提出的"和平统一"新方针，台湾方面先是以"绝不接触、绝不谈判、绝不妥协"的"三不政策"作为回应，后又通过了"以三民主义统一中国"的决议。然而，在祖国大陆的大力推动下，台湾民众要求开放大陆探亲的呼声越来越高。1987 年 7 月 15 日，台湾当局宣布解除实施了 39 年的"戒严"，并出台了一系列法规，允许台湾居民有条件赴大陆探亲。此后两岸经济开始了交流沟通，两岸的民间交往也开始活跃，兴起了台商回大陆投资办厂以及台胞回大陆探亲的高潮，特别在沿海地区的福建、广东等地，台胞为当地的经济和社会发展做出较大贡献。概括之，这一阶段，两岸关系虽然开始解冻，对立局面趋于缓和，但也仅限于民间交往，仍未涉及两岸区际刑事司法互助问题。

二、间接交往阶段（1987—1990）

1987 年之后，随着两岸各类民间交往的全面展开，各类跨境民事、刑事案件开始涌现。在民事方面，继承、婚姻、经济纠纷不断增多；在刑事方面，走私、私渡、贩运毒品、枪支、劫机等犯罪剧增，两岸交往的现实呼唤两岸司法协助的诞生。但是，囿于当时的政治形势，两岸在司法领域的协助仍属于敏感地带。总之 1987 年至 1990 年期间，两岸的刑事司法互助零星开展、内容单一（仅遣 1 返）、而且通过第三地或者国际刑警组织间接进行。如 1989 年 4 月，台湾杀人犯杨明宗在大陆落网后，大陆警方通过新加坡警方将案犯移交给台湾警方。同年，大陆盗窃银行汇票外逃的罪犯吴大鹏被台湾警方查获，后者通过国际刑警组织将吴大鹏遣返大陆。可以说，该阶段，两岸刑事司法互助起步维艰、困难重重。

三、半官方交往阶段（1990—2009）

随着两岸经济、人员来往日益增多，两岸进行刑事司法互助、共同打击犯罪的需求也日趋旺盛。1990 年 9 月，海峡两岸红十字组织在金门签署《有关海上遣返协议》（通称《金门协议》），专门针对“违反有关规定进入对方地区的居民”和“刑事嫌疑犯或刑事犯”的海上双向遣返达成一致协议。1991 年，公安部发布《关于实施大陆与台湾双向遣返工作的通知》，对海上遣返的工作原则、人员范围、业务部门分工、遣返程序、工作要求等做出规定。1992 年 6 月 17 日，台湾“行政院大陆委员会”制定“大陆地区人民非法入境遣返实施要点”。《金门协议》内容虽然简单，但却是两岸第一个刑事司法互助协议，被誉为两岸区际司法协助的第一个里程碑。此后，海峡两岸开始了长达 19 年的“金门协议”合作模式。

1990 年 11 月 2 日，台湾当局首先成立“财团法人海峡交流基金会”（简称海基会），作为处理两岸关系的“中介团体”，其组织章程第 3 条第（二）项规定，该组织接受“政府”委托办理“大陆地区文书之验证、身份关系之证明、协助诉讼文书之送达及两地人犯之遣返等事宜。”1991 年 12 月 16 日，大陆随即在北京成立“海峡两岸关系协会”（简称“海协”），其工作重点即“就合作打击台湾海峡海上走私、抢劫问题与台湾授权组织海基会具体商谈。”1993 年 4 月 2 日，公安部、国务院台湾事务办公室发布《关于协调处理涉台重大刑事案件的通知》，规定“海协是授权协调大陆各部门和各地与台湾海峡交流基金会进行联系的机构。各地公安机关需要通过海协与台方联系或者交涉的事项，由公安部、国台办与海协协商统一口径”、“台湾警方通过海基会与海协联系请求大陆公安机关予以协查的实行，由公安部商国台办后通知有关地区公安机关办理；需要当地台办协助的，由当地公安机关提出，各地台办应积极配合”。海协和海基会（简称两会）名义上是民间团体，实质上具有官方性质（海基会有台湾当局“白手套”之称）。为解决政治上分立的局面，两岸通过设立并委托民间团体来协商、交流、合作及解决纠纷，是一种政治智慧的体现，两会的建立为两岸刑事司法合作提供了新的渠道。此后直至 2009 年，两岸之间的刑事司法互助主要通过两会开展，但是内容还是围绕遣返进行。1993 年，海峡之间劫机案件频发，两会对劫机犯遣返事宜曾进行多次会谈。1995 年还达成《两岸劫机犯遣返及相关事宜协议（草案)》，后来由于台湾方面坚持劫机犯要与偷渡客协议连同渔事纠纷协议一并签署，而后双方在渔事管辖权方面出现争议，最后没有正式签署。

90 年代后期到 2009 年前，随着岛内政治气候的变化，同时由于个案处理上的分歧（如 1994 年的“千岛湖事件”），两岸刑事司法合作议题被搁置。特别是李登辉执政和陈水扁为代表的民进党执政期间，两岸刑事司法合作搁浅、甚至出现倒退现象。

第二节《金门协议》简析

1990 年 9 月 12 日，为了合作打击两岸间不断增多的违法犯罪活动，中国红十字会总会与台湾红十字会组织在金门举行商谈，就“违反有关规定进入对方地区的居民”及“刑事嫌疑犯或刑事犯”的遣返问题达成《有关海上遣返协议》，即《金门协议》。

一、《金门协议》签署的背景

1980 年代后期，由于台湾当局限制大陆民众与台湾的正常交往，在沿海地区出现大陆居民私渡去台的现象。台湾军警对大陆私渡人员采取不人道的“并船遣返”的做法。致使台湾海峡连续发生数起大陆同胞在遣返中遭受人身伤亡的事件。1990 年 7、8 月间，1990 年 9 月，为了合作打击两岸间的违法犯罪活动，两岸红十字组织在金门举行会谈，就“违反有关规定进入对方地区的居民及刑事嫌疑犯或刑事犯”的遣返问题达成《有关海上遣返协议》。

二、《金门协议》的内容和特点

《金门协议》共五条 502 字，非常简短。内容包括遣返原则、遣返对象、遣返交接地点、遣返程序等四个方面：1. 确立了“人道精神与安全便利”的遣返原则。2. 明确了两类遣返对象。一是“违反有关规定进入对方地区的居民”（俗称“私渡人员”）；二是“刑事嫌疑犯或刑事犯”。3. 商定以“马尾—马祖”、“厦门—金门”（简称两马、两门）作为唯一遣返交接地点。4. 规定了遣返程序。包括资料送达、复核、专用船使用、交接见证等。

从协议全文看，有以下特点：

（一）《金门协议》规定的司法互助内容单一。首先，《金门协议》仅针对“违反有关规定进入对方地区的居民”及“刑事嫌疑犯或刑事犯”的“遣返”事宜，不涉及文书送达、调查取证、犯罪情报交流等其他司法互助事项。其次，遣返对象中的前者——“违反有关规定进入对方地区的居民”，实际上就是指“私渡人员”，这些人不构成犯罪，对其遣返不属于司法行为。对“刑事嫌疑犯或刑事犯”的遣返才属于刑事司法互助的范围。此外，从刑事司法互助角度看，虽使用“遣返”一词，实际上，《金门协议》就是两岸关于逃犯移交的专门协定。

（二）《金门协议》规定的司法互助程序繁琐与内容单一不同的是，《金门协议》规定的遣返程序则颇为复杂：一方应将被遣返人员的有关资料通知对方，对方应于20日内核查答复；双方应按商定时间、地点遣返交接。遣返双方均使用红十字专用船，并由民用船只在约定地点引导。无论遣返船、引导船都必须悬挂白底红十字旗，不悬挂其他旗帜，不使用其他的标志。遣返交接时，应由双方事先约定的代表两人签署交接见证书等。

（三）《金门协议》规定的遣返地点唯一。根据《金门协议》，无论是对私渡人员，还是对刑事嫌疑犯或刑事犯，其遣返地点仅限于马尾—马祖，厦门—金门。从大陆方面说，在全国任何地方抓获的刑事犯和刑事嫌疑犯，都要辗转送到福建的马尾和厦门进行遣返作业，交给台湾方面。

三、《金门协议》的历史意义

《金门协议》是1949年以来两岸分别授权民间团体签订的第一个刑事司法互助协议，是两岸刑事司法互助的第一个里程碑。据统计，《金门协议》签署之后到《南京协议》订立之前的19年间，双方根据《金门协议》实施双向遣返作业200余次，涉及38936人次。其中，大陆向台湾遣返私渡人员、刑事犯和刑事嫌疑犯共91批366人次，大陆接回私渡人员3870人次。虽然，数据显示被遣返的大部分是私渡人员，刑事犯和刑事嫌疑犯只占少数，但是《金门协议》却开启了两岸合作遣返刑事犯和刑事嫌疑犯的大门，在两岸联手打击犯罪方面发挥了重要作用。特别是2007年1月25日、26日，大陆顺利完成台湾重大通缉要犯陈益华、薛球、李汉扬、李金瓒等人，以及黄玉兰、杨介文两个电信诈骗团伙的遣返，在海峡两岸引起了很大反响。

四、《金门协议》的局限性——与《南京协议》比较

应当说，《金门协议》内容虽然简单，但是作为 两岸第一个刑事司法互助协议，其所建立的两岸间遣返刑事嫌疑犯或刑事犯的渠道是畅通的，运作是有效的。历史翻过十几年，随着两岸人民交往的日益加深和经贸文化的进一步融合，涉及两岸的犯罪也呈现多样化和复杂化。从今天看，面对两岸犯罪的新态势，《金门协议》这一模式所能够提供的刑事司法合作的空间实在太有限了。《南京协议》不仅是两岸关系发生重大变化的标志，也是共同打击跨海峡犯罪新态势的现实需求。

（一）从遣返对象看，根据《金门协议》遣返的“刑事犯和刑事嫌疑犯”主要是重大的暴力性犯罪。对于劫机犯，当时大陆要求按照《金门协议》遣返，台湾自认为也具备管辖权，不能根据《金门协议》遣返，而属于“个案协助”范围。《南京协议》后，遣返的则不仅是重大暴力性“刑事犯和刑事嫌疑犯”，也包括经济犯罪、劫机犯罪、职务犯罪和恐怖犯罪等“双方均认为涉嫌犯罪”的“刑事犯和刑事嫌疑犯”，还包括“一方认为涉嫌犯罪，另一方认为未涉嫌犯罪但有重大社会危害，得经双方同意个案协助”的“刑事犯和刑事嫌疑犯”。

（二）从遣返地点和途径看，《金门协议》地点仅限于马尾—马祖，厦门—金门。《南京协议》对遣返地点没有加以限制，可以是大陆和台湾有直航点的任何地方。在遣返方式上增加了海运或空运直航方式。也就是说，《南京协议》后，两岸遣返“刑事犯和刑事嫌疑犯”的作业，可以在两岸的任何地点以海运或空运直航方式进行。

（三）从遣返的原则和程序看，《金门协议》遣返的原则是“人道精神与安全便利 ”，程序则相当复杂。《南京协议》则规定，遣返的原则为“人道、安全、迅速、便利”——增加了“迅速”的原则。为此程序也大大简化：以书面形式提出，并附所需资料，对方于10日内以书面确认；根据协议及己方规定协助执行——仅此而已。此外《南京协议》还规定双方在提供证据、司法文书等资料时“互免证明”，这显然也能使相关司法互助更加便捷。

虽然《金门协议》与《南京协议》相比有其局限性，但并不因此抹杀其

两岸第一个区际司法互助里程碑的历史功绩。而且，《南京协议》的签署并不意味着《金门协议》归于无效。因为《金门协议》并不是纯粹的司法合作协议，它还包括对“私渡人员”的遣返。尽管《南京协议》的相关内容已经取代了《金门协议》对刑事犯和刑事嫌疑犯遣返的规定，但是如果两岸没有另外签署其他关于“私渡人员”遣返的协议，《金门协议》仍是目前和未来两岸遣返“私渡人员”的主要依据。当然，随着近年大陆经济的蓬勃发展，私渡去台人员已经大为减少。放眼长远，海峡两岸必将走向统一，那时，《金门协议》才会真正退出历史舞台。

第三节　《南京协议》评析

在全球化和大陆经济繁荣的背景之下，两岸经济交流和融合日益紧密，涉及两岸的各类犯罪活动也呈上升趋势。但由于两岸司法部门缺乏顺畅的沟通配合机制，严重影响了两岸司法机关对不法分子的打击与惩处力度，最终危害的是两岸同胞的福祉。2009 年 4 月 26 日，大陆海峡两岸关系协会会长陈云林和台湾海峡交流基金会董事长江丙坤在南京签署《海峡两岸共同打击犯罪及司法互助协议》，即《南京协议》。①

一、《南京协议》的内容

《南京协议》共 24 条 2130 字。分五章：第一章“总则”部分规定了合作事项的范围、业务交流和联系主体；第二章“共同打击犯罪”部分规定了合作范围、协助侦查、人员遣返；第三章“司法互助”部分规定了文书送达、调查取证、罪赃移交、裁判认可、罪犯移管（接返）、人道探视；第四

① 2008 年 3 月，承认“九二共识”的中国国民党在新一届台湾地区领导人选举中胜出，新领导人马英九表示“两岸同属中华民族”。两岸关系出现了新气象，一度中断的海协和海基会商谈得以重启。5 月 26 日，中国国民党副主席江丙坤当选台湾海基会新任董事长。6 月 3 日，海协第二届理事会推举原中共中央台办、国务院台办主任陈云林为新会长。6 月 11 日，海协会长陈云林和海基会董事长江丙坤举行第一次两会领导人会谈（即第一次“陈江会”），签署《两岸包机会谈纪要》和《海峡两岸关于大陆居民赴台湾旅游协议》，并就此后两会制度化交流和协商等达成多项共识。同年 11 月 3 日，两会领导人在台北举行第二次会谈（即第二次“陈江会”），双方签署四项协议，内容涉及两岸空运、海运、邮政与食品安全，四项协议推动两岸“三通”基本实现。2009 年 4 月 26 日两会领导人在南京举行第三次会谈（即第三次“陈江会”），签署《海峡两岸共同打击犯罪及司法互助协议》。

章“请求程序”部分规定了提出和执行请求的基本程序，并对请求的不予协助、资料的保密、限制用途、互免证明、文书格式和协助费用等进行明确；第五章“附则”部分则对协议的履行与变更、争议的解决等做出规定。从名称和内容看，《南京协议》旨在通过协议，建立两岸“共同打击犯罪及司法互助”的基本框架和机制，既有刑事司法互助，也含民事司法互助。本文仅就刑事司法互助部分，将内容分解为以下四大部分：

（一）建立海峡两岸共同打击犯罪及司法互助机制

1. 联系主体

《南京协议》第3条约定：“本协议议定事项，由各方主管部门指定之联络人联系实施。必要时，经双方同意得指定其他单位进行联系。”这里的“各方主管部门”所指，根据第三次“陈江会”预备磋商会议定的内容，台湾是“法务部”，大陆为“公（公安机关）检（检察院）法（法院）司（司法行政机关）”。[①]“其他单位”，应指业已建立的台湾驻澳门事务处或今后需要指定的其他单位。[②] 也就是说，《南京协议》签订主体虽然是两会，但是具体执行机构却是两岸公权力机关。尽管过去两岸已经在共同打击犯罪方面积累了一定的经验，但往往采取个案解决模式，限制了双方共同打击犯罪的力度和办案效率。根据协议，两岸司法机关将各自指定专人与专门机构，建立直接、正式以及制度化的业务合作关系，实现司法沟通的常态化，这意味着两岸司法机构更深层次合作的开始。

2. 业务交流

《南京协议》第2条约定：“双方同意业务主管部门人员进行定期工作会晤、人员互访与业务培训合作，交流双方制度规范、裁判文书及其他相关资讯。”由于两岸法学传统的差异，也由于当前两岸跨境犯罪的途径、手段日益多样化、高科技化，双方对共同打击跨境犯罪都有着迫切的需要。而两岸司法界欲建立直接、全面、深度的合作关系，两岸警方加强业务交流是前

---

① 参见林其旺：《两岸共同打击犯罪将有具体进展——第三次“陈江会”有望将签署相关协议》，载《法制日报》2009年4月24日。

② 在第三次“陈江会”后，台湾“陆委会”发言人刘德勋透露，“陆委会”拟在台湾驻澳门的“澳门事务处”增设刑事联络官，以强化澳门在两岸共同打击犯罪时，遣返通缉犯的角色。[EB/OL].(2009-5-11)[2010-11-5]. http://www.stnn.cc.

提。实际上，两岸相关部门均对建立两岸司法界交流和组团互访的呼声很高，亟盼建立这样一个共同的平台。

（二）确立共同打击犯罪的原则和模式

《南京协议》第二章首先明确了共同打击犯罪的“合作范围”：一是普通民众关切的重大刑事犯罪—— 杀人、抢劫、绑架、走私、枪械、毒品、人口贩运、组织偷渡及跨境有组织犯罪等。二是侵占、背信、诈骗、洗钱、伪造或变造货币及有价证券等经济犯罪。在涉及两岸的跨境犯罪中，近年一些犯罪团伙更利用两岸治安防治无法对接之机，大肆实施包括跨境电信诈骗在内的经济犯罪，两岸都遍尝经济犯罪的苦果，所以在此次签署协议时，一致将经济犯罪也纳入共同打击犯罪范围。三是 贪污、贿赂、渎职等犯罪。目前，有一些职务犯罪人同样将台湾海峡作为逃避打击的防火墙，造成两岸司法机关打击犯罪中的取证难、追刑难、追赃难。四、劫持航空器、船舶及涉恐怖活动等犯罪。这一类属于国际犯罪，同样属于危害两岸人民的犯罪。五是其他刑事犯罪。总之，就共同打击犯罪的范围而言，是实行“全面合作，重点打击”的策略。

在共同打击犯罪方面，协议确立了“有例外的双重犯罪原则”。协议第4条第1款规定“双方同意采取措施共同打击双方均认为涉嫌犯罪的行为”，并在第2款列举了合作打击的具体犯罪种类。从这两款规定看，在共同打击犯罪方面，两岸采取的基本立场是“双重犯罪原则”：即请求方和被请求方的境内立法均规定为犯罪的情况下，才进行刑事司法互助。从第2款列举的合作打击犯罪种类可以看出，两岸共同关注并着重予以打击的犯罪基本都属于严重犯罪。但是，由于两岸实行不同的法律制度，有些犯罪一方法律规定为犯罪，另一方则不认为是犯罪的情况一定存在，为避免因两岸法律差异导致一些严重犯罪逃脱应有的制裁，第3款进一步规定“一方认为涉嫌犯罪，另一方认为未涉嫌犯罪但有重大社会危害，得经双方同意个案协助”，这就是“双重犯罪原则”的例外。

《南京协议》确立了共同打击犯罪的“有例外的双重犯罪原则”，从互助的模式看，也可以说是确立了“类案协同与个案互助”的合作模式：也就是说，两岸共同打击双方均认为涉嫌犯罪的行为，但如果出现双方对是否涉嫌犯罪认定不一致时，双方同意在案件有重大社会危害的共识下，针对个案进行专门的司法互助。同时，这一规定也说明两岸在共同打击犯罪方面可以突破双重犯罪原则的限制开展个案协助。可见，《南京协议》在第4条的表述不仅明确了共同打击犯罪的原则，同时也解决了双方刑事法律冲突可能带来的问题，从而确保有效打击涉及两岸的犯罪行为。

（三）明确刑事司法互助的范围

《南京协议》确立文书送达、调查取证、罪赃移交、裁判认可、罪犯移管（接返）、人道探视等事项属于两岸司法互助范围，这些都是当前两岸现实紧迫需要开展的互助事项。其中，文书送达和调查取证涵盖了刑事和民事诉讼领域；罪赃移交、罪犯移管（接返）和人道探视则仅发生在刑事司法互助领域。而对于裁判认可，《南京协议》特别指出仅“相互认可及执行民事确定裁判与仲裁裁决（仲裁判断）”。实际上，两岸在司法互助方面，民事司法合作一直走在前面。因为刑事司法合作涉及公权力，比民事司法合作更为敏感。特别是对刑事判决的认可与执行，牵涉两岸的刑事管辖权之争，而这个问题在目前两岸的司法互助中是核心问题，尚不属于可以“商谈”的问题。在国际刑事司法协助中，国与国之间的刑事司法管辖权本身就是一个错综复杂的难题，世界范围内并没有一致认可的做法。不过，虽然如此，但是学界认为，罪犯移管（接返）作为体现人道主义的一种刑事司法互助方式，实际上也是间接的认可与执行对方刑事管辖权的一项具体措施。两岸之间，在本部分已经确立了该项协助内容，本身已是可喜的进步。

另外，根据国际刑事司法协助实践，以是否允许请求方司法人员在被请求方管辖区域内进行调查取证等活动，刑事司法协助可以分为积极的刑事司法协助和消极的刑事司法协助。前者是指被请求方以其积极的作为向请求方提供便利、帮助或者合作，即被请求方主管机关应请求方的请求为其诉讼行为提供协助；后者是指被请求方以消极的不作为提供协助，即允许请求方有关主管机关在其管辖区域内进行诉讼行为。从第8条“调查取证”与第5条“协助侦查”的规定看，《南京协议》采取的是积极的刑事司法协助方式，尚不允许对方进入本方管辖区域进行侦查或者调查。最后，值得注意的是关于调查取证，第8条第3款还有一个规定，即“受请求方协助取得相关证据资料，应及时移交请求方。但受请求方已进行侦查、起诉或审判程序者，不在此限。”——可见协议强调被请求方的刑事司法程序优先于刑事互助程序。

（四）确定协助侦查的范围

《南京协议》第5条规定："双方同意交换涉及犯罪有关情资，协助缉捕、遣返刑事犯与刑事嫌疑犯，并于必要时合作协查、侦办。"据此，双方协助侦查的内容包括四项：一是交换涉及犯罪有关情资。即交换有关犯罪的情报、信息和资讯；二是协助缉捕刑事犯与刑事嫌疑犯；三是遣返刑事犯与刑事嫌疑犯；四是必要时合作协查、侦办。该条规定虽然简短，但是却涵盖了两岸协助侦查案件可能涉及的基本事项。

（五）完善遣返制度

在《金门协议》的基础上，《南京协议》关于遣返的规定更加全面和完善。协议第6条首先明确了遣返的基本原则，即"人道、安全、迅速、便利"原则，这个原则对于建立稳定而有效的遣返机制具有积极意义。由于两岸已经实现了海运、空运的直航，因而遣返可以采取更便捷的方式。此外，还规定交接时移交有关证据（卷证）、签署交接书等程序和细节。

值得重视的是，《金门协议》并没有遣返的限制，但是《南京协议》则在第6条规定了三项限制条件：一是，遣返程序后置于受请求方已经开始的司法程序。二是，如果出现受请求方重大关切利益等特殊情形时，受请求方可以根据情形决定是否遣返。三是，请求方原则上只能就遣返请求中的行为对遣返对象进行追诉。在国际刑事司法协助中，遣返有时被视为事实引渡。《南京协议》对遣返规定的三项限制条件，不仅借鉴了国际刑事司法协助中有益的经验，也是两岸在《金门协议》后近20年的遣返实践的经验总结，是遣返这一重要刑事司法互助方式更加完善、成熟的体现。

（六）规定刑事互助的基本程序和双方义务

《南京协议》第四章对请求程序做了较为详细的规定。包括请求的提出、执行、拒绝请求的情况：请求书一般要求以书面形式提供；双方在执行中要及时通报执行情况；如果执行请求将妨碍己方正在进行的侦查、起诉或审判程序，可暂缓协助；如果无法完成请求事项，应向对方说明；如果协助请求不符合己方规定或执行请求将损害己方公共秩序或善良风俗等情形，构成拒绝协助的理由。双方的义务包括：1. 资料保密义务。2. 依请求书所载目的事项使用资料的义务。3. 互免资料和文书的证明义务等。

二、《南京协议》的学理解读

《南京协议》寥寥24条，却开创了两岸展开全面司法协助的格局，是《金门协议》之后又一个具有里程碑意义的协议，标志着海峡两岸刑事司法合作进入了一个崭新的时代。对此，两岸媒体和法律界人士都给予了高度的赞誉。

（一）《南京协议》是中国第一个综合性的区际刑事司法互助协议

从内容上看，《南京协议》既包含为共同打击犯罪而进行的刑事司法互助，也包含了为解决民事纠纷所进行的民事司法互助。不仅规定了互助的内容、范围，也规定了互助主体、互助机制、程序，是民事与刑事司法互助的综合，也是实体与程序的综合。

从互助范围看，《南京协议》规定的刑事司法互助具有全面性和综合性。《金门协议》后，随着两岸交往的进一步加深，跨越两岸的刑事犯罪情况更加复杂，仅限于遣返合作的《金门协议》显然已经不适应客观现实的需要。两岸迫切需要在侦查协助、犯罪情报交流、罪赃移交、被判刑人移管等方面开始全面合作。《南京协议》不仅将《金门协议》确定的遣返合作予以吸纳和完善，而且扩大了刑事司法互助的范围，涉及了共同打击犯罪和司法互助的诸多内容，将两岸刑事司法互助活动、乃至中国区际刑事司法互助推向了一个崭新的阶段与层次：《金门协议》规定了刑事嫌疑犯或刑事犯的遣返，即两岸区际逃犯移交的协议，实际上只涉及区际刑事司法互助的单一形式。虽然港澳已经回归多年，但是由于种种原因，内地与港澳在区际刑事司法互助方面尚未签订任何合作协议。2005年5月20日香港和澳门之间签订的《关于移交被判刑人的安排》也仅涉及区际刑事司法互助的单一方面。《金门协议》和《关于移交被判刑人的安排》是《南京协议》之前两岸四地之间签订的仅有的两份区际刑事司法互助协议，均只涉及区际刑事司法互助的某一方面。所以与《金门协议》相比，《南京协议》不仅在合作机制上显得更为紧密，而且在合作内容上更加广泛而深入，被称为两岸刑事司法合作的“直通车”十分恰当。

（二）《南京协议》是海峡两岸刑事司法互助去政治化的成功范例

首先，《南京协议》的签订主体是两会，两会的性质是民间机构。但由于两会在签订协议前均有各自公权力机构的授权，协议内容也完全是两岸官方意思表示的结果，最终将会被各自公权力机构以各种方式体现和落实，并实际上对两岸公权力机构具有较强的约束力。有一个形象的比喻是：《南京协议》的签订看起来是“白手套”握在一起了，实际上是戴着“白手套”的手握在一起了。

其次，政治因素一直是影响两岸交流的最主要原因。因为历史的关系，两岸虽对同属于“一个中国”的立场并不持反对意见——这也是两会在签订协议时的基本政治基础。但是，现阶段两岸在政治上还存在诸多争议，两会在刑事司法互助的许多问题上还存在较大分歧。在《南京协议》中，对刑事管辖权、刑事判决的认可与执行等涉及主权的问题上均采取回避的做法，从而使两岸刑事司法互助跨越敏感的政治问题而实现常态化和制度化，是将刑事司法协助去政治化的一种努力。有学者甚至认为《南京协议》不仅是两岸关系发生重大变化的标志之一，而且其在刑事司法领域的合作方式与内容并不涉及任何政治色彩，因此在任何情况下都能适用。①

（三）《南京协议》是海峡两岸司法互助原则性和灵活性相结合的体现

中国区际刑事司法互助是一个逐步探索的新生事物。因众所周知的原因，《南京协议》未能在协议中直接明确双方司法协助的主体即为各自的司法机关，内容上也是针对各项司法互助进行框架性规定，包括司法互助的执行机构、争端的解决、各项互助的程序等，各项内容都比较原则、简要。虽然其难免造成运作过程中这样或者那样的问题，但却是深思熟虑的结果：一方面，由于两岸间刑事司法互助的开展尚处于起步阶段，还需要进一步积累成熟的经验，具体操作性的内容有待实践中不断探索、细化。另一方面，《南京协议》作为中国第一个综合性的区际刑事司法互助协议，其主要目的在于确定两岸司法互助的大原则和大方向，而不是一步到位。实际上，双方是采取一种先签约后完善的方法，这是灵活务实的表现，也是原则性和灵活性相结合的体现。

二、《南京协议》的现实缺憾

《南京协议》签订后，两岸的司法协助也并非从此一路坦途。除了政治

① 参见刘畅，张勇：《两岸法学专家法律界人士解读<海峡两岸共同打击犯罪及司法互助协议>》，载《法制日报》，2009年4月28日。

因素外，协议本身存在的现实缺憾将影响两岸刑事司法互助的进程。

（一）回避司法主权突出的互助事项

《南京协议》的签署，有效构建了两岸司法互助机制，但是根据现阶段的两岸关系，尚未触碰司法主权突出的领域。比如，刑事管辖权、刑事判决的认可与执行等。而且《南京协议》第15条规定“因请求内容不符合己方规定或执行请求将损害己方公共秩序或善良风俗等情形，得不予协助”，但对“请求内容不符合己方规定”的情形并没有明确说明。这种模糊规定，就给双方刑事管辖权争议预留了广泛的空间。又如遣返，虽然《南京协议》已经比《金门协议》完善得多，但在是否借鉴适用国际引渡实践中的一些基本原则如“己方居民不遣返”、“政治犯罪不遣返”等也因为双方分歧甚巨而绕开，转而规定了“人道、安全、迅速、便利”等实际上是针对遣返作业的原则，这些都可能给实践带来困惑。

（二）内容相对粗疏

正因为《南京协议》的全面性和框架性，条文显得粗疏，缺乏直接操作性。不仅在前述互助机制、共同打击犯罪的原则和模式、刑事司法互助的范围、协助侦查的范围、遣返制度、刑事司法互助的基本程序和双方义务等六个方面内容简略而原则；而且从更全面的司法互助角度而言，如暂时移交在押人员以便作证、追缴和没收犯罪工具、刑事强制措施、刑事诉讼移管等重要的刑事司法协助制度均未涉及。从这一点来说，《南京协议》可被视为两岸的“合作意向书”，需要双方根据实践需要进一步协商，解决具体操作性问题。

（三）签订主体为民间机构

《南京协议》的签订虽是两岸授权的结果，但是作为签订主体的海协和海基会毕竟是民间组织。从严格的区际刑事司法互助的角度讲，《南京协议》既不是法律，也非条约。形式对实质也有影响，特别是一旦岛内政治气候发生变化之时，对其公权力机构并不形成当然之约束力。实际上，两岸的刑事司法互助很大程度上依赖于两岸政治关系发展的程度，伴随着两岸关系的起伏，具有渐进性和阶段性的特点。所以，《南京协议》的签订主体将在某些特定的情况下对两岸刑事司法互助构成影响。

然而，笔者相信：虽然政党和政治合作是推动刑事司法协助的前提，但是经济和社会交往是刑事司法协助的现实需要，两岸同根同源的历史文化传统是两岸刑事司法互助制度顺利运行的社会保障。当前，两岸经济、文化、人员等各方面的交流交往不可阻挡，未来两岸关系和平发展的前景也不可逆转。《南京协议》的签署本身就是两岸政治互信与共识积累到一定程度的结果。所以，我们有理由相信，两岸区际刑事司法合作的明天更美好！

第二章　海峡两岸刑事管辖权的冲突及解决

海峡两岸的刑事管辖权冲突及解决是两岸司法互助中最敏感、最复杂的问题，但也是区际司法互助中最根本的问题。两岸刑事管辖权的解决不同于世界上其他国家和地区的区际刑事管辖权冲突。为了使这个复杂而抽象的问题更直观一些，我们先回顾两岸刑事管辖权冲突最典型的表现，它也是两岸刑事司法管辖权冲突最早的例子。

第一节　海峡两岸劫机犯罪与刑事管辖权

进入新世纪后，虽然海峡两岸再也没有发生过劫机犯罪现象，但是回顾两岸劫机犯罪及遣返历程，可以深刻了解上个世纪两岸关系一路发展的脉络，也有助于探求未来两岸刑事管辖权冲突解决的走向。

一、海峡两岸劫机犯罪情况及原因分析

（一）劫机犯罪情况

1．劫持大陆飞机飞往台湾

我国境内出现劫机犯罪是上个世纪 80 年代以后的事。进入 90 年代，海峡两岸劫机犯罪突然增多。1993 年至 1998 年，大陆共有 18 人劫持 14 架民航客机前往台湾。尤其是 1993 年，共发生劫机事件 21 起，成功 10 起，目的地均为台湾。海峡上空出现了令整个世界都为之瞠目的“劫机潮”，国际航空界为之震惊。

2．劫持台湾飞机飞往大陆

1997 年 3 月 10 日，台湾居民刘善忠挟持台湾远东航空一架高雄飞台北的波音 757 客机飞往大陆厦门。这是台湾飞机被劫持到大陆的唯一一起劫机事件。

（二）原因分析

1．台湾当局对劫机犯罪的鼓励、纵容

早期，台湾当局出于政治上的需要，对劫持大陆飞机飞往台湾的大陆劫

机犯基本采取鼓励、纵容的态度。1983 年 5 月 5 日，卓长仁等 6 人劫持大陆飞机迫降韩国汉城春川机场后，台湾设法将其接到台湾，封为“反共义士”，先后给予每人超过 750 万元台币的“生活费”。劫机是国际公约明令禁止的犯罪行为，但是卓长仁等人却在台湾成了英雄，国际舆论一时哗然。1988 年 5 月 12 日，发生了大陆民航客机第一次被直接劫持到台湾的张庆国、龙贵云劫机事件后，台湾表示“政策上不再欢迎反共义士”，并开始对两人追究刑事责任，但是两人出狱后，台湾“行政院”以专案通过准许两人留台。① 台湾方面对两起事件的处理给劫机犯造成了“ 只要到了台湾，金钱美女要啥有啥”的印象，以至于台湾被视为“劫机者的天堂”。1993 年后，台湾虽然对劫机犯罪都进行了追诉，但都以“姑念其向往自由”为名，继续重罪轻判，又通过假释、减刑等方法减少实际服刑期。从鼓励到纵容，台湾当局对大陆劫机犯的态度虽然发生了转变，但却对劫机犯仍不予遣返，致使一些铤而走险的犯罪分子视台湾为庇护所，两岸劫机犯罪仍频频发生。

2. 劫机犯罪的动机不外乎逃避刑事制裁和对现状不满

当时劫持飞机前往台湾的劫机犯多是在大陆犯罪后负罪潜逃 、有的是对生活现状不满。如刘保才因赌博、私藏和贩卖枪支，正被当地公安机关通缉；黄树刚和王志华因涉嫌贪污公款准备潜逃；张海、祁大全、袁斌、徐梅因对单位分房不满等原因与单位有矛盾；张文龙、韩书学、李向誉、高军的犯罪动机也是对生活现状不满。鉴于当时两岸的形势，大陆的一些涉嫌刑事犯罪的人员抱着劫机到台湾可能会逃避处罚的侥幸心态容易理解，其他对生活现状不满的人员也实施劫机行为则与 80 年代末两岸开放一定的交流有关。当时，许多人了解到台湾的生活水平要优于大陆，除了通过空中劫机方式，更多的特别是南部沿海省份的人通过水路私渡去台，希望能得到经济方面的改善。

3. 大陆方面航空安全措施缺失

平心而论，劫机事件频发与大陆当时的航空安全措施缺失有关。地面上的安检程序宽松得让现在的人可能有点不敢相信，“除了枪支外，什么都可

---

① 台湾方面认为张庆国、龙贵云已由台湾“行政院”以专案通过准许两人留台，因此在后来计算大陆应遣返的劫机犯名单中只有余下的 18 人（也不包括卓长仁等 6 人）。

以带，包括水果刀”。此外，空乘人员缺乏相应的反劫机训练也是原因之一。以王志华案为例，当时一个20多岁的乘务员已看见王的手不停发抖，却没有引起应有的怀疑。如果“乘务员发现后及时通报机长，机长第一时间报告地面，机组成员慢慢稳住他，当时很有可能反劫机成功”。劫机事件频发，促使大陆紧急加强了安保措施，改进安全检查工作，特别加强了对飞往东南沿海城市的客机的检查，开包（箱）率达100%。总之，虽与大陆方面航空安全措施缺失有关，但其并非根本原因。

二、海峡两岸劫机犯遣返的曲折历程

虽然，海峡两岸的劫机犯罪最早发生在20世纪80年代，但是以当时的两岸关系，商谈劫机犯遣返几乎不可能。1990年《金门协议》签订，两岸有了沟通的桥梁和渠道，但是劫机犯遣返问题商谈的过程并不顺利。

（一）商谈

特别是1993年，两会就遣返问题多次进行“事务性商谈”中。具体是：

1. 1993年4月—10月。1993年4月6日，黄树刚与刘保才劫机事件后，海峡两岸关系协会去函海峡交流基金会，首次表达了要求遣返劫机犯的立场。此后海协又两次向海基会提出这一意愿。直至当年10月，海基会首次表示愿意解决劫机犯罪问题的意向。

2. 1993年11月—12月。两会在商谈开始阶段的主要分歧是：海基会提出将其并入“违反有关规定进入对方地区人员之遣返及相关问题”，海协则主张按照《金门协议》有关“遣返刑事犯、刑事嫌疑犯”的问题中进行讨论。此外，对于事务性商谈中涉及的各自规范差异应当寻求怎样的共同接受的协议表述方式，是否援用国际刑事司法互助中关于引渡的相关规定遣返劫机犯等均也争议较大。1993年11月，两会在厦门达成两个共识：一是将遣返劫机犯问题作为一个单独议题列入议程；二是“劫机犯原则上应予遣返”。

3. 1994年1月—1995年1月。期间，两会多次商谈、分歧仍很大，台湾方面处处要求体现所谓的“两岸对等”、纠缠在“谁代表一个中国”的层面，因此出现多次反复。1994年8月，两会就“两岸劫机犯遣返”等议题的主要分歧达成共识，1995年1月，达成一致的《两岸劫机犯遣返及相关事宜协议（草案）》，后来由于台湾方面坚持劫机犯要与偷渡客协议连同渔事纠纷协议一并签署，而后双方在渔事管辖权方面出现争议，最后没有正式签署。1995 年 6 月，发生了台湾当局领导人访美的政治事件，使两会交往的基础——“一个中国”的原则受到严重破坏，两会商谈被迫中止。

（二）转机

转机出现在 1997 年 3 月 10 日，这一天发生了台湾居民刘善忠劫持台湾客机到大陆的事件。大陆出于惩治劫机犯罪的严正立场，出于发展两岸关系的诚意，在进行必要的侦查之后，依据《金门协议》，于两个月后的 5 月 14 日，率先向台湾方面遣返了刘善忠。这使台湾方面的态度发生了转折，在大陆遣返刘善忠后，台湾方面表示，将遣返已经被假释的两名劫机犯。海基会也正式致函海协，传达了这一意向。1997 年 7 月 16 日，台湾首次将劫机犯黄树刚、韩凤英遣返大陆。由此，两岸之间劫机犯遣返问题终于有了一个良好的开端，涉及两岸的劫机犯罪基本得到遏制。①

（三）海峡两岸劫机犯遣返情况

此后至 2008 年的 11 年期间，台湾方面分 4 批将其余 16 名劫机犯分别遣返大陆：1999 年 2 月 9 日，将刘保才、罗昌华、王玉英、邹维强和李向誉共 5 人遣返大陆；2001 年 6 月 28 日，将张文龙、师月波、祁大全、韩书学、张海、高军、袁斌和徐梅共 8 人遣返大陆；2007 年 8 月 14 日，将杨明德和林文强遣返大陆；2008 年 2 月 28 日，在台的最后一名劫机犯王志华被遣返。至此，两岸劫机犯罪以及与此有关的商谈、遣返以及纷争宣告终结，历史翻过一页。

三、海峡两岸劫机犯遣返涉及的问题

以暴力手段劫持民用航空器的行为是一种严重的国际恐怖活动，其不仅伤害无辜平民，而且给民航安全带来极大危险。因此，国际社会在反对和谴责这种恐怖行为的同时，通过 1963 年的《东京公约》、1970 年的《海牙公约》和 1971 年的《蒙特利尔公约》将劫机行为规定为一种危害全人类共同

---

① “在单向需求的情况下，正如市场交易中稀缺资源的供应者会采取待价而沽的策略那样，没有需求的一方会以问题的解决为筹码要求另一方接受不合理的条件，这会导致问题的久拖不决。但是当需求是双向的情况下，就会出现非解决问题不可的态势。两岸劫机犯遣返问题的解决自然也难以逃脱上述事件的发生，恰好打破了单向需求造成的僵持局面，并为问题的解决带来转机。”载《两岸关系》月刊，1997 年 7 月总第 25 期。

利益的国际罪行，大陆和台湾都参加了这三个公约，且都将其作为一种严重的犯罪。1992 年 12 月 28 日，全国人大常委会《关于惩治劫持航空器犯罪分子的决定》明确劫持航空器是一种独立的犯罪，台湾“民用航空法”第 77 条第一项也规定“以强暴、胁迫或者其他方法劫持航空器者，处死刑、无期徒刑”。同时台湾“两岸关系条例”第 18 条还规定“进入台湾地区之大陆人民，有事实认为有犯罪行为者，治安机关得不待司法程序之开始或者终结，径行强制其出境。”然而，由于两岸关系的特殊性，单纯的劫机犯遣返问题背后却隐藏着太多复杂的考量。

（一）关于政治犯罪不遣返

1990 年《金门协议》签署，规定要相互遣返刑事犯和刑事嫌疑犯。大陆认为劫持民用航空器作为举世公认的严重刑事犯罪，属于普通刑事犯或者刑事嫌疑犯，理当属于遣返之列。从台湾方面的立法看，劫机犯罪也属于刑事犯罪无疑，但是一些劫机者到台湾后却打着政治避难的幌子，这种情况正好暗合了台湾的需求，所以台湾有将劫机犯政治化的倾向。

在国际刑法领域，对政治犯罪的概念本身就没有统一的标准。对于劫持航空器的行为，不论行为人出于什么目的、动机，都不影响其作为一种严重的恐怖犯罪的成立。这是有关国际公约确认并为包括大陆和台湾在内的所有缔约方所承诺的。从国际上看，对劫机犯罪不适用政治犯罪不引渡原则，已经成为一种国际趋势。

（二）关于死刑犯不遣返

死刑犯不引渡是二战以来，受废除死刑运动的影响，而在国际引渡实践中兴起的一种限制性原则。不否认国际法的某些制度原则对解决两岸的劫机犯问题有一定的借鉴作用。但是从两岸的刑事立法看，对死刑问题的立场大致相同，即在保留死刑的前提下，严格适用死刑，台湾的刑法也对劫机犯规定了死刑。由此可见，台湾方面曾经以“人道考量”，以劫机犯被遣返大陆后可能被判处死刑为由，拒绝遣返大陆劫机犯并不符合其自身的法律原则。

（三）海峡两岸劫机犯遣返与刑事管辖权

大陆和台湾地区由于历史的原因形成了一个国家两个法域的现实，而跨海峡的劫机行为持续发生在两个法域，因此不可避免地产生了管辖权冲突的问题。这种冲突在处理两岸劫机犯问题上产生了两个后果：

第一，台湾方面不遣返劫机犯。劫机犯罪发生后，大陆认为劫机犯罪的预备地、行为地均在大陆，根据《刑法》的属地管辖规定，大陆司法机关拥有管辖权。而且在1993年11月厦门会议中，两会已经达成：“劫机犯原则上应予遣返”的意见——劫机犯是刑事犯，一方航空器被劫持到另外一方时，另一方应将案犯移送给民航客机所属方来处理。但是在具体商谈劫机犯遣返问题时，仍然难以逃脱政治因素的干扰。台湾认为劫机犯罪的结果地在台湾，根据其“刑法”的属地管辖，也拥有刑事管辖权。如果不对劫机犯进行处置，即是默认了台湾不具备“司法管辖权”——这会伤害台湾的行政权和司法权，所以拒不遣返劫机犯而直接适用台湾“刑法”对劫机犯进行起诉、审判和执行。

第二，导致两岸对劫机犯“双重审判”的结果。由于两岸政治现状，双方并不承认对方的“司法管辖权”，所以在台湾被判刑，服完刑被遣返大陆后，大陆启动司法程序对被遣返的劫机者重新审判。虽然“台湾方面对劫机者的刑期多数都有政治因素的考虑，所以量刑相对过轻”，而从大陆对被遣返的劫机犯所判处的刑期看，法官在量刑时考虑了劫机犯已经在台湾接受过审判的事实，予以从轻处罚。

劫机犯罪属于犯罪行为持续发生在两岸的犯罪，但由于其又属于严重的恐怖犯罪，所以涉及的司法管辖权更为复杂。虽然劫机犯罪已经成为历史，但随着开放大陆游客到台湾旅游、两岸空运、海运直航，新型“跨境”的犯罪及其产生的两岸刑事管辖权问题已经是绕不过去的问题。

第二节　海峡两岸刑事管辖权的冲突

在国际司法协助领域，刑事管辖权本身就是一个极为复杂的、极具争议性的问题。由于海峡两岸在政治现实和法律传统上的隔阂，更决定了解决两岸区际刑事法律冲突的艰巨性和复杂性。所以就不难理解《南京协议》虽然构建了海峡两岸在共同打击犯罪和司法互助方面的基本框架，但是对共同打击犯罪和司法互助的前提——刑事管辖权的分配却予以搁置。随着全球化的进程的加快，经济文化进一步融合，犯罪也呈现出新情况、新特点，其中跨境犯罪、有组织犯罪日益突出，合理划分两岸对犯罪的刑事管辖权已经成为不容回避的重要问题。

一、刑事管辖权的法律依据

刑事管辖权是实体问题还是程序问题？这个问题看似简单，实际上有必要澄清。在传统认识里，但凡涉及管辖，一定是程序问题。所以这里需要区别两个基本的概念：即刑法中的刑事管辖权与刑事诉讼中的管辖。

刑事管辖权，一般指该国对其所辖领域内的犯罪行为享有的侦查、起诉、审判及执行等一系列司法上的权力。刑事管辖权涉及的是不同法域的国家和地区之间的司法管辖权问题，也就是该国刑法的空间效力，可以视为一国主权的有机组成部分。① 而刑事诉讼中的管辖，是指司法机关依照法律规定办理刑事案件的分工。刑事管辖权的有无以及由哪一法域行使，是进行刑事司法互助活动的实体法根据。所以，刑事管辖权冲突主要是指刑法意义上的冲突。刑事管辖权解决的是对某一案件有没有起诉、审判和执行的权力，即解决的是司法管辖权的有无问题；而刑事管辖分工则是在肯定刑事管辖权存在的基础上，确定对个案的具体管辖法院。

可见，刑事管辖权并不等同于刑事管辖分工。前者属于实体问题，应以刑事实体法作为依据；后者属于程序问题，以刑事程序法为依据。所以，海峡两岸的刑事管辖权冲突是在一个中国范围内，两法域关于空间效力的规定对特定刑事案件同时享有管辖权，进而形成相互冲突的法律现象。本章要探讨的刑事管辖权问题实际上即在两岸的刑事实体法规定的内容方面展开。

二、海峡两岸刑事管辖权冲突的原因分析

从国际刑事管辖权冲突的产生及表现形式看，其原因不外乎法律原因和事实原因。但海峡两岸刑事管辖权的产生有其特殊性，其政治原因是不容忽视。

（一）政治原因

众所周知，由于历史的原因造就了海峡两岸的政治分立，国际社会普遍承认的主权国家是中华人民共和国，但实际上台湾与大陆地区各自拥有独立的司法管辖权。两地法律虽然都规定自己的领域包括整个中国领土，且均将

① 参见陈光中：《海峡两岸刑事管辖权冲突及解决路径》，载《海峡两岸司法实务研讨会论文汇编》（福州），2009年7月。

对方的人民纳入己方刑法中“人”的适用范围。但是两地实际上仅能在各自实际控制的区域行使司法管辖权。这是海峡两岸刑事管辖权冲突产生的根源和前提。

（二）法律原因

从海峡两岸刑法关于空间效力的规定看，其刑事管辖权的立法较之内地和港澳之间具有更强的同质性。两岸刑法的空间效力不仅都规定了属地管辖、属人管辖及保护管辖等原则，而且每一种管辖原则的具体规则都非常相似。如属地管辖中对领域的理解都包括船舶和航空器、犯罪地都包括犯罪行为地和结果地、都规定犯罪行为地和结果地只要有一项发生在其领域内都属于在其领域内犯罪；属人管辖原则都规定了刑法对公务员的绝对适用性和其他本地公民的相对适用性等等。这样，对于某些刑事案件，一方主张属地管辖、另一方主张属人管辖或者保护管辖，或者一方主张犯罪行为地管辖、另一方主张犯罪结果地管辖等，刑事管辖权冲突自然就产生了。（见下表“两岸刑事管辖权规定比较”）

两岸刑事管辖权规定比较

	《中华人民共和国刑法》	“中华民国刑法”
属地管辖权	第六条　凡在中华人民共和国领域内犯罪的，除法律有特别规定的以外，都适用本法。 凡在中华人民共和国船舶或者航空器内犯罪的，也适用本法。 犯罪的行为或者结果有一项发生在中华人民共和国领域内的，就认为是在中华人民共和国领域内犯罪。	第3条　本法于在中华民国领域内犯罪者，适用之。在中华民国领域外之中华民国船舰或航空器内犯罪者，以在中华民国领域内犯罪论。 第4条　犯罪之行为或结果，有一在中华民国领域内者，为在中华民国领域内犯罪。

	《中华人民共和国刑法》	“中华民国刑法”
属人管辖权	第七条 中华人民共和国公民在中华人民共和国领域外犯本法规定之罪的，适用本法，但是按本法规定的最高刑为三年以下有期徒刑的，可以不予追究。 中华人民共和国国家工作人员和军人在中华人民共和国领域外犯本法规定之罪的，适用本法	第6条　本法于中华民国公务员在中华民国领域外犯左列各罪者，适用之： 一　第一百二十一条至第一百二十三条、第一百二十五条、第一百二十六条、第一百二十九条、第一百三十一条、第一百三十二条及第一百三十四条之渎职罪。 二　第一百六十三条之脱逃罪。 三　第二百十三条之伪造文书罪。 四　第三百三十六条第一项之侵占罪。 第7条　本法于中华民国人民在中华民国领域外犯前二条以外之罪，而其最轻本刑为三年以上有期徒刑者，适用之。但依犯罪地之法律不罚者，不在此限。
保护管辖权	第八条　外国人在中华人民共和国领域外对中华人民共和国国家或者公民犯罪，而按本法规定的最低刑为三年以上有期徒刑的，可以适用本法，但是按照犯罪地的法律不受处罚的除外。	第8条　前条之规定，于在中华民国领域外对于中华民国人民犯罪之外国人，准用之。 第5条 本法于凡在中华民国领域外犯下列各罪者，适用之： 一、内乱罪。 二、外患罪。 三、第一百三十五条、第一百三十六条及第一百三十八条之妨害公务罪。 四、第一百八十五条之一及第一百八十五条之二之公共危险罪。 五、伪造货币罪。 六、第二百零一条至第二百零二条之伪造有价证券罪。 七、第二百十一条、第二百十四条、第二百十八条及第二百十六条行使第二百十一条、第二百十三条、第二百十四条文书之伪造文书罪。 八、毒品罪。但施用毒品及持有毒品、种子、施用毒品器具罪，不在此限。 九、第二百九十六条及第二百九十六条之一之妨害自由罪。 十、第三百三十三条及第三百三十四条之海盗罪。

（三）事实原因

虽然因为政治原因、法律原因，两岸刑事管辖权本身就存在冲突的可能性，但是如果没有涉及两岸的犯罪行为发生，这种冲突仅仅是在静态的。只有涉及两岸的犯罪行为发生时，刑事管辖权冲突才真正发生。

三、海峡两岸刑事管辖权冲突的种类

两岸刑事管辖权冲突的发生是因为发生了跨海峡两岸的刑事案件，即所谓的跨境犯罪。海峡两岸跨境犯罪，就是在犯罪主体、犯罪行为等犯罪构成要素方面在海峡两岸之间具有跨越性或者延伸性。① 目前，理论界对两岸刑事管辖权冲突的种类和具体表现形式做了各种概括，角度各异，有的分类和列举的具体表现形式甚至已经非常全面，达到 20 多种，但是基本还没有形成共识，而且现实操作性弱。笔者以为，对两岸刑事管辖权冲突的种类和具体表现形式进行概括是为了梳理实践中纷繁复杂的跨境犯罪现象，以便于研究解决。所以本章试图从解决海峡两岸的刑事管辖权的冲突的难易角度做以下区分。

（一）简单的跨境犯罪

简单的跨境犯罪是指犯罪主体具有跨境因素，而犯罪行为不跨境，可以用两岸共同认可的“犯罪地”确定管辖的情况。“犯罪主体具有跨境因素”，即台湾居民在大陆犯罪，大陆居民在台湾犯罪的情况。也可以是台湾人和大陆人共同在台湾或者大陆犯罪的情形。“犯罪行为不跨境”指犯罪行为地和犯罪结果地、犯罪预备地和犯罪实行地、主要犯罪地和次要犯罪地均不存在分离的情况。两岸可以根据相同的各自刑事管辖权的首要原则——属地原则决定管辖权归属。

（二）复杂的跨境犯罪

这主要是指犯罪地具有跨境因素的情形，这类案件不能根据双方认可的属地管辖解决管辖权问题。相反，根据属地管辖，双方的刑事管辖权冲突就将发生。这是协调区际管辖权冲突的难点。包括犯罪行为地和犯罪结果地、犯罪主要实行行为地和犯罪次要实行行为地、犯罪预备地和犯罪实行地、甚

---

① 或称海峡两岸互涉犯罪。笔者认为“跨境犯罪”的称法更准确，所以本书采“跨境犯罪”说。

至数罪分别发生在大陆和台湾的情况。这类案件双方均可以根据属地原则主张管辖权。如一方根据犯罪行为地、另一方根据犯罪结果地主张管辖权，不仅都属于属地管辖，而且在个案中可能均具有其合理性。如果是两岸居民共同犯罪，情况就更复杂些。如现在常见的电信诈骗案：主犯在台湾遥控指挥，雇佣一些大陆马仔从事诈骗活动。犯罪的预谋、策划、指挥、部分实行行为在台湾，大陆马仔负责电话联系被害人和取款或者转账等，部分犯罪实行行为、结果在大陆等等。这类案件中双方如果均以属地管辖原则主张管辖权，则必然是公说公有理婆说婆有理。

刑事管辖权涉及公权，敏感而复杂，《南京协议》对“简单的跨境犯罪”的管辖尚且没有明确的书面协议，就更遑论“复杂的跨境犯罪”的刑事管辖权分配了。所以面对错综复杂的跨境犯罪，我们采用“简单的跨境犯罪”和“复杂的跨境犯罪”之分主要是为了便于在实践中先易后难，逐步解决。①

（三）特殊的跨境犯罪

特殊的跨境犯罪主要指犯罪的主体或者行为特殊两种情况。前者如公务人员、驻军人员被派往对岸执行公务时，触犯了一地或者两地刑法的情况；后者如背叛祖国、分裂国家等危害国家安全的特殊的犯罪。基于当前两岸的政治状况，对于这两类案件，其管辖权的确立应当更具灵活性。

四、海峡两岸刑事管辖权冲突的性质和特点

海峡两岸关系特殊，所以，我们必须首先对其管辖权冲突性质和特点在法律上有一个明确的认识。

（一）性质——是一种区际刑事管辖权冲突

区际刑事管辖权，指一个主权国家内部的不同地区对相关罪行在适用法律上存在的差异和冲突。刑事管辖权是基于国家主权派生的一项基本权利，国家在其主权范围内，通过国内刑事立法确立其刑事管辖权，以解决一国刑法适用于什么地方以及适用于什么人的问题。对中国这样一个“一国两制三法系四法域”的国家而言，两岸只有一个主权。虽然海峡两岸司法管辖权互

---

① 这类跨境犯罪还不包括涉港澳和外国因素，如果犯罪主体中还有港澳居民或者外国人、或者犯罪地涉及港澳和其他国家，情况就更复杂了。

相独立是个现实，台湾拥有刑事司法管辖权，但其实际上来源于统一的中国的主权，在法律性质上与国家主权无关。海峡两岸的刑事管辖权冲突是一个国家主权之下发生的区际刑事管辖权冲突。与国际刑事管辖权冲突根本不同，不涉及主权，也不具有国际刑事管辖权的特性。因此，在解决我国区际刑事管辖权冲突时，虽然可以借鉴国际刑事管辖权冲突解决的合理因素，但是不能照搬，特别要剔除涉及主权的国家间解决刑事管辖权冲突之规则。

（二）特点

1. 不同于世界上其他国家和地区的区际刑事管辖权冲突

从美国的法律实践看，州与州之间的刑事管辖权基本上采取属地原则，只要犯罪行为或者结果有一项发生在这个州，就属于这个州管辖；其当州法冲突时，按照美国联邦刑法的规定，对于州与州之间在管辖上有争议的案件，可以适用联邦刑法，由联邦法院系统审理；如果一个案件联邦刑法和州刑法都可以管辖，则根据“联邦优先”原则由联邦法院管辖。联邦德国法律实践中采用“区际刑法（innerlokalesStrafrecht）”：法院在进行刑事审判中对应适用的刑法进行选择，也就是在行为地刑法、被告人居住地刑法和法院地刑法之间选择应适用的刑法规定。在这种情况下，不考虑刑事管辖权冲突的问题，因为哪一个州法院审理并不重要，重要的是法院选择了哪个州的刑法。联邦德国作为一个联邦制国家，各州法律虽然存在差异，但是法律传统、法律制度在总体上是相同或者相通的。因而法院采用其地区（州）的法律，从技术层面上讲没有障碍。①

正如美国模式，世界上一些多法域国家，在发生管辖权冲突时，一般由各法域共同的最高司法机关进行协调。中国是个单一制国家，中国范围内存在四个法域，四个法域之上不仅没有共同的刑法，也没有最高的司法机关，各有自己的最高司法机关，这在国际上是极其少见的。所以这种模式虽好，但是也无法借鉴。无论美国、联邦德国，还是当今世界上其他多法域的国家和地区，都是在相同社会制度下、相同法系、相同法域内的法律冲突，而中国的区际刑事法律冲突则是不同社会制度、法系、法域之下的法律冲突。其

① 参见时延安：《中国区际刑法概念及基本体系》，载赵秉志、黄晓亮主编：《中国区际刑法专题整理》，中国人民公安大学出版社，2009 年 1 月出版。

法律制度上的差异性要多于共同点。如果四个法域能够逐渐接轨以至融合，或者各个司法机构能比较了解熟悉彼此的法律制度，一法域的法院有能力适用另一法域的刑法，则联邦德国模式无疑有利于提高效率和降低程序成本。显然，这对目前的中国各个法域来说，太不现实。①

2．也不同于内地与港澳间的区际刑事管辖权冲突

港澳回归后，作为我国的特别行政区，在"一国两制"的基本原则下虽然享有高度的自治权，但是必须遵循《中华人民共和国宪法》和《香港特别行政区基本法》、《澳门特别行政区基本法》。海峡两岸目前仍是"未统一"的关系，台湾当局虽然承认"一个中国"，但是还不认可"一国两制"。所以台湾与大陆还不是真正意义上的"一国两制两法域"的关系。台湾也没有承认其是中华人民共和国的一个地方政府，不完全等同于港澳。目前海峡两岸没有中央宪法和特别行政区基本法可供遵循。虽然近年两岸关系缓和、民间交往和经贸往来日益频繁，但是政治上的未统一，使双方的司法互助受政治因素的影响严重，海峡两岸的刑事管辖权冲突比内地与港澳之间的法律冲突更不容易解决。

第三节　海峡两岸刑事管辖权冲突的解决

由于两岸刑事法律制度差距甚大，案件由大陆还是台湾管辖，不仅对于当事人有实质性的区别，而且涉及本地区的根本利益与社会秩序。实践中，每个案件实际上都涉及管辖权问题，据公开报道，内地与港澳台刑事管辖权冲突也时有发生。1990年代末涉香港地区与内地的张子强案件，曾经使得区际刑事管辖权冲突问题引起广泛的关注和争论。虽然港澳已经回归多年，但是在解决与内地的刑事管辖冲突方面也并没有积累多少经验，基本还是处于探索阶段。如前所述，海峡两岸刑事管辖权作为一种特殊的高度复杂性的区际刑事管辖权冲突，其解决没有先例可寻，只能通过实践进行探索。本人赞

① 参见时延安：《中国区际刑法概念及基本体系》，载赵秉志、黄晓亮主编：《中国区际刑法专题整理》，中国人民公安大学出版社，2009年1月出版。

同在海峡两岸刑事管辖权冲突的解决上划分为基本原则和具体规则两个层次。①

一、基本原则

（一）一个中国原则

这是解决两岸刑事管辖权冲突的基本原则、首要原则。“一个中国”是“九二共识”的精髓和灵魂，海峡两岸都认同世界上只有一个中国，大陆和台湾同属于中国的领土范畴。这是两岸政治立场的最大公约数，是两岸共同坚守的政治理念，也是两岸建立政治互信的基石，应当作为两岸刑事管辖权冲突解决中不可逾越的底线。大陆和台湾之间的刑事管辖权冲突属于一个主权国家内部的刑事法律问题，是同一国家不同法域之间的问题，绝对不可将跨境犯罪问题国际化。遵循这一原则，就意味着必须遵循“一事不再理”，“一罪不二罚”等原则。

（二）两个法域平等原则

法域一般是指法律体系和司法制度的有效管辖或者使用的范围。应当承认，海峡两岸法律都未能现实地及于对方管辖的范围，两岸实际上形成了两个法域，这是双方都不能回避的现实。现阶段，比较务实的是两岸可采取不同法域的定位，尊重对方的法律体系和法治秩序，平等协商，积极化解刑事管辖冲突问题。法域平等原则是指各法域地位平等，即各法域之间在进行区际刑事司法合作时，法律地位平等，而不是指“主权”的平等。

（三）协商原则

在两岸关系不断改善的情况下，沟通渠道增加，还可通过相关部门具体协调，双方协商解决涉及管辖权的问题。

二、具体规则

关于解决中国区际刑事管辖权冲突的具体规则，理论界有提出主要管辖原则、辅助管辖原则、补充管辖原则的设计的，也有根据每一种跨境犯罪的具体情形设计管辖具体规则的。这些理论上的探索都给我们提供了解决问题的丰富思路，但是仔细推敲，前者显得抽象、后者又陷入太具体的弊端。也是在他们研究的基础上，笔者大胆做个折中：拟根据前文对海峡两岸刑事管

① 这里的基本原则实际上也是海峡两岸司法互助的基本原则。

辖权冲突的分类，分别确定管辖的具体规则。

（一）简单的跨境犯罪——“属地管辖原则”①

简单的跨境犯罪中，犯罪地不具有跨越性、或者犯罪地没有争议的案件，适用属地管辖原则。这主要是因为：

1. 犯罪在哪个地域发生，就由哪个地域管辖——以属地管辖作为解决两岸刑事管辖权冲突的具体规则，体现了相互尊重对方司法自治权的“法域平等”的基本原则，作为一种合理划分不同法域之间司法自治权的原则，也不涉及国家主权问题，符合“一个中国”的基本原则。

2. 海峡两岸刑法关于空间效力的规定都把属地管辖作为首要的主要的管辖原则，属地管辖也是国际社会比较认同的解决国际、区际刑事管辖权冲突的主要规则。

3. 犯罪地是证据最集中的地方，由犯罪地行使管辖权便于及时有效惩治犯罪。

4. 虽然，《南京协议》对两岸刑事管辖权冲突的解决采取的是回避的态度，即便对简单的跨境犯罪也没有涉及，但是司法实践中，两岸的司法机关对这类案件基本上比较默契地根据属地原则各自行使管辖权。不少学者在论及海峡两岸刑事管辖权冲突的时候，往往认为一方主张属地管辖，另一方主张属人管辖或者保护管辖，则两岸刑事管辖权冲突就产生了。实际上，根据目前两岸司法机关的实践，这种情况很少发生。另一个有力的例证是，对于本地居民犯罪后潜逃到对岸的情况，从《金门协议》后，双方也已多次成功进行遣返作业。这种遣返行为实际上就是以承认对岸的属地管辖为前提。

（二）复杂的跨境犯罪——以“实际控制管辖原则”为主，以“协商管辖原则”为辅

1.“实际控制管辖原则”为主

① 赵秉志先生认为“属地原则”、“属人原则”、“保护原则”和“普遍原则”是国际法的概念，不应适用于中国国内区际刑事管辖权冲突的解决，主张用“地域原则”的概念来代替“属地原则”。参见赵秉志、肖中华：《中国内地与港澳地区刑事管辖权冲突的解决（上）》，载《人民法院报》，2003 年 2 月 24 日。时延安先生回应认为：没有必要考察这些国际法原则的深层内涵，但是仍可以借鉴相通的原理来解决相似的问题。参见时延安：《中国区际刑事管辖权冲突问题》，载《法制日报》，2003 年 7 月 24 日。笔者赞同后者。

根据前述对复杂跨境犯罪的界定，复杂的跨境犯罪是指双方均根据属地管辖原则分别主张刑事管辖权的情形。对此有学者主张“合理、有效惩治防范犯罪原则”,①“法益受损严重方管辖原则”等②。笔者以为，这些原则还是具有抽象性，面对实践时弹性很大。至于“最初受理管辖原则”的主张,③ 笔者认为不如“实际控制管辖”。“最初受理管辖原则”是指对犯罪行为涉及不同法域，该不同法域都有管辖权，由最先受理的法域行使管辖权的情况。最初受理管辖是对属地管辖原则的延伸和发展，适用最初受理管辖原则可以及时有效惩治犯罪，但是最初受理管辖原则的前提是实际控制。只有犯罪嫌疑人或者被告人被实际控制，司法活动才具有真实的意义。如果犯罪嫌疑人或者被告人没有被实际控制，最初受理管辖原则是难以实现的。

针对复杂的跨境犯罪，不少论者还进一步提出：①犯罪行为与结果分属两地的：有的主张应以犯罪行为地管辖，“因为行为乃犯罪的识别标志，所谓‘无行为即无犯罪’，并且犯罪行为地比犯罪结果地更方便收集证据，由行为地行使管辖权更有利案件的侦办”。而与之相反的主张是“犯罪结果较犯罪行为更集中地反映犯罪的危害性，所以由犯罪结果地行使管辖权更合理”。②犯罪主要实行行为地和犯罪次要实行行为地分属两地的：则应适用主要实行行为地法。③犯罪预备地和犯罪实行地分属两地的：以犯罪实行地行使管辖权。④数罪分别发生在大陆和台湾的：以主要犯罪行为地确定管辖。等等，对此，笔者认为：对于犯罪行为地与犯罪结果地分离的状况，犯罪行为与犯罪结果作为犯罪的整体，很难说哪个危害性大、哪个更能反映犯罪的本质特征，至于犯罪行为地还是结果地证据更集中就更是因个案而异。至于犯罪主要实行行为地和犯罪次要实行行为地、犯罪预备地和犯罪实行地、甚至数罪分别跨越海峡两岸的案件的管辖权，分别确立“适用主要实行行为地法”、“以犯罪实行地行使管辖权”、“以主要犯罪行为地确定管辖”

---

① 参见赵秉志、肖中华：《中国内地与港澳地区刑事管辖权冲突的解决（上）》，载《人民法院报》，2003 年 2 月 24 日。

② 参见陈光中：《海峡两岸刑事管辖权冲突及解决路径》，载《海峡两岸司法实务研讨会论文汇编》（福州），2009 年 7 月。

③ 参见杨凯：《当代中国区际刑事管辖冲突解决原则探讨》，载《湘潭大学学报（哲学社会科学版）》，2004 年第 3 期。

在理论上不难令人信服，但是实践起来的情况就复杂了，因为这些概念本身在个案中都可能存在争议，实践中往往很难明确地区分个案中哪个行为是“主要”的，哪个行为是“次要”的——这还不包括两岸在概念上的不同解释。

所以，“实际控制管辖原则”不仅是实践中比较具备操作性的，也是化繁为简地解决复杂跨境犯罪中两岸管辖权冲突的具体规则。实际上，就我们了解，如果不是特殊敏感案件，这也是目前两岸司法机构针对复杂跨境犯罪案件约定俗成的做法。

2．“协商管辖原则”为辅

“协商管辖原则”为辅是指针对个别在两岸具有重大影响力或者敏感性的复杂跨境犯罪，这时“非实际控制方”可与“实际控制方”本着善意和诚意协商解决管辖问题。所以，这里的协商，其实主要是指“个案协商”。“个案协商”因为沟通渠道、程序繁琐、耗时耗力，不宜适用于一般案件，否则将降低司法效率，影响共同打击犯罪的效果。但是，“实际控制管辖原则”毕竟有其局限性，其局限性即在于对于一些特殊案件，一方仅凭借“实际控制管辖原则”行使管辖权可能有悖全案的客观事实。实际上，在国际刑事管辖权冲突发生的案件中，虽然有国际公约规定在先，但是国与国之间争夺管辖权的最后，解决办法往往都是“个案协商”，然后以引渡或者刑事诉讼移管的方式利用刑事司法协助渠道解决。① 区际刑事管辖权冲突的解决，“个案协商”也是屡见不鲜。

（三）特殊的跨境犯罪——“协商管辖原则”

此外，协商管辖原则还适用于特殊的跨境犯罪。由于当前两岸特殊的政

---

① 以著名的洛克比空难案为例，该案的最终解决即是“个案协商”结果——1988 年 12 月 21 日，美国泛美航空公司一架波音 747 客机从德国法兰克福经伦敦飞往纽约时，在苏格兰的洛克比上空发生爆炸，共造成 270 人死亡。1990 年秋天，由美英两国情报机构组成的调查组认定洛克比空难系利比亚人哈利法·弗希迈和阿卜杜勒·巴赛特·阿里·麦格拉希所为。根据《关于制止危害民用航空安全的非法行为的公约》，美国作为航空器登记国、英国作为犯罪发生地和航空器着陆地国、利比亚作为案犯国籍国均主张管辖权。然而该案最后是美、英、利比亚之间经过漫长的政治磋商，最终决定在海牙按照苏格兰法律审理。转引自吕岩峰、李海滢：《国际刑事管辖权冲突的“适当法”观照——来自国际私法学的借鉴》，载《当代法学》，2004 年第 7 期。作者在文中还表达了这样的观点：国际刑事管辖权本身就是敏感的问题，往往最后争议的解决“不是国际法院裁判的结果，更不是我们殷殷期盼的适当法的适用，而只是国家间政治协商的产物。”

治状况，这类案件涉及更敏感的问题，最适宜采取的应是协商管辖原则。与前述的“个案协商”不同，这里的协商管辖原则侧重指：海峡两岸在“一国两制”、“两个法域平等”的基本原则下进行磋商，通过订立协议的方式决定管辖权的归属原则。如不一定遵循属地管辖原则、实际控制管辖原则，可以区分情况考虑其他原则。如果两岸对特殊的跨境犯罪，能够平等协商、妥善解决管辖冲突，就能极大促成海峡两岸良好司法互助局面的形成。

最后，台湾和大陆合则两利，对抗则两损的关系，在两岸劫机事件中反映最为直观。对跨海峡劫机犯罪，由于行为地横跨两岸，属于复杂的跨境犯罪，但是由于劫机犯罪是一种严重的国际恐怖犯罪，所有又不同于一般的跨海峡犯罪，可属于“特殊敏感案件”，其刑事管辖权应以“协商管辖原则”来解决。从法理上讲，台湾作为被劫持航空器的最初降落地，在一定程度上具有管辖权，但是大陆作为犯罪的主要发生地、航空器登记地、犯罪人居住地以及多数受害者居住地，在法律上享有比台湾更优先的管辖权。另外劫机事件发生后，一般采取“人机分离”的办法——劫机犯留下，飞机和乘客很快被送回大陆，台湾方面很难进行有关的调查取证工作，加之许多劫机犯在去台之前就犯有其他罪行，因此将劫机犯遣返大陆，由大陆行使管辖权更有利打击和预防劫机犯罪行为。

第三章　海峡两岸刑事司法互助之逃犯移交

逃犯移交是海峡两岸之间最早开展的司法互助事项。与刑事管辖权相比，海峡两岸逃犯移交不如刑事管辖权问题复杂和敏感，但作为区际刑事司法互助，其重要性恰如引渡在国际刑事司法协助领域的地位。

第一节　概述

在论及两岸有关司法互助的学术文献中，我们常见“逃犯移交”、“遣返”、“引渡”、“遣返刑事嫌疑犯或刑事犯”等不同的称谓，所以本节有必要先厘清这些概念的差异。

一、引渡、逃犯移交、遣返的名称辨析

（一）“引渡”与“逃犯移交”

“引渡”是指一国把当时在其境内，并被另一国指控犯罪、通缉或判刑的人，应有关国家的请求，根据引渡条约的规定或以互惠为条件，按照引渡原则，通过外交途径，移交给对罪犯有管辖权的请求国以便进行审判或处罚的国际司法协助行为。① “逃犯移交”则指一法域将当时在其境内，并被另一法域指控为犯罪并进行追捕、通缉或者判刑的人，应有关法域的要求，根据相关的移交协议或者习惯，通过一定的途径将其移交给有管辖权的法域，以便该法域对其进行审判或处罚的区际刑事司法协助行为。② 简言之，国家之间相互移交逃犯的活动被称为“引渡”；为区别于国家之间的“引渡”，国家内部不同法域之间不涉及国家主权的该项活动被称为“移交”。也就是说，“引渡”是国际刑事司法协助的专有名词，而“逃犯移交”是区际刑事

① 参见赵秉志主编：《新编国际刑法学》，中国人民大学出版社，2004 年 6 月第 1 版，第 361 页。

② 参见胡陆生、李江海：《国内不同法域逃犯移交问题的解决思路》，载《法学论坛》，2009 年第 9 期。

司法协助用语。[1] 引渡不仅历史悠久、而且作为一个专有名词是公认的和国际通用的，区际刑事司法协助兴盛于近年，所以“逃犯移交”还是一个非常年轻的名词。对于“逃犯移交”一词，有不同观点认为，相对于国家之间对逃犯的移交协助被称为“国际引渡”，一国内不同法域之间对逃犯的移交应当叫做“区际引渡”。但是由于“区际引渡”的称谓既没有国际法的基础，也有违我国“一国两制”的基本精神，因此这种主张在国际、国内都并没有成为主流。

国际上最早使用“逃犯移交”一词的是1967年英国议会制定的《逃犯法》。该法在表述协助主体——英联邦之间的特殊关系时，规避“引渡”字样而使用“逃犯移交”的概念。承袭英国法制的香港通过1998年第23、25号法律公告颁布实施的《逃犯条例》对于香港与外国之间相互“移交逃犯”做出了详尽的安排。内地与澳门之间相互移交被追捕、通缉或者判刑的人基本上也沿用“逃犯移交”一词。

（二）“引渡”与“遣返”

“遣返”是指将不具有合法居留身份的外国入境者遣送回国。它是遣返国为维护本国安全和秩序而单方面作出的决定，是针对非法移民的一项制度。而引渡的目的是协助对外国人进行刑事追诉或者执行刑罚，是一种国际刑事司法合作的方式。可见，遣返和引渡是截然不同的两种制度。实践中，面对引渡合作的诸多法律障碍，国与国之间在不可能开展引渡合作的情况下，往往利用“遣返”非法移民的方式达到引渡的目的。这种情况下，无论作出遣返决定的国家具有怎样的意愿，客观上都造成了与引渡相同的结果，因而遣返在国际刑事司法协助中已经成为引渡的一种替代措施，甚至被称为“事实引渡”。[2]

（三）“遣返刑事嫌疑犯或刑事犯”与“逃犯移交”

海峡两岸之间进行的逃犯移交合作在官方语言和理论上同时使用几个称

---

① 参见马进保：《我国区际移交逃犯制度新探》，载《中国人民公安大学学报》，2002年第6期。

② 在福建“远华”特大走私案中，主要犯罪嫌疑人赖昌星出逃加拿大。由于我国与加拿大没有签署引渡条约，所以引渡赖昌星面临重重困难，我国主管机关正设法使加拿大主管机关通过遣返非法移民的方式将其移交我国。

谓："案犯移交"、"缉捕移交案犯"、"缉捕和遣返犯罪嫌疑人"、"遣返刑事嫌疑犯或刑事犯"等。① 但是，从语义和与国际接轨角度，笔者倾向于采用"逃犯移交"一词：

1. "逃犯"比"案犯"准确

因为"逃犯移交"能表达出被移交对象的动态状况，而"案犯"一词不包括这层含义。

2. 前面冠以"缉捕"实属不必

因为"缉捕"是移交的前提，不是独立的司法合作方式，移交才是目的。所以在"移交案犯"或"遣返犯罪嫌疑人"之前冠以"缉捕"显属多余。

3. "刑事嫌疑犯或刑事犯"比"犯罪嫌疑人"准确

因为无论是引渡还是移交，对象不仅包括刑事犯罪嫌疑人、被告人，还包括已经被判刑的人。② 显然，"刑事嫌疑犯或刑事犯"所指对象比"犯罪嫌疑人"更全面而准确。

4. "逃犯移交"比"遣返刑事嫌疑犯或刑事犯"更准确、形象、简练

"遣返刑事嫌疑犯或刑事犯"一词最早来源于《金门协议》。《金门协议》将"刑事嫌疑犯或刑事犯"与"违反有关规定进入对方地区的居民"进行相同处理——遣返。从含义看，"逃犯移交"就是区际"引渡"，是针对犯罪、被通缉或判刑的人，而遣返则是对非法移民而言。所以，《金门协议》约定对"违反有关规定进入对方地区的居民"进行"遣返"属"用词得当"，而对于"刑事嫌疑犯或刑事犯"也进行"遣返"实际上并不准确。"遣返刑事嫌疑犯或刑事犯"相比"逃犯移交"也没有表达出被移交对象跨境的动态特征，还不如后者简练。但是，《南京协议》仍然使用"遣返刑事

---

① 参见皮修雁：《论内地与澳门间的司法协助》，载单长宗主编：《中国内地与澳门司法协助纵横谈》，人民法院出版社，1999年出版，第59页；徐京辉：《"一国两制"框架下的我国区际刑事法律及刑事司法协助》，载赵秉志、何超明主编：《中国区际刑事司法协助探索》，中国人民公安大学出版社，2002年出版，第13页。

② 根据被请求引渡人所处的诉讼阶段，引渡可以分为诉讼引渡和执行引渡。前者所针对的是处于侦查、预审或者审判阶段的犯罪嫌疑人或者被告人；后者所针对的则是已经被判处刑罚或者正在执行刑罚的人。参见黄风、凌岩、王秀梅著：《国际刑法学》，中国人民大学出版社，2007年版，第193页。

嫌疑犯或刑事犯”来表达两岸逃犯移交的互助事项，不仅是因为对《金门协议》的沿袭需要，也与“逃犯移交”一词在区际刑事司法互助领域尚未成为一个成熟的概念有关，或许还有其他政治分歧掺杂其中也未可知。[①]

二、我国的引渡制度

中国区际刑事司法互助中的逃犯移交与国际刑事司法协助中的引渡，性质不同，问题相似。[②] 所以，构建海峡两岸逃犯移交合作机制，需要了解我国的引渡制度。

（一）我国引渡制度的法律基础

从法律的角度讲，引渡既是国际法的一部分，又是国内法的一部分。

1. 国内法律规范

我国最早规范引渡制度的是1992年外交部、最高人民法院、最高人民检察院、公安部、司法部联合发布的《关于办理引渡案件若干问题的规定》。1996年，新修订的《中华人民共和国刑事诉讼法》第17条规定：“根据中华人民共和国缔结或者参加的国际条约，或者按照互惠原则，我国司法机关和外国司法机关可以相互请求刑事司法协助。”这里的“刑事司法协助”也包括了引渡在内。[③] 2000年12月28日《中华人民共和国引渡法》（以下简称《引渡法》）颁布，该法是目前我国开展对外引渡的主要国内法依据。

2. 国际法律规范

（1）双边条约

我国与外国签订的第一个引渡条约是1993年的《中华人民共和国和泰王国引渡条约》（下称《中泰引渡条约》）。截至2010年12月，我国一共与32个国家签订了双边引渡条约。其中，泰国、白俄罗斯、俄罗斯、保加利亚、哈萨克斯坦、罗马尼亚、蒙古、吉尔吉斯、乌克兰、柬埔寨、乌兹别克斯坦、阿拉伯联合酋长国、立陶宛、韩国等14个国家是在《引渡法》颁布

---

① 内地与港澳之间官方一般称“逃犯移交”，新闻报道有称“逃犯移交”，也有称“遣返”。包括“逃犯移交”在内的海峡两岸的司法互助与内地与港澳之间的司法互助不同之处在于，港澳已经回归，但两岸尚未统一。

② 蒋安杰、郭宏鹏、刘百军：《第二届“海峡两岸司法实务研讨会”硕果累累》，载《法制日报》，2010年8月4日。

③ 参见黄风：《中国引渡制度研究》，中国政法大学出版社，1997年出版，第912页。

前根据《关于办理引渡案件若干问题的规定》签订的；与菲律宾、秘鲁、突尼斯、南非、老挝、巴基斯坦、莱索托、巴西、阿塞拜疆、西班牙、纳米比亚、安哥拉、阿尔及利亚、葡萄牙、法兰西、澳大利亚、墨西哥、印度尼西亚等18个国家签订的双边引渡条约是根据《引渡法》缔结的。（见附表一）

我国与外国签订的引渡双边条约在内容和结构上都十分相似。主要有：①引渡义务。②可引渡的犯罪。③应当拒绝引渡的情形。④可以拒绝引渡的情形。⑤在被请求方境内依法进行刑事诉讼的义务（不引渡本国公民的后果）。⑥联系途径。⑦文字。⑧引渡请求及所附文件。⑨引渡请求应附的材料。⑩补充材料。⑪为引渡而逮捕。⑫收到引渡请求前的羁押。⑬移交被引渡人。⑭暂缓移交和临时移交。⑮重新引渡。⑯数国提出的引渡请求。⑰移交与犯罪有关的物品。⑱过境。⑲通报结果。⑳处理引渡请求适用的法律。㉑与引渡有关的费用。㉒争议的解决。㉓与多边国际公约的关系。

（2）国际公约

除了双边引渡条约外，我国还加入了包含引渡条款的12个国际公约。这些公约包括《维也纳领事公约》、《防止及惩治灭绝种族罪公约》、《关于非法劫持航空器的公约》、《禁止酷刑和其他残忍、不人道或有辱人格的待遇或处罚公约》、《联合国禁止非法贩运麻醉品和精神药品公约》等。此外，我国还派员参加联合国制定的关于国际刑事司法合作的示范条例，包括《引渡示范条例》、《刑事互助示范条约》等。国际公约、双边条约和《引渡法》共同形成了中国引渡制度的基本法律体系，是我国与外国开展引渡合作的主要依据，而这些示范性条约也成为我国与其他国家谈判及签订双边条约的参考性文本。（见附表二）

（二）我国引渡制度的原则

引渡原则，是指那些从国际法基本原则中派生、引申出来的，被各国公认的，具有法律效力的，构成引渡制度的基础和核心的原则。《引渡法》和我国与外国签订的引渡双边条约基本上都确立了以下几项国际上公认的原则：

1. 双重犯罪原则

双重犯罪原则，指按照请求方和被请求方各自的国内法、或者按照请求方和被请求方共同参与的国际公约规定，被请求引渡人的行为均构成犯罪。

《引渡法》第7条规定："引渡请求所指的行为，依照中华人民共和国法律和请求国法律均构成犯罪"，才能准予引渡。我国与外国签署的引渡条约，都会坚持双重犯罪原则。但这项原则不要求证明一项犯罪行为在请求方和被请求方国内的罪名和犯罪归类完全相同，而只要被请求方根据本国法律判断也构成犯罪即可。可引渡的犯罪除了要求双重犯罪的标准外，还需要符合一定刑期的规定。这里需要区别两种引渡，一是为诉讼而引渡，二是为执行刑罚而引渡，两者对刑期的要求不一样。根据《引渡法》，为了提起刑事诉讼而请求引渡的，根据中华人民共和国法律和请求国法律，对于引渡请求所指的犯罪均可判处一年以上有期徒刑或者其他更重的刑罚；为了执行刑罚而请求引渡的，在提出引渡请求时，被请求引渡人尚未服完的刑期至少为六个月。

2. 本国公民不引渡原则

本国公民不引渡原则指不将本国公民向外进行引渡。本国公民不引渡原则虽算不上一条被普遍接受的国际法原则，但却被包括我国在内的许多国家奉为禁止性规范，属于绝对禁止引渡的情形。一般在刑事司法管辖问题上奉行属人主义立场的国家认为自己对本国国民拥有优先管辖权，同时，出于保护本国国民的考虑而不愿意将在外国犯罪的本国国民移交给外国审判或者在异国服刑。而另一些在刑事司法管辖上持属地主义原则的国家认为犯罪人应当在犯罪地接受审判和处罚，以便受到犯罪行为侵害的当地的秩序和正义得到回复和伸张。如英美法系国家的引渡立法和相互间的引渡条约一般不禁止引渡本国国民，甚至明确规定可以相互引渡本国国民。我国《引渡法》第8条规定"根据中华人民共和国法律，被请求引渡人具有中华人民共和国国籍的"我国应当拒绝引渡。但是，《引渡法》中这种绝对禁止引渡本国公民的规定在我国与其他一些国家签订的引渡条约中也存在例外。如《中泰引渡条约》就没有将此列举为强制性拒绝条款，而是在其第5条第1款灵活地规定："缔约双方有权拒绝引渡其本国国民。"

3. 政治犯罪不引渡原则

政治犯罪不引渡原则，指被请求引渡人的罪行被视为政治犯罪或者与政治有关的犯罪的，不应予以引渡。我国引渡立法中关于政治犯罪不引渡的规定最早见于《关于办理引渡案件若干问题的规定》第7条第一款："请求国提出的引渡请求所依据的犯罪属于因为政治原因的犯罪"，应当拒绝引渡。

此处“政治原因”一词来源于《中华人民共和国宪法》第32条第二款的规定：“中华人民共和国对于因为政治原因要求避难的外国人，可以给予受庇护的权利。”后来的《引渡法》改而使用“政治犯罪”：《引渡法》第8条“因政治犯罪而请求引渡的，或者中华人民共和国已经给予被请求引渡人受庇护权利的”，应当拒绝引渡。在我国与其他国家签订的双边引渡条约中，对于政治犯罪不引渡原则采取的作法是：（1）明确引进“政治犯罪”这个概念。如《中泰引渡条约》第3条第一款，“被请求方认为请求方提出的引渡请求所涉及的犯罪属于政治犯罪”时，不应当进行引渡。但是，“政治犯罪不应包括谋杀或企图谋杀国家元首、政府首脑及其家庭成员”。1999年，中国与柬埔寨签订引渡协议时，在贯彻“政治犯罪不引渡”原则方面采取了与泰国条约完全相同的表述。（2）不直接使用“政治犯罪”这个概念，而是采取把“给予政治庇护”作为拒绝引渡的理由和“政治犯罪不引渡”的替代模式。这种情况是最多的：如与俄罗斯、白俄罗斯、保加利亚、哈萨克、吉尔吉斯和乌克兰等国的引渡条约。我国与这些国家以给予政治庇护作为拒绝引渡的理由是因为比较符合彼此国家的法律习惯。①（3）不直接使用“政治犯罪”这个概念，而使用“政治性质的犯罪”的概念。如1996年，中国与罗马尼亚签订《中罗引渡条约》第3条第2款规定：如果“被请求方认为引渡请求所涉及的犯罪属于政治性质的犯罪”，应当拒绝引渡。这种表述方法与联合国《引渡示范条约》的相关条文的表述是相同的。

另外，除俄罗斯、吉尔吉斯和乌克兰外，中国与泰国、保加利亚、哈萨克、罗马尼亚、蒙古和柬埔寨等分别签订的引渡条约都含有这样的条款：如果“被请求方有充分理由认为请求方提出的引渡请求旨在对被请求引渡人因其种族、宗教、国籍、性别、政治见解（或者政治信仰）等原因而提起刑事诉讼或者执行刑罚，或者被请求引渡人在司法程序中的地位将会因上述原因受到损害”，便不应予以引渡。该条款是对政治犯罪不引渡原则的补充规定，其重点不在于犯罪的政治属性，而是着眼于诉讼活动和引渡的政治性质。目

---

① 受政治庇护权有着不遭受遣返或者引渡的权利，但是政治庇护不是专门针对引渡的刑事保护制度，而是普遍适用于外国人的一种政治保护制度。在很多西方国家，引渡主要属于司法范畴的事项，而庇护则属于行政范畴的事项。

的是防止犯有普通罪行的人在引渡后受到政治迫害。

根据我国曾经签订的多项国际公约，一些具有政治特性的罪行，会被排除在“政治犯罪不引渡”原则的适用范围之外。这些罪行包括：A、战争罪行和危害人类罪行。B、侵害应受国际保护人员包括外交代表罪。C、灭绝种族罪和种族隔离罪。D、违反人道主义罪行。E、非法劫持航空器和危害国际民用航空安全罪。①

4. 关于死刑不引渡原则

“死刑不引渡”原则，是指如被请求方认为在引渡后，被引渡人可能被处死刑，则可以不引渡。我国刑法中死刑适用比较广泛，《引渡法》对于死刑不引渡没有规定，但是在我国与其他国家的双边引渡条约中部分确立了“死刑不引渡”的原则，只是尽量避免在条文中作直接表述，而采取四种处理方式：A、尽量说服对方对“死刑不引渡”原则不作规定。例如在与泰国、哈萨克、蒙古、吉尔吉斯、乌克兰和柬埔寨的引渡条约中。B、使用比较笼统的措辞，以避免直接表述。如《中俄引渡条约》第3条第6款：“根据被请求的缔约一方的法律规定，不予引渡。”C、在正式的条文中搁置，在会谈纪要中说明。中国与白俄罗斯在条约谈判后签署的《会谈纪要》中，说明双方在出现引渡案件可能涉及死刑时，将由双方具体商谈引渡的条件。D、在正式的条文中作笼统规定，同时也在会谈纪要中附加说明。如中国与罗马尼亚谈判引渡条约时，后者已经废除死刑，故坚持在条约中约定“死刑不引渡”原则。最后，在正式条约文本中，拒绝引渡的情况包括“与被请求方法律的一些基本原则相抵触”。而在《会谈纪要》中，更将有关的条款与死刑引渡问题直接作出联系。中国与保加利亚的引渡条约也采取同样的方式解决死刑不引渡问题。②

近年，死刑不引渡在国际司法合作中越来越受到重视。一个国家是否保

---

① 分别参见：《关于侦察、逮捕、引渡和惩治战争罪犯和危害人类罪犯的国际合作原则》，《关于防止和惩处侵害应受国际保护人员包括外交代表的罪行的公约》，《防止及惩治种族灭绝罪公约》及《禁止并惩治种族隔离罪行国际公约》，《禁止酷刑和其他残忍、不人道或有辱人格的待遇或处罚公约》，《关于在航空器内的犯罪和其他某些行为的公约》、《关于非法劫持航空器公约》及《关于制止危害民用航空安全的非法行为的公约》。

② 参见黄风：《关于“死刑不引渡”问题的探讨》，载高铭暄、赵秉志主编：《刑法论丛》（第1卷），法律出版社，1998年出版，447－458页。

留死刑与是否主张和承认“死刑不引渡”原则没有必然联系。我国与其他国家谈判签订引渡条约时，一些依然保留死刑的国家如俄罗斯、白俄罗斯、保加利亚，均要求将此原则写进双边条约内。总的来说，在目前的引渡司法实践中，我国对“死刑不引渡”原则“表现出若干程度上的接受”。①

此外，我国的引渡法还确立了一事不再理、军事犯罪不引渡、已过追诉时效或被赦免不引渡、酷刑不引渡、非正当程序不引渡等原则。② 这些都是绝对禁止引渡的情形。根据《引渡法》第9条规定，还有两种相对禁止引渡的情形：对于引渡请求所指的犯罪具有刑事管辖权，并且对被请求引渡人正在进行刑事诉讼或者准备提起刑事诉讼的；由于被请求引渡人的年龄、健康等原因，根据人道主义原则不宜引渡的，我国也可以拒绝引渡。

第二节　内地与港澳之间的逃犯移交

海峡两岸之间的逃犯移交虽然也不同于内地与港澳的逃犯移交，但是同属于区际刑事司法协助，是“一个中国”范围内的逃犯移交合作，在许多方面有相同的经验可供参照。

一、内地与香港的逃犯移交

（一）香港的逃犯移交立法

香港规管逃犯移交的法律规范是《逃犯条例》（香港法例第503章）和《刑事事宜相互法律协助》（香港法例第525章）。但其并不适用于内地。按照《中华人民共和国香港特别行政区基本法》（以下简称《香港特别行政区

---

① 参见周柏均、林秉文：《中港移交逃犯协定研究》，第18页。网址：http：//www. legco. gov. hk。

② 分别参见《引渡法》第8条“外国向中华人民共和国提出的引渡请求，有下列情形之一的，应当拒绝引渡”；第（二）项“在收到引渡请求时，中华人民共和国的司法机关对于引渡请求所指的犯罪已经作出生效判决，或者已经终止刑事诉讼程序的”；第（五）项“根据中华人民共和国或者请求国法律，引渡请求所指的犯罪纯属军事犯罪的”；第（六）项“根据中华人民共和国或者请求国法律，在收到引渡请求时，由于犯罪已过追诉时效期限或者被请求引渡人已被赦免等原因，不应当追究被请求引渡人的刑事责任的”；第（七）项“被请求引渡人在请求国曾经遭受或者可能遭受酷刑或者其他残忍、不人道或者有辱人格的待遇或者处罚的”；第（八）项“请求国根据缺席判决提出引渡请求的。但请求国承诺在引渡后对被请求引渡人给予在其出庭的情况下进行重新审判机会的除外”。

基本法》)，香港获得中央政府授权与外国谈判和签订逃犯移交协议。到目前为止，香港已经与世界上10多个国家签订移交逃犯协议。

（二）内地与香港逃犯移交的合作现状

《香港特别行政区基本法》第95条规定："香港特别行政区可与全国其他地区的司法机关通过协商依法进行司法方面的联系和相互提供协助。"目前内地与香港分别于1999年3月、8月、11月和2000年3月就逃犯移交进行过四轮专家会谈，但尚未签订正式的逃犯移交协定，仅有一项行政安排。该行政安排表明，内地如果捕获在香港犯罪的嫌疑人，将交还香港审讯。由于没有其他安排，香港尚未把任何逃犯移交内地审判。在内地与香港针对逃犯移交的多次商谈中，香港方面主要考虑应否采纳国际间认可的原则和标准。肯定的意见认为香港的《逃犯条例》中规定的程序和审查机制，有助于保障市民的基本权益，应该作为未来两地移交逃犯协定的基础；反对的意见认为两地属于区域性的司法互助，应该以简便、快速和有效打击跨境犯罪为原则，国家间的原则和惯例不一定适用。内地的商谈意见比较倾向于后者。

（三）内地与香港逃犯移交的具体问题

1. 双重犯罪问题

香港《逃犯条例》和内地《引渡法》均规定可以引渡的犯罪行为根据请求方和被请求方的法律均构成犯罪，而且均规定最低刑期为1年以上有期徒刑（香港为12个月监禁），区别仅在于《引渡法》采用淘汰法——以可判处的刑罚的限制来规定可以引渡的犯罪，而《逃犯条例》采用列举法规定了46种可以引渡的罪行。今后内地与香港逃犯移交安排中应否采纳双重犯罪原则、是采取列举法还是淘汰法？有意见认为双重犯罪原则是国与国引渡司法实践中的一项国际惯例，在两地司法协助中不宜采用，因为两地刑事犯罪规定各有不同，而且应当按照属地管辖原则将罪犯移交犯罪地司法机关。反对的意见认为双重犯罪原则是引渡的重要前提，两地的逃犯移交也应遵循该原则。①

① 参见赵秉志：《关于中国内地与香港特别行政区建立刑事司法互助关系的研讨》，载高铭暄、赵秉志主编：《中国区际刑法与刑事司法协助研究》，中国方正出版社，2000年出版，第73－74页；赵国强：《关于内地与香港相互移交犯罪嫌疑人的几点思考》，载《一国两制下的司法合作学术会议》，香港大学法律学院1999年出版，第6页。

2. 死刑问题

我国刑法中死刑适用比较广泛，前文已述，我国《引渡法》对于死刑是否引渡没有规定，但我国与一些国家的双边引渡条约中确立了“死刑不引渡”的原则。也就是说，在内地的引渡司法实践中，可以接受“死刑不引渡”原则。1993 年，香港已经废除了死刑，而且明确遵循“死刑不引渡”原则。根据香港《逃犯条例》第 13（5）款的规定，如移交罪行可处以死刑，行政长官只可在得到请求方保证逃犯移交后不会被判处或执行死刑，才可作出移交。香港与其他国家签订的移交逃犯协定，在遇到死刑问题时，会列明除非得到请求方保证被移交者不会被判死刑或即使被判死刑也不会执行，否则被请求方可拒绝移交。1997 年香港根据《逃犯条例》订立《逃犯（酷刑）令》，规定行政长官可行使酌情决定权，拒绝将可能遭受酷刑危险的逃犯移交另一司法管辖区。① 如果香港要求“死刑不引渡”，则可能成为内地严重犯罪分子的避风港；否则又有违香港法治。既要维护基本法确立的香港司法主权，又要达到有效惩治犯罪的目的，在两地逃犯移交的商谈，是否适用“死刑不引渡”原则也是成为内地的两难之选。

3. 政治犯罪问题

《引渡法》第 8 条第（三）项规定：“因政治犯罪而请求引渡的，或者中华人民共和国已经给予被请求引渡人受庇护权利的”，应当拒绝引渡。在我国与其他国家签订的引渡双边条约中，大部分明确约定了这项原则。香港《逃犯条例》第 5（1）（a）、（c）条规定，如果逃犯所涉及的罪行属于政治性质的罪行、或者移交请求的目的是针对逃犯政治见解而提起刑事检控或者执行刑罚，便不得进行移交。

由于国际社会并没有共同接受的“政治犯罪”的定义，每一个国家可以根据本国的法律制度和酌情权对其作出判断，从而决定是否引渡。《香港特别行政区基本法》第 23 条规定：“香港特别行政区应自行立法禁止任何叛国、分裂国家、煽动叛乱、颠覆中央人民政府及窃取国家机密的行为，禁止

① 参见赵秉志：《关于中国内地与香港特别行政区建立刑事司法互助关系的研讨》，载高铭暄、赵秉志主编：《中国区际刑法与刑事司法协助研究》，中国方正出版社，2000 年出版，第 71 – 72 页；赵国强：《关于内地与香港相互移交犯罪嫌疑人的几点思考》，载《一国两制下的司法合作学术会议》，香港大学法律学院 1999 年出版，第 5 页。

外国的政治性组织或者团体在香港特别行政区进行政治活动，禁止香港特别行政区的政治性组织或团体与外国的政治性组织或者团体建立联系。”目前，香港尚未完成上述立法，所以两地逃犯移交的协议是否规定政治犯罪不移交，不仅“高度敏感”，而且相信比其他移交原则更具复杂性。

4. 审查机制问题

内地和香港对引渡审查实行的都是“行政审查 + 司法审查 + 行政审查”的机制。区别在于：内地对引渡的审查主要是形式审查，不对引渡请求所针对的案件进行实质审查；而香港对外国的每一个引渡请求所涉及的犯罪却会进行一定程度上的实质性审查。虽然香港的这种实质性审查有利于保障个人的基本权益，但是作为区域性刑事司法合作，似乎更应当强调简便和高效的原则。所以审查机制也是两地逃犯移交详细商讨的问题。①

二、内地与澳门的逃犯移交

（一）澳门的逃犯移交立法

澳门《刑事诉讼法》第 217 条规定，“将不法分子移交至另一地区或国家，由特别法规范之。”目前，此“特别法”即指 2006 年通过的澳门《刑事司法互助》（第 6 / 2006 号法律 ）。该法第 1 条即开宗明义地指出，“本法规范澳门特别行政区在中央人民政府协助及授权下，与中华人民共和国以外的国家或者地区进行刑事司法互助。”可见，澳门与内地之间的刑事司法互助也并不属于该法调整的范围。

有关内地与澳门之间移交逃犯及其他刑事司法互助的现有立法仅为《中华人民共和国澳门特别行政区基本法》（以下简称《澳门特别行政区基本法》）第 93 条“澳门特别行政区可与全国其他地区的司法机关通过协商依法进行司法方面的联系和相互提供协助”。作为中国的一个特别行政区，澳门与其他国家及地区间包括移交逃犯在内的刑事司法协助的相关立法不断取得进展，但是澳门与内地之间在移交逃犯问题上也属无法可依。

（二）内地与澳门逃犯移交的实践

正如内地与香港之间的情形一致，由于没有协议，内地与澳门之间的逃

① 参见周柏均、林秉文《中港移交逃犯协定研究》，第 61 – 78 页。网址：http：//www. legco. gov. hk。

犯移交也主要是通过国际刑警组织进行，渠道同样并不顺畅，原因也类似。有代表性的案件如涉嫌生产盗版光盘和走私的 A 某被内地检察机关批准逮捕后，逃至澳门，被澳门治安警察局出入境事务厅截获后，澳门助理检察长根据国际刑警组织的红色通缉令作出将其移交内地海关的决定。但是，A 某提出人身保护令申请后，2007 年，澳门终审法院合议庭作出的“12 / 2007 号”裁判，就判定“现时并没有区际法律和本地法律规范内地与澳门特别行政区之间移交逃犯的事宜。因此，即使是为了执行国际刑警组织发出的红色通缉令，在没有可适用的专门法律规范的情况下，包括检察院、司法警察局在内的任何公共机关均不能以把国际刑警通缉的人士移交作为请求方的内地为目的拘留该人士”，因此裁判将逃犯移交给内地“属于违法”。实际上，澳门 回归前后均有相关案例出现。当然，也不乏澳门与内地相互进行逃犯移交的案例，如 2001 至 2006 年广东省公安厅“320”跨境追逃机制中，就向澳门警方移交了逃至内地的重要嫌疑犯，澳门警方同样亦协助广东警方抓获 15 名重要的外逃犯罪嫌疑人。由于两地毕竟未签署相关协议，所以如进行逃犯移交协助，也仅属个案合作。

（三）内地与澳门逃犯移交面临的主要问题

澳门《刑事司法互助法》对于主要的逃犯移交原则，包括双重犯罪原则、政治犯罪不移交原则、本地居民不移交原则以及死刑犯不移交原则等均在调整表述方式的前提下予以采纳。在两地移交逃犯方面，澳门倾向于援用双重犯罪原则、死刑犯不移交原则，而内地则持不同或者相反的立场。但是对于本地居民不移交原则和剔除政治犯罪不移交原则，两地认识则渐趋一致。

1. 双重犯罪问题

澳门方面比较有代表性的观点认为，既然是一国内的不同法域，就意味着必须承认法律制度不同的现实。从对“法域”的实质理解出发，援用双重犯罪原则既是对澳门法律的尊重，也是对内地法律的尊重。如果认为这样做会导致对“一国”的损害，实际上是将“一国”与“两制”对立起来，为了强调“一国”而忽视了“两制”；或者是将内地误为一国。

2. 死刑犯不移交问题

由于澳门与香港一样已经废除死刑，所以对于死刑犯不移交原则，两地争议较大。同样，内地学者的主流观点是在内地与澳门的逃犯移交中，应不适用死刑犯不移交原则，否则是对内地死刑制度的干涉，是对相互尊重、互不干涉的“两制”原则的严重违反。① 但是澳门学者多数认为应当适用，其理由包括：内地虽然保留死刑，但是在与其他国家签订的引渡条约中，实际上已经多数采纳该原则。2005 年签署的《中华人民共和国和西班牙共和国引渡条约》第 3 条“应当拒绝引渡的理由”规定得已经非常明确：“根据请求方法律，被请求引渡人可能因引渡请求所针对的犯罪被判死刑，除非请求方作出被请求方认为足够的保证不判处死刑，或者在判处死刑的情况下不执行死刑”。此外，2007 年中国与法国、澳大利亚签署的引渡条约均有同样条款。但是澳门学者也认为，为了避免涉嫌严重犯罪的人反而逃脱被移交，可以通过保证不判处死刑（立即执行）作为不移交的例外。

3. 本方居民不移交问题

对于本地居民不移交原则，两地学者观点比较一致。即该原则主要涉及主权，两地同属于一个主权国家，所以该原则不应出现在“一国”下的澳门与内地间移交逃犯的协议中，但考虑到澳门居民国籍的复杂性，应当预留国籍国请求方的例外空间。

4. 政治犯罪不移交问题

对于政治犯罪不移交原则，原本争议较大，但因为在同一主权国家范围内，政治犯罪不移交原则，并无其独立存在的宪政基础和法律意义。特别是澳门为履行《澳门特别行政区基本法》第 23 条的宪政责任而制定的《维护国家安全法》已于 2009 年 2 月 26 日生效，其中明确规定了“叛国”、“分裂国家”、“颠覆中央人民政府”、“煽动叛乱”、“窃取国家机密”以及“外国的政治性组织或团体在澳门作出危害国家安全的行为”、“澳门的政治性组织或团体与外国的政治性组织或团体建立联系作出危害国家安全的行为”等内容。据此，政治犯罪一词已无独立存在的价值，而且相关犯罪可以直接依据《维护国家安全法》和双重犯罪原则进行移交。对此，两地学者看法也比较一致。

---

① 参见赵国强：《论一国两制下的移交逃犯机制》，载《行政》（澳门），2007 年第 4 期。

三、内地与港澳逃犯移交合作的前景

内地、香港、澳门均各自与外国签订了众多的引渡、或者移交逃犯双边条约或者协定，与外国在引渡或逃犯移交的问题上均有明确的法律依据，但是相互之间的逃犯移交问题上却无法可依，因此也没有理想的逃犯移交渠道。当前随着不断融合，跨境犯罪和需要移交协助的案件不断增多，内地与港、澳主要依靠协商解决的个案合作进一步暴露出办案周期长、效率低、成本高的缺陷，这种于法无据的立法现状无疑严重妨碍了共同打击犯罪和社会治安秩序。所以，寻求内地与港、澳逃犯移交合作的共识亦属迫在眉睫。

（一）内地与港澳逃犯移交合作的重点

港、澳已经回归，成功实现“一国两制”。海峡两岸的逃犯移交与之不同的是：大陆与台湾尚未统一，两岸都认同“一个中国”，但台湾却未承认“两制”。所以相比较而言，内地与港、澳之间的逃犯移交合作比海峡两岸之间少了政治考量，其重点在于如何消弭、协调彼此法律传统和制度差异。尽管这不是短期内能解决的问题，但是有了“一国两制”和基本法的大前提，同根同祖的同胞终有解决的共同智慧。

（二）内地与港澳逃犯移交合作的难点

作为区际刑事司法合作，内地与港、澳逃犯移交合作的最高原则当然是“一国两制”。但是难就难在对“一国两制”的全面理解。实际上，正如澳门学者所言“对于‘一国两制’原则的重视，各方都言之凿凿，但是得出的结论却往往南辕北辙。究其原因，无非是在有意无意地对‘一国两制’原则的选择性遵守：或者只谈‘一国’，以‘一国两制’遮蔽‘两制’；或者只谈‘两制’，以‘两制’抹杀‘一国’。只有在全面理解‘一国两制’的前提下，才能在准确定位两地间刑事司法互助性质的基础上，为有关基本原则上的分歧找到根本解决之道”。内地与香港、内地与澳门，双方都不具备独立或者半独立的“政治实体”身份，两地并非“中华人民共和国”与“香港特别行政区”、“澳门特别行政区”，而是“中国内地”与“中国香港”、“中国澳门”。[①] 总之，全面、准确理解“一国两制”原则，在逃犯移

---

① 以上引自方泉：《澳门与内地移交逃犯的法律安排——兼议澳门 <刑事司法互助法> 的原则规定》，载《中国刑事法杂志》，2009 第 7 期。

交的原则上剔除与主权有关的内容，逃犯移交原则问题的解决即成为可能。

第三节　美国州际逃犯移交

虽然海峡两岸之间的逃犯移交互助在世界上没有可以移植的现成的版本，但是了解世界上其他国家的区际逃犯移交，对我们构建两个特殊法域之间的逃犯移交原则或许不无裨益。

一、美国州际逃犯移交的法律基础

美国州际逃犯移交主要是由美国宪法、联邦法例及州际立法进行规管，当然也包括一些联邦最高法院及州最高法院的判例。

（一）宪法

美国宪法第 4 条第 1 款规定："各个州对于所有其他州的公共法律、文件档案和司法程序，应给予充分的信任和尊重。国会得以一般法律规定证明此种法律、文件档案和司法程序的方法和所具有的效力。"同款第二段规定："在任何一州被控告犯有叛国罪、重罪或其他罪行，逃脱法网而在他州被寻获之人，应根据他所逃出之州行政当局的要求将他交出，以便解送到对犯罪行为有管辖的州。"此中的"其他罪行"，在美国早期的司法界曾出现很大的争议。直至 1860 年，美国联邦最高法院在 Kentuchy v. Dennison 一案中，明确了"其他罪行"是指所有在请求遣返州可构成惩罚的罪行，即使在普通法或其他州（包括被请求遣返的州）的法律之下并不构成犯罪，该逃犯仍需被移交进行审讯。

（二）联邦法例

因为宪法中并没有明确逃犯移交的形式或方法等事宜，导致各州采用不同的程序和安排，引起很多纷争和混乱。为了避免各州之间发生冲突，损害彼此的和睦，联邦政府和各州在立国初期均欲草拟一套通行全国的逃犯移交法规，以统一全国的移交程序。1793 年，美国国会通过了《遣返法》，该法案后来并入法案修订本中，其主要内容是：当某一州或者地区的行政当局提出遣返逃犯的要求，并且向被请求州提供起诉书时，被请求州应将逃犯拘捕，同时通知请求州的行政当局，并将逃犯转交行政当局委派的人士。

上述联邦法例的订立虽使各州之间逃犯移交的程序有了统一的依据，但是并未平息州际逃犯遣返方面的争议，尤其是州长拥有很大的酌情权。有些州长以保障逃犯的人权和自由、或者避免逃犯被遣返后遭到不公平对待等理由拒绝遣返逃犯，遂又引起州与州之间的争执，被拒绝遣返州的州长甚至为了报复同样作出拒绝遣返的决定。

（三）州际法例

1926 年，美国全国统一州际法专员会议草拟了《刑事引渡统一法案》。该法案在 1935 年修订一次。除了密西西比州和南卡罗来纳州外，其他各州均已将其采纳为本州的法律。该法案规定，任何一个州的州长，有责任将触犯叛国罪、重罪和其他罪行而在他的州被寻获的逃犯，根据犯人所逃出的州行政当局的要求，将犯人遣返。此外，该法案还详细订明要求和请求文件的形式、逮捕和拘押、保释、人身保护令诉讼程序等事宜。此外，美国各州还订立三个协议：一是《紧迫追捕的统一法案》。该法案授权其他州的警务人员，在进行紧迫追捕行动时，可拘捕跨越州界的逃犯及犯罪者。这便免除了在拘捕行动后需要进行逃犯遣返程序。二是《监督州外假释犯人或感化犯人的州际相互协约》。协约主要是容许某一个州的假释犯人或感化犯人，可移居到另一个有签订协约的州，接受该州的适当监督。如有需要，假释犯人或感化犯人可以被送返原本被定罪的州，而犯人移交的法律程序会被免除。三是《拘留犯人州际相互协议》。该协议容许将正在某一个州服刑的犯人，由另一州暂时拘押，以便对犯人进行另一项审讯。待审讯完毕后，不论审讯结果如何，犯人会归还犯人原先正在服刑的州。

二、美国州际逃犯移交的原则

美国州际逃犯移交主要涉及两个原则问题：

（一）死刑问题

美国现有 38 个州设有死刑，另 12 个州完全废除死刑。各州可判处死刑的罪行都有所不同，大致上包括谋杀、绑架、劫机和叛国罪等。如前所述，州与州在考量是否移交逃犯时，只会着眼于有关程序是否符合法律上的要求。假如一个没有死刑的被请求州，须把被控以一级谋杀罪的逃犯交予另一个设有死刑的请求州时，并不会因该逃犯可能会被判死刑而拒绝移交。

（二）政治犯罪问题

美国州与州在考量应否移交逃犯时，也不会因政治犯罪问题而拒绝移交。美国宪法更明文规定被控告犯有叛国罪的逃犯，应当移交。一直以来，美国司法界都在争议可能受到政治迫害和不能获得公平审讯是否可以成为免于移交逃犯的理由，但是，这种“逃犯权利”的观点一直没有得到美国司法界的普遍支持。

三、美国州际逃犯移交的程序

美国州际逃犯移交是一项简易和强制性的行政程序，被请求州并不需对请求进行详细的审查，仅在有限的情况下受到司法上的审查。如果有表面证据显示请求符合宪法及法律上的要求，被请求州的州长就将根据请求州提供的起诉书作出移交决定。假如当事人不愿意被移交，可向法院申请人身保护令，法院只能考量以下四个因素：1. 请求移交的文件是否齐备。2. 被要求移交的当事人是否在请求州被指控犯有某些罪行。3. 被请求移交的人是否就是移交文件中所指的当事人。4. 被请求移交的当事人是否属“逃犯”。总之，美国各州之间在决定移交与否时只需要考虑相关程序是否符合规定，而不会考虑当事人是否清白。

四、美国州际逃犯移交的特点

（一）有统一的宪法和联邦法例

美国州际法律虽有不同，但是逃犯移交制度有统一和共同遵守的宪法和联邦法例，州与州之间的立法和司法制度，均受到宪法所约束，不能违反宪法对公民权利的保障。

（二）以示范法的方式解决州际法律冲突

宪法、联邦法例和州际法例构成了美国州际逃犯移交制度的基本法律基础。特别是其中的州际法例，在解决州际法律冲突方面发挥了很好的作用。由于美国早期州与州之间司法制度和人权保障上的差异，在逃犯移交问题上曾经带来不少争议。为了解决州际法律冲突，美国采取由一些官方、半官方或者民间组织草拟出一套“示范法”，再经由各州的立法机关采纳为本身的法律，来达到各州法律上的统一。前述的《刑事引渡统一法案》就是由美国全国统一州际法专员会议草拟。这个组织从 1892 年开始就致力于州际法律的统一，该组织的主要工作就是草拟“统一”或者“模范”法案，并且向各州推介。1983 年，该组织又草拟了一个新的《引渡及遣返统一法案》，修订了《刑事引渡统一法案》，目前北达科他州已经采纳其为州法律。

（三）不受国际引渡规则所规范

美国州际逃犯移交制度不同于国与国之间的逃犯引渡，所以基本不受国际引渡规则所规范，如双重犯罪原则、死刑犯不引渡原则、政治犯罪不引渡原则等均不适用。在程序上也只进行简单的司法审查和表面程序合法性的审查。①

第四节　海峡两岸的逃犯移交

《引渡法》第 2 条规定“中华人民共和国和外国之间的引渡，依照本法进行。”引渡是国与国之间的逃犯移交，《引渡法》自然不适用于内地与港澳台之间。目前两岸尚未有关于相互移交逃犯的各自立法，但可喜的是，却早在 1990 年就签署了相互移交逃犯的协议。

一、海峡两岸逃犯移交协议

上世纪 80 年代后期，海峡两岸接触日益增多，同时也出现了不同形式的跨海峡犯罪行为。进入 90 年代，两岸开始进行有关刑事司法互助的商谈。但由于众所周知的政治原因，1990 年签订的《金门协议》只规定了遣返的对象是：“违反有关规定进入对方地区的居民”和“刑事嫌疑犯或刑事犯”；遣返的原则是：“人道精神与安全便利的原则”。随后，由于两岸劫机犯罪严重，所以两岸转而着重就遣返劫机犯问题多次另行商谈，但是因为劫机犯罪涉及两岸刑事管辖权，问题更加复杂，最终仅形成协议的草案，未正式签署协议。《金门协议》是中国第一个区际刑事司法协助协议，也是中国第一个区际逃犯移交协议。《南京协议》则在三个方面完善了“刑事嫌疑犯或刑事犯”的遣返：1. 遣返原则。即人道、安全、迅速、便利原则。2. 遣返方式。在“原有基础上，增加海运或空运直航方式”。3. 遣返程序。《南京协议》第四章规定的遣返适用的司法互助程序比《金门协议》更加便捷。

但是，从《金门协议》到《南京协议》，不仅都回避使用“逃犯移交”一词而使用“遣返”来表达，而且仅规定了人道、安全、迅速、便利等

① 参见周柏均、林秉文：《中港移交逃犯协定研究》，第 24－30 页。网址：http：//www. legco. gov. hk。

"原则"。与其说人道、安全、迅速、便利是遣返的"原则"，不如说是"遣返"作业的总体要求。逃犯移交虽与引渡性质不同，但问题相似。"遣返"对象——即哪些"刑事嫌疑犯或刑事犯"可以被遣返，哪些应当、可以拒绝遣返等决定区际逃犯移交"基础和核心的"实质性原则，《金门协议》和《南京协议》都采取了回避的方式。

二、海峡两岸逃犯移交的实践

迄今为止，海峡两岸之间开展的逃犯移交实践可以概括为以下三种：

（一）通过第三地

1989年，台湾杀人犯杨明宗在大陆落网。由于海峡两岸尚未建立逃犯移交管道，最后大陆警方以杨明宗还涉嫌伪造新加坡护照为由，将杨明宗移交给新加坡警方，然后由新加坡警方当场将逃犯再移交给台湾警方。这种通过第三地辗转移交的途径主要适用于1990年《金门协议》签订前海峡两岸无法直接接触的特殊时期。

（二）通过国际刑警组织

实际上，通过第三地进行逃犯移交只是个案。1990年前，内地与港澳台开展逃犯移交的主要方式还是通过国际刑警组织。国际刑警组织在香港和台湾设有中心局，与澳门警方亦有联系。中国政府于1984年加入国际刑警组织后，专门设立了国际刑警组织中国国家中心局广东联络处，以管理涉港澳台的案件。如1989年内地逃犯吴大鹏盗窃中国银行汇票外逃，国际刑警组织中国国家中心局向国际刑警组织总秘书处提出协助请求，总秘书处随即对吴大鹏发出红色通缉令，并向新加坡、瑞士、美国、香港及台湾地区警方紧急通报案情，要求协查并缉捕吴大鹏。最后台湾警方积极配合，逮捕了逃至台湾的吴大鹏并遣返内地，同时在上述有关国家和地区的配合下被盗的300万元巨款被追回。

（三）司法途径

《金门协议》后，两岸在互惠的前提下积极开展了直接的逃犯移交合作。依据双方遣返的概略统计，从《金门协议》到《南京协议》的近20年间，海峡两岸双向遣返总次数212次38936人次。其中，大陆向台湾遣返非法入境人员、刑事犯和刑事嫌疑犯 366 人，接回私渡人员 38570 人。[①]《南京协议》签署后至 2010 年 2 月，双方依其所进行的互助业务已达 5000 余件。其中，大陆方面遣返台湾通缉犯 18 名，包含涉嫌诈欺、掳人勒赎、毒品等。[②]从《金门协议》到《南京协议》，虽然签订主体是民间机构，但是在进行具体的遣返作业时，依照协议所规定的程序，具体负责联络和办理相关事宜的机构并不是签订协议的两个主体，而是双方的"业务主管部门"——司法机关。

三、海峡两岸逃犯移交面临的主要问题

在国际刑事司法协助中，国与国之间签订引渡条约或者进行引渡实践的主要障碍是有关双重犯罪、政治犯罪、死刑犯、本方居民移交、或移交或起诉、特定罪名等原则问题。这些原则也是引渡的"基础和核心"问题。实际上，区际刑事司法协助在移交逃犯方面的主要争议点也概莫能外。根据海峡两岸多次商讨的情况，两岸移交逃犯面临的主要障碍和争议点是：

（一）双重犯罪问题

相比刑事诉讼文书送达、调查取证等狭义的国际刑事司法协助形式而言，引渡对于当事人来说是一种最体现否定评价的合作形式。送达文书、调查取证等只是为请求方的刑事诉讼活动提供辅助性的中立的协助，这种协助有可能有利于被追诉人，也有可能不利于被追诉人，它不对被追诉人的行为性质及请求方的追诉活动进行法律评价。而引渡和移交逃犯的性质与效果则大不相同，它表明被请求方对请求方刑事诉讼活动的支持甚至参与态度；它将使被请求移交人在被请求国境内接受人身强制措施；它将不顾被请求移交人的相反意愿强行将其移交给请求国，以使其接受刑事追诉或者刑罚的执行。总之，对于被请求引渡人来说，它将带来绝对不利的法律后果。因此，在国际刑事司法协助中，各国普遍认为必须严格以双重犯罪原则作为合作的

① 其中，大陆接受劫机犯罪嫌疑人 5 批 18 人，向台湾遣返劫机犯罪嫌疑人 1 批 1 人。此外，2007 年 1 月 25 日、26 日大陆顺利完成向台湾遣返陈益华、薛球、李汉扬、李金瓒和黄玉兰、杨介文两个电信诈骗团伙要犯，在海峡两岸引起了很大反响。国务院台湾事务办公室举行例行新闻发布会[EB/OL].（2009－02－011）[2010－08－23]. http：//www. china. com. cn.

② 参见陈梦婕：《我省警方快速遣返白鸿森创两岸新纪录》，载《福建日报》，2010 年 3 月 8 日。

必要条件。

（二）政治犯罪问题

政治犯罪不移交原则是18世纪末期法国资产阶级革命以后逐步形成的一项国际上普遍承认的原则，最早在1793年法国宪法中就规定了政治犯罪不引渡原则，后来逐渐成为各国公认的国际法原则。但是，由于各国对“政治犯罪”的不同理解而导致该原则无论是理论上还是实际中都存在不少问题。著名的意大利刑法学家贝卡利亚认为，政治犯罪即“不具有恶意，而仅仅是出于自由的愿望而造成损害”。① 西方犯罪实证派代表菲利认为，政治犯罪“不是出于利己动机，而是出于利他动机，反对现代社会秩序的不公平的进化型犯罪”。② 在国际引渡实践中，有时候政治犯罪仅被限定为“纯政治犯罪”，有时候又包括那些行为和罪名均属普通犯罪，而行为人犯罪的目的或者动机或者某些特定情节有一定政治因素的犯罪。总之，最大的问题是确定政治犯罪的标准具有很大的伸缩性。

（三）军事犯罪问题

军事犯是指仅仅违反一国军事法律，但根据该国的普通刑事法律则不构成犯罪的行为。军事犯罪具有鲜明的政治性和排他性，现代各国一般都认为，刑事司法协助属于普通刑事法上的事务，不涉及军法领域，对任何军事法的犯罪行为，都不在刑事司法协助的范畴之内。中国与外国签订的双边引渡条约也将军事犯罪排除在合作的范围之外，约定引渡请求所涉及的犯罪只是军事性质的犯罪，而根据普通刑法不构成犯罪的，应当拒绝引渡。

（四）死刑犯问题

“死刑犯不引渡”原则是第二次世界大战以后，由于废除死刑运动的影响，而在国际引渡实践中兴起的一种限制性原则。例如，1957年的《欧洲引渡公约》第11条规定，如果要求引渡的罪行，根据请求国的法律将被处死刑，而被请求国的法律对这种罪行没有处死刑的规定，或者通常不执行死刑，引渡可以被拒绝，除非请求国做出能使被请求国满意的保证：死刑将不执行。在国际刑事司法协助中，死刑问题一般是死刑保留国与死刑废止国之

---

① 参见黄风：《引渡制度》，法律出版社，1990年出版，第156－160页。

② 参见菲利：《实证派犯罪学》，中国政法大学出版社，1987年出版，第36页。

间缔结引渡条约的巨大障碍。随着国际社会对死刑观念的不断变化，甚至在死刑保留国之间签署引渡条约时，也同样面临是否确立死刑犯不移交的问题。在区际司法协助中，死刑犯是否移交也成为不同法域之间展开合作的主要障碍。

（五）本方居民移交问题

在国际引渡实践中，这个原则被称为“本国公民不引渡”原则。对本国公民是否可以引渡给他国的问题，各国的做法不同。以英国为代表的普通法系国家赞成或者不反对引渡本国公民。而欧洲大陆和拉丁美洲国家则坚持本国公民不引渡原则。导致这一区别的根源除了各国引渡历史传统方面的影响外，主要在于两类国家所确定的刑事管辖标准不同。普通法系国家一向严格奉行属地管辖原则，本国公民在外国的犯罪行为应由犯罪地国行使管辖权，所以将本国公民引渡给犯罪地国审判并不损害本国的司法权。相反，欧洲大陆和拉丁美洲国家均有属人管辖权的规定，甚至将本国刑法中的全部罪名都适用于本国公民在外国的犯罪，所以，本国公民在外国犯罪后逃回本国，且根据本国刑法也构成犯罪，如果不由本国审判而将其引渡给外国，就等于放弃了本国的刑事管辖权。

（六）或移交或起诉问题

“或移交或起诉”原则来源于国际刑事司法协助的“或引渡或起诉”原则。“或引渡或起诉”原则的含义是：对于国际公约或者国际条约所规定的犯罪，一缔约国接到另一缔约国提出关于引渡犯罪嫌疑人的请求时必须作出这样的选择：或者对被请求引渡人实行引渡，或者将其移交本国司法机关进行追诉和审判。① 该原则与“本国公民不引渡”原则密切相关。第二次世界大战后，国际刑事诉讼领域同时出现了跨国犯罪日益增多和人权保障意识逐渐受到重视的趋势，一国对在国外犯罪的本国公民予以庇护而不予引渡在国际刑事司法协助领域也渐成风气，这无疑妨碍对国际犯罪的打击。为解决这一问题，一些国家提出了“或引渡或起诉”的主张，以对“本国公民不引渡”原则的漏洞进行补救。该原则是国际刑事司法合作的一项重要制度，也是在当今条件下对国际犯罪进行审判和制裁的行之有效的方法。

---

① 参见黄风、凌岩、王秀梅著：《国际刑法学》，中国人民大学出版社，2007年版，第188页。

（七）特定罪名问题

根据国际实践和许多有关国际刑事司法合作的条约规定，为了防止请求方以国际刑事司法合作为借口迫害被请求方应该给予保护的人，在引渡后，请求方只能就请求刑事司法协助时所指控的罪名对被引渡人予以审判和处理，不得审理、处罚不同于该罪名的任何其他罪行，否则，被请求方有抗议的权利，请求方也没有单方面决定将逃犯转移给第三国的权利，这就是“特定罪名原则”。该原则实际上是随着政治犯罪不移交原则的产生而发展起来的。因为如果请求方以抢劫之类的普通犯罪为由请求移交，在被请求方移交之后却以政治犯罪进行追诉的话，就规避了政治犯罪不移交的原则，也侵害了被请求方的主权。所以，一般认为，坚持政治犯罪不移交原则，就应当确立特定罪名原则。

四、海峡两岸逃犯移交的原则构建

虽然两岸移交逃犯与国家间的引渡并不相同，但毕竟两岸在政治经济和司法制度上有着明显的差异，而且两岸之间不像美国一样有一个统一的宪法和联邦法例，所以这种区际逃犯移交与引渡有更多的相似问题，更需要适当参照国际惯例。但是哪些国际惯例适宜采用，哪些惯例不适宜采用，可谓“知易行难”、也没有先例可供借鉴。但不管怎样，任何移交都应遵循这样的大前提：既要考虑两岸在政治经济和司法制度上的巨大差异，更要贯彻“一个中国”原则；既要保障个人人权，也要防止罪犯逍遥法外。

（一）确立有例外的双重犯罪原则

双重犯罪原则是国与国之间引渡的一项重要原则，它实际上是“罪刑法定原则”在国际刑事司法合作领域的体现。海峡两岸移交逃犯是否适用双重犯罪，多数学者认为双方法律对该种行为都作出否定评价是实现移交的基本前提，所以在区际刑事司法协助中也应当坚持双重犯罪原则①；也有观点认为在特殊关系的法域间移交逃犯早有排除双重犯罪原则的先例，例如英国的《逃犯法（1967年）》在规定英国与英联邦成员之间的移交时即排除双重犯罪原则。

---

① 参见黄进：《区际司法协助的理论与实务》，武汉大学出版社，1994年版，第127页；吕岩峰：《中国区际刑事司法协助中的案犯移交问题》，载《长春市委党校学报》，2000年第5期。

笔者认为：大陆和台湾各有自己的司法体系，请求方司法认为是犯罪或者严重犯罪的行为，被请求方的司法如果不认为是犯罪，其司法互助行为无从展开。双重犯罪原则正是在一国的前提下尊重“两制”的体现。非双重犯罪原则虽也有其道理，是尊重了“一国”，却忽略了“两制”。所以，鉴于逃犯移交的性质和两岸差异的客观事实，两岸移交逃犯应坚持双重犯罪原则。但是，为避免对方成为犯罪行为的避风港，有必要考虑设定例外情况。实际上《南京协议》第二章“共同打击犯罪”第四部分就体现了这样的原则和例外：“双方同意采取措施共同打击双方均认为涉嫌犯罪的行为”，而且“一方认为涉嫌犯罪，另一方认为未涉嫌犯罪但有重大社会危害，得经双方同意个案协助”。这应当是未来两岸司法协助在这个问题上的务实的成熟的做法。

（二）剔除政治犯罪、军事犯罪不移交原则

政治犯罪不移交原则本身争议较大，不仅大陆立法对“政治犯罪”也没有规定，而且两岸在基本社会制度、意识形态等方面存在重大差异，很难就“政治犯罪”形成共识。在这样的情形下，设定政治犯罪不移交原则，无疑将给移交合作设置难以逾越的障碍。① 目前，两岸都赞同“一个中国”，只要把握“一国”，即两地的移交是在同一主权国家内不同法域之间的刑事司法协助，那么这种争议实际上就显得毫无意义。因为在同一主权国家范围内，政治犯罪不移交，甚至政治犯罪一词，并无其独立存在的意义。②类似的道理，军事犯罪不移交原则也应在剔除之列，此不赘述。

（三）剔除死刑犯不移交原则

香港和澳门已经废除死刑，所以内地与港、澳移交逃犯的商谈中，对死刑犯是否移交更难抉择。但是大陆和台湾对死刑的态度大致相同，即保留死刑，但是尽量限制死刑的适用，所以在死刑的适用上，两地并不存在本质的冲突。从法律的规定看，可处死刑的罪行一般都是重罪，如果对于这些重罪逃犯不予移交，必然导致罪犯逍遥法外，不利于震慑严重刑事犯罪活动。其

---

① 参见贾宇：《论内地与港澳台移交案犯合作》，载《法律科学》，1993 年第 2 期。

② 参见方泉：《澳门与内地移交逃犯的法律安排——兼议澳门 <刑事司法互助法> 的原则规定》，载《中国刑事法杂志》，2009 年第 7 期。

次，即便刑法规定该罪可能判处死刑，但最终是否判处死刑不仅要经过侦查、起诉、审判，不仅要考虑法定情节还要考虑酌定情节，作为并不熟悉对方法律和刑事审判实践的被请求方，由其判断该案是否要判处死刑客观上也是很困难的。所以，未来两岸移交逃犯合作中，宜剔除死刑犯不移交原则。

（四）剔除本方居民不移交原则

如前所述，国际引渡实践中是否确立“本国公民不引渡”原则主要是因为不同国家刑法确定的刑事管辖标准不同。其次，也有出于保护本国公民的考虑而在与外国的引渡实践中实行“本国公民不引渡”。

两岸之间移交逃犯应剔除本方居民不移交原则的理由有：

1. 大陆和台湾都在刑事管辖权上奉行同样的属地管辖为主、属人管辖等为辅的原则。在哪里犯罪，就应当在哪里被追究刑事责任，因此，应剔除本方居民不移交原则。

2. 在实行双重犯罪原则的前提下，两地都认为是犯罪行为，移交或者不移交都不影响对被移交人的刑事追诉（只影响量刑）。所以，坚持双重犯罪原则就没有必要再适用本方居民不移交原则。

3. 大陆与港澳台地区的公民，无论在哪个地区的法院受审，其身份都是中华人民共和国公民，法律上不存在区别对待的问题。两岸居民同属炎黄子孙，在刑事诉讼过程中，不存在内外有别的问题，也不存在对台湾居民虐待酷刑问题。实际上，在大陆的司法实践中，对台湾居民的诉讼权利更加保护。而且公正审判的前提是事实清楚，证据确实充分，要实现这一前提，最好的办法是将其移交给犯罪地法院。

4. 在“一个中国”的共识下，海峡两岸都属于同一个主权国家，由谁来对逃犯追究刑事责任并不像国际间那样具有实质性意义。

（五）剔除或移交或起诉原则

既然“或引渡或起诉”原则是对“本国公民不引渡”原则的漏洞进行补救，那么如果在海峡两岸之间剔除了本地居民不移交原则，则就不存在这方面的漏洞。所以确立或移交或起诉原则也就失去了其本身的意义。

（六）确立特定罪名原则

从前述特定罪名原则与政治犯罪不移交原则的关系看，确立特定罪名原则能够避免有关请求国通过司法协助的方式达到迫害“政治犯罪”的目的，两个原则密不可分。则坚持政治犯罪不移交原则，就应当确立特定罪名原则。同样，剔除政治犯罪不移交原则，特定罪名原则似乎也失去了其存在的意义。但是，为了避免请求方在涉及其他罪名的移交合作中规避法律，仍然可以在没有政治犯罪的相关规定下，确立这一原则。《南京协议》第6条“人员遣返”第四项约定：“非经受请求方同意，请求方不得对遣返对象追诉遣返请求以外的行为”，可见海峡两岸对此已经达成一致。

第五节　海峡两岸逃犯移交中的“政治犯罪”

无论《金门协议》还是《南京协议》，对构成区际逃犯移交“基础和核心”的实质性原则——双重犯罪、政治犯罪、军事犯罪、本地居民犯罪、死刑犯等移交原则均采取了回避的方式。回避并非长久之计，随着两岸关系的进一步发展，这些问题将一一呈现在我们面前，亟需双方应对。以下选取最敏感的“政治犯罪”为例，详细探求并希望从中窥见两岸逃犯移交合作的走向。

一、国际刑事司法协助中的“政治犯罪”

我们知道，逃犯移交是区际刑事司法协助术语，被喻为“区际引渡”。“政治犯罪不移交”就脱胎于国际刑事司法协助中的“政治犯罪不引渡”。[①] 所以，海峡两岸司法互助中的“政治犯罪不移交”需要从国际刑事司法协助中的“政治犯罪不引渡”谈起。

① “两岸之间协助缉捕和移交案犯，在形式上虽与国家之间的引渡有相似之处，但其性质显然不同。”参见柯葛壮：《论两岸刑事司法协助》，载赵秉志，黄晓亮编著：《中国区际刑法专题整理》，中国人民公安大学出版社，2009年出版，第156－157页；“与会者认为，中国区际刑事司法协助中的案犯移交与国际刑事司法协助中的引渡，性质不同，问题相似。”参见蒋安杰，郭宏鹏，刘百军：《第二届“海峡两岸司法实务研讨会”硕果累累》，载《法制日报》，2010年8月4日；中国外交部条法司参赞徐宏认为，现有的司法协助安排“基本上是参照国际的做法，区际特色不够明显，有的甚至比国际的做法更加严格。”参见香港大学法学院副院长张宪初：《谈香港内地区际民商事司法协助的几个问题》，载北京国际法律大会《法律研讨会论文集》，2005年9月，第66页。

（一）“政治犯罪”的含义

同“经济犯罪”、“财产犯罪”等概念一样，“政治犯罪”（political offence）是对具有政治特点的犯罪的概括表述。① 大陆法系国家，通常将政治犯罪分为纯粹政治犯罪（purely political offence）和相对政治犯罪（relative political offence）。前者是指涉及政治或者具有政治性质，从而被认为属于政治犯罪的普通犯罪；后者又可以分为复合政治犯罪和牵连政治犯罪。复合政治犯罪，是指行为人出于政治目的或者动机所实施的，其犯罪情节或者行为手段具有政治性质，而形式上符合普通犯罪构成要件的政治犯罪。牵连政治犯罪，是从主客观方面都构成纯粹的普通犯罪，但是与某种政治行为有牵连关系的犯罪。② 由于法律传统的不同，英美法系在认定政治犯罪问题上则与大陆法系国家不同，其不存在纯粹政治犯罪和相对政治犯罪的划分，而主要以判例法认定事实和行为的性质，所以其认定标准也极其不稳定。以美国为例，其传统上把政治犯罪分为两类：1. 纯粹的政治犯罪行为。2. “与政治有关联的”犯罪行为。前者大约是指直接指向政府、并且不具有任何普通犯罪因素的犯罪行为。这类罪行包括：叛国罪、煽动叛乱罪和间谍罪。在美国对外缔结的所有引渡条约中，这类罪行都被排除在可以引渡的罪行的清单之外。而“与政治有关联的”犯罪行为更没有一个明确的定义，通常是指“与政治活动和事件有关的”普通犯罪行为。换言之，如果不是由于这类犯罪行为具有政治因素，则是通常允许引渡的普通犯罪行为。为了确定某一特定的犯罪行为是否是政治犯罪而决定引渡与否，美国在传统上是采用英国在

① “政治犯罪”与“政治犯”（political prisoner）是两个概念：后者是意识形态的概念，指的是被关押的人。其中，“犯”是指“被囚禁的人”，即英文的“prisoner”而不是“offender（罪犯）”。

② 参见赵秉志，陈一榕：《试论政治犯罪不引渡原则》，载《现代法学》，2001 年第 2 期。

雷·卡 斯蒂奥尼案中的审查方法。①

据不完全统计，目前世界各国在各自宪法、国内引渡法等法律文件中对“政治犯罪”所下的定义或解释不下20多种。② 但 由于各国政治制度、历史传统等方面的巨大差异，“对这个名词规定一个满意的概念的一切尝试都失败了，而且事理也许永远排斥找出一个满意的概念或者定义的可能”，③ 所以国际上至今没有公认的“政治犯罪”概念或者法律涵义。正因如此，在国际引渡实践中，有时候政治犯罪仅被限定为“纯政治犯罪”，包括如维护国家罪、间谍罪、妨碍他人选举权利罪等“一切侵害国家政治利益和公民的政治权利的犯罪”，有时候政治犯罪又包括那些行为和罪名均属普通犯罪，而行为人犯罪的目的或者动机或者某些特定情节有一定政治因素的犯罪，如出于政治目的而劫持私人飞机，为给某一政治集团筹集资金而贩卖毒品等；有时候，政治犯罪甚至可以包括发生在一定社会背景下的纯粹的普通犯罪。可见，它可以在需要的时候把一切普通犯罪都纳入，也可以把某些具有明显政治目的的犯罪排除在外。正是由于其巨大的伸缩性，才被视为国际引渡合作中的“安全阀”，发挥着保障各国在引渡合作中根据本国利益进退自如的特殊作用。

（二）“政治犯罪不引渡”的来源

1. 早期引渡的对象——政治犯罪

引渡制度产生于欧洲。中世纪欧洲的君主们通过引渡直接危害一国统治的政治犯罪、或者是因为政治原因的逃亡者，并处以酷刑以维护其专制统

① 卡斯蒂奥尼案件（Castioni case）是1891年发生在英国和瑞士之间的关于政治犯罪不引渡的著名案例。1890年9月瑞士的一个州发生政治起义，在群众向州政府大厦进攻时，他们的首领之一雷·卡斯蒂奥尼开枪打死了一名政府官员。起义失败后，卡斯蒂奥尼逃到英国。瑞士政府根据两国间的引渡条约，要求英国逮捕并引渡卡斯蒂奥尼。英国政府根据其1870年《引渡法》第3条的规定，认为该罪行是由政治动乱引起，并认为是政治动乱的一部分，属于政治性质的罪行，拒绝引渡并指出：在政治起义的过程中和促进政治起义中犯下的普通罪行，应被视为政治犯罪。雷·卡斯蒂奥尼案后来成为英美法系国家在判断某一行为是否具有政治特点时参照的主要判例之一。参见赵秉志主编：《新编国际刑法学》，中国人民大学出版社，2004年版，第388页。

② 参见庞仕平，韩霖：《论国家安全视野中的“政治犯罪”》，载《国际关系学院学报》，2006年第1期。

③ 英国国际法学者奥本海在其《国际法》一书中语。转引自赵秉志主编：《新编国际刑法学》，中国人民大学出版社，2004年版，第387页。

治。所以，其早期专门将叛国罪、弑君罪、异教徒或反对君主制的犯罪等作为引渡的对象。相反，普通犯罪很少被引渡。正所谓："窃贼和盗匪可以很容易地逃亡外国，但起义者却遭到逮捕——所有不同的专制统治者的利益在这点上是不谋而合的。"① 可见，引渡制度正是基于引渡政治犯罪的目的而产生的。而且，那时不仅没有引渡国内法，也没有引渡条约，引渡与否取决于君主的意志，被请求国考虑的主要是接受请求能给自己带来多大的好处或者是自己与请求国君主的私人关系。所以，早期的引渡活动实际上是掌握在统治者手中的一件政治工具，是国王之间进行政治交易的筹码。

2. "政治犯罪不引渡"原则的产生

18 世纪末 19 世纪初，西欧各国资产阶级革命中，资产阶级刑法改革的先驱者、意大利刑法学家贝卡利亚在其名著《论犯罪与刑罚》一书中呼吁人们不要把引渡作为迫害政治对手、维护专制统治的工具，并首次提出了对被引渡者的法律保障。1793 年法国大革命后制定的《宪法》第 120 条规定："法国给予为了争取自由而从本国流亡到法国的外国人以庇护。"此规定为"政治犯罪不引渡"原则的产生奠定了基础。1833 年 10 月 1 日，比利时颁布了世界上第一部《引渡法》，其第 6 条规定："在缔结条约时将明文规定，外国人不得因引渡以前的政治犯罪、与政治有关的行为或本法没有规定的重罪或轻罪而受追诉或被处罚；在这种情况下，拒绝一切形式的引渡和临时逮捕。"这一包含禁止引渡外国政治犯罪的法令在当时影响很大，被称为"比利时原则"。1834 年，比利时与法国签订了引渡条约，明文规定不引渡政治犯罪。此后，在欧洲国家之间、欧洲国家与美国签订的引渡条约中都确立了政治犯罪不引渡原则。19 世纪末，"政治犯罪不引渡"逐渐成为国际刑事司法协助的一个重要原则 。

（三）"政治犯罪不引渡"原则的发展——"政治犯罪例外"

伴随着"政治犯罪不引渡"原则在世界范围内被普遍认可的 同时，各国发现"政治犯罪"容易被一些实施严重犯罪后逃亡他国的人利用，作为逃脱应有惩罚的护身符。特别是一些国际犯罪组织或者个人为了实现自己的政

① 引自托尔斯泰·施泰因：《国际恐怖主义和引渡权》，载《当代联邦德国国际法律论文集》，北京航空航天大学出版社，1992 年出版，第 320－321 页。

治观点和目的，采取特别残忍的暴力手段实施针对平民的犯罪。这些行为虽然带有政治性质，却是对人类共同价值准则的粗暴践踏，有必要将其排除出“政治犯罪”的范畴，这就是引渡的“非政治化努力”。国际社会通过一系列公约，逐步确立危害和平罪、战争罪、危害人类罪、侵害应受国际保护人员包括外交代表罪、灭绝种族罪和种族隔离罪、违反人道主义罪、非法劫持航空器和危害国际民用航空安全罪、非法贩运麻醉品和精神药品罪等不属于政治犯罪——即“政治犯罪例外”，应当受到惩罚，从而大大缩小了政治犯罪的范围。诞生于2000年的《联合国打击跨国有组织犯罪公约》、2003年的《联合国反腐败公约》更是对传统的包括“政治犯罪不引渡”在内的引渡重要原则进行了不同程度的突破。毋庸置疑，在国际引渡实践中，“政治犯罪不引渡”已经呈现出 不断被限缩的趋势。

二、欧盟、美国刑事司法协助中的“政治犯罪”

海峡两岸的逃犯移交作为区际刑事司法互助，显然不同于国与国之间的引渡；又因其尚未回归，所以也不同于内地与港澳之间的区际司法互助，但却与引渡、内地与港澳之间的逃犯移交面临相似的问题。了解世界上最相类似的刑事司法协助实践对待“政治犯罪”的态度，或许有助于我们思考两岸逃犯移交中的政治犯罪问题。

（一）欧盟引渡合作中的“政治犯罪”问题

欧盟国家之间开展的刑事司法协助虽然仍属于国际刑事司法协助，但是作为集政治实体和经济实体于一身、在世界上具有最高一体化程度的国家联合体，其成功构建的一系列司法协助制度又极具区际刑事司法协助的特征，对于区际刑事司法协助制度具有很强的示范意义。

规范欧盟国家间引渡问题的主要是欧盟国家就引渡问题专门缔结的区域性多边公约，主要包括：1957年12月13日欧洲理事会在巴黎订立的《欧洲引渡公约》；1975年10月5日在斯特拉斯堡订立的《欧洲引渡公约附加议定书》；1978年3月17日在斯特拉斯堡订立的《欧洲引渡公约第二附加议定书》；1977年1月27日在斯特拉斯堡订立的《惩治恐怖主义的欧洲公约》；尤其是1996年9月27日缔结的旨在对前述公约和议定书进行补充的《欧洲成员国间引渡公约》。其中，《欧洲引渡公约》列举了国际公约中不应被视为政治犯罪的若干情形，《欧洲成员国间引渡公约》更是对弱化、摒弃“政治犯罪不引渡”原则作出极大努力。《欧洲成员国间引渡公约》第5条第1款规定：“被请求国不得视任何犯罪为政治犯罪而拒绝引渡。”虽然该公约同时允许缔约国通过保留的方式排除前述规定的适用，[①] 但“其贡献在于从理论上建立了完全排除政治犯罪不引渡的可能性”。[②] 从欧盟引渡制度的发展看，随着经济、政治一体化的进程，欧盟国家间可以引渡的范围日趋扩大，包括政治犯罪不引渡在内的国与国之间引渡的许多重要原则已经被不同程度地突破。

（二）美国州际逃犯移交中的“政治犯罪”问题

美国州际逃犯移交中的“政治犯罪”问题不妨从其引渡中的“政治犯罪”问题说起。1848年，美国第一部《引渡法》包含了“政治犯罪不引渡”原则。直到上世纪70年代，“在意识动机上不帮助其他国家镇压内部的政治反对派”始终是美国考虑与其他国家之间开展引渡合作的重要因素之一。因此，在与其他国家缔结的众多引渡条约中，美国一般都规定了“政治犯罪不引渡”原则。但随后直到90年代，由于国际犯罪和国际恐怖主义活动的猖獗，美国朝野和公众开始反思“政治犯罪不引渡”，并意识到为了保护真正由于政治原因逃亡美国的罪犯，同时又避免其成为国际犯罪和恐怖分子的护身符，无疑需要对“政治犯罪不引渡”原则进行限制。所以，当今美国在其国内立法、双边引渡条约、多边国际公约中逐步确立一系列“政治犯罪例外”，一方面力求保护“一切人”的政治自由，另一方面确保国际犯罪和恐怖分子得到应有的审判和惩罚。进入21世纪后，美国的态度又有更新的变化。特别值得注意的是，2007年4月26日美国与英国签署生效的《引渡条约》规定，“任何可处1年以上监禁的犯罪行为均属引渡之列”，改变了政治犯罪、军事犯罪、宗教犯罪、死刑犯等特殊犯罪不引渡的规定。虽然，这个条约是美国与其在社会制度、价值观等方面具有高度认同的盟国之间签署，但仍然说明为适应形势需要，国际引渡实践的突破性变革正在发生。

对于国内州际逃犯移交，美国更完全不同于国与国之间的引渡，基本不

① 虽然该公约同时允许缔约国通过保留的方式排除第5条第1款规定的适用，但还规定无论如何不得将恐怖主义犯罪、共谋及有组织犯罪视为政治犯罪。

② 引自周露露：《欧盟引渡制度的新发展及对我国的启示》，载《法学》，2003年第12期。

适用双重犯罪原则、死刑犯不引渡原则、政治犯罪不引渡原则等国际引渡规则。美国州与州之间在考量应否移交逃犯时，不会因政治犯罪问题而拒绝移交。美国宪法更明文规定被控犯有叛国罪的逃犯，州与州之间应当移交。此外，逃犯被移交后可能受到政治迫害和不能获得公平审讯（即“政治迫害”条款）是否可以成为免于移交的理由，多年来在美国司法界始终存在争议，但是，美国州际逃犯移交中这种“逃犯权利”的观点一直都没有得到美国司法界的普遍支持。①

三、海峡两岸逃犯移交中的“政治犯罪”问题

（一）两岸各自引渡立法中的“政治犯罪”

《引渡法》第8条第（三）项规定：“因政治犯罪而请求引渡的，或者中华人民共和国已经给予被请求引渡人受庇护权利的”，应当拒绝引渡。这是我国第一次以国内立法的形式确认了政治犯罪不引渡原则。目前在我国与33个国家签订的双边引渡条约中，大部分明确约定了这项原则。② 台湾1980年制定的“引渡法”第3条规定：“犯罪行为具有军事、政治、宗教性时，得拒绝引渡。但左列行为不得视为政治性之犯罪：一故意杀害国家元首或政府要员之行为。二共产党之叛乱活动。”1984年至今，台湾地区共与马拉威等7个国家签有“引渡条约”。在这7个条约中，都有政治犯罪不引渡的相关规定，个别还吸纳了政治犯罪的例外规定。③

《引渡法》虽然直接引用“政治犯罪”的概念，但是大陆的法律也没有解释什么叫“政治犯罪”；同样，在台湾，法律上也没有可资对“政治犯罪”进行认定的任何标准。两岸学术界对该概念的理解与国际上一样，没有

---

① “政治迫害”条款是政治犯罪不引渡原则的补充和引申条款，其内容一般为：被请求方有充分理由认为请求方提出的引渡请求旨在对被请求引渡人因其种族、宗教、国籍、性别、政治见解（或者政治信仰）等原因而提起刑事诉讼或者执行刑罚，或者被请求引渡人在司法程序中的地位将会因上述原因受到损害，便不应予以引渡。参见黄风著：《国际刑事司法合作的规则与实践》，北京大学出版社，2008年7月第1版，第117页。

② “政治犯罪”这一概念在我国的法律文件和与外国签订的双边条约中的表述经历了一个过程：相继采用了“犯罪具有政治性质”、“因为政治原因的犯罪”、“政治犯罪或与之有关的犯罪”、“政治性质的犯罪”等表述。

③ 台湾地区对外签订的“引渡条约”主要使用“政治性犯罪”、“政治性罪行”、或所涉犯罪“具有政治性质”等。如1994年4月12日签订的“中华民国与马拉威共和国间引渡条约”第4条：规定“引渡请求所涉及之犯罪行为，如被请求国认系属政治性犯罪者，得拒绝之。”

共同接受的“政治犯罪”的定义。

（二）两岸逃犯移交协议中的“政治犯罪”

《引渡法》第2条规定“中华人民共和国和外国之间的引渡，依照本法进行。”《引渡法》不适用于内地与港澳台之间，同样，台湾的“引渡法”也不适用于内地。规定两岸逃犯移交的最早协议——《金门协议》规定了逃犯移交的对象是“刑事犯、刑事嫌疑犯”；原则是“人道精神与安全便利”。《南京协议》沿袭了《金门协议》的对象规定，对移交原则修改为“人道、安全、迅速、便利”。① 那么，两岸逃犯移交的对象是否已经明确了呢？或曰，两岸是否已经确定了逃犯移交的“原则”呢？

引渡制度包括引渡对象、原则、程序、渠道、费用等一系列问题，其中引渡对象和原则是关键。经过长期的实践，世界各国逐渐形成确立引渡对象的一些标准，这就是引渡原则。“引渡原则，是指那些从国际法基本原则中派生、引申出来的，被各国公认的，具有法律效力的，构成引渡制度的基础和核心的原则。”② 具体而言是指：被引渡人的行为根据引渡请求国和被请求国的法律是否均需构成犯罪（即双重犯罪）、政治犯罪是否引渡、军事犯罪是否引渡、死刑犯是否引渡、本国公民是否引渡等。区际刑事司法协助在移交逃犯方面的主要争议点也类同。但是，无论是《金门协议》还是《南京协议》，约定的移交对象和移交原则都没有回答这些问题：移交的对象当然是“刑事犯、刑事嫌疑犯”，但这些“刑事犯、刑事嫌疑犯”如果属于政治犯罪、军事犯罪、死刑犯和本方居民还移不移交？无论“人道精神与安全便利”还是“人道、安全、迅速、便利”，与其说是移交的“原则”，不如说是“遣返”作业的总体要求。③ 虽使用“原则”一词，但规定的内容却并不是区际逃犯移交意义上的“原则”。所以，可以说，两岸目前的司法互助

① 《金门协议》第1条“遣返原则”规定：“应确保遣返作业符合人道精神与安全便利的原则”。《南京协议》第6条“人员遣返”规定：“双方同意依循人道、安全、迅速、便利原则，在原有基础上，增加海运或空运直航方式，遣返刑事犯、刑事嫌疑犯，并于交接时移交有关证据（卷证）、签署交接书。”

② 参见赵秉志主编：《新编国际刑法学》，中国人民大学出版社，2004年6月第1版，第378页。

③ 对于逃犯移交，《金门协议》和《南京协议》均使用了“遣返”一词；而且《金门协议》约定的“遣返”对象还包括“违反有关规定进入对方地区的居民”。

协议既没有明确逃犯移交的对象，也回避了包括政治犯罪是否移交在内的区际逃犯移交“原则”。

（三）未来两岸逃犯移交应剔除“政治犯罪不移交”原则

从内地与香港关于逃犯移交多次商讨而未果的情况可以预见未来两岸这方面的商谈不会一帆风顺。目前，学界对两岸逃犯移交是否确立双重犯罪原则、本地居民不移交原则、死刑犯不移交原则的研究较多，也许是因为政治犯罪和军事犯罪与两岸政治关系更为密切，所以更具敏感性的缘故，专门论述这类问题的研究成果难得一见，偶有论及该问题的观点也多半夹杂于两岸司法互助的其他问题中，比较零散。① 笔者认为未来两岸逃犯移交应剔除“政治犯罪不移交”原则、而且基于以下理由：

1．“政治犯罪”概念本身模糊不清

前文已述，由于国际上并不存在统一的“政治犯罪”概念或认定标准，导致在实践中政治犯罪不引渡原则适用的随意性、甚至被滥用，这无疑削减了该原则本身存在的价值。同样，海峡两岸各自的引渡立法没有、也不可能给出“政治犯罪”的涵义解释。两岸由于长期隔绝，政治制度、法律制度和意识形态已经走向完全不同的发展道路，对“政治犯罪”认识的分歧不可避免。如果在两岸逃犯移交合作中引入“政治犯罪不移交”原则，实践起来不仅很难就“政治犯罪”形成共识，而且可能导致普通刑事案件的互助也陷入政治纠葛。则两岸司法互助不仅得不到发展，甚至要走向倒退。这不仅不是两岸民众愿意看到的，也不符合两岸关系和司法互助发展的历史规律。

2．“政治犯罪不引渡”在国际引渡实践中日渐式微

从前述的政治犯罪不引渡在国际刑事司法协助中不断“被例外”，到在《联合国打击跨国有组织犯罪公约》和《联合国反腐败公约》中“被突破”，

① 如台湾学者吴景芳、林锦村认为在两岸逃犯移交的司法互助中，拒绝提供协助的理由可有政治犯罪等。参见吴景芳.《两岸共同打击犯罪应有之做法》，载《中兴法学》（台湾），1998 年第 44 期；林锦村：《论海峡两岸之刑事司法协助》，载《法令月刊》（台湾），1996 年第 12 期。大陆学者对此基本持否定态度，如柯良栋：《论中国区际移交逃犯应遵循的原则及模式》，载《法学家》，2008 年第 4 期；贾宇：《论内地与港澳台移交案犯合作》，载《法律科学》，1993 年第 2 期；方泉：《澳门与内地移交逃犯的法律安排——兼议澳门 <刑事司法互助法> 的原则规定》，载《中国刑事法杂志》，2009 年第 7 期；马进保著：《中国区际侦查合作》，群众出版社，2003 年出版，第 335 – 342 页。

再到《欧洲成员国间引渡公约》和美英《引渡条约》的“被排除”，应当认识到：虽然保护人权仍是当代国际法的一项重要职能，国际社会政治犯罪不引渡原则的理论基础尚未完全消失，但这个原则在国际引渡领域不仅已经失去了“往日的辉煌”，而且明显呈日渐式微态势。国际刑法理论界甚至对这个原则究竟应该何去何从已经形成两种设想：一是“取消说”；二是“取代说”。① 无论“取消说”还是“取代说”，前提都是否定。如果两岸逃犯移交重拾“政治犯罪”的有关原则，显然并不合时宜。

3. “政治犯罪”容易成为政治交易的工具，区际刑事司法协助应当“去政治化”

从引渡制度的产生看，其本身就是政治交易的产物。虽说国际刑事司法协助的实践往往不同程度地受到国与国之间政治关系的影响，但是在诸多国际法原则中，由于政治犯罪不引渡原则本身与政治的密切关系，其受政治因素的影响远远大于其他原则。在引渡实践中，各国不仅要从法律角度，而且主要是从国际政治、国家关系的角度考察具体案件，甚至可以说对引渡的政治后果的考虑要先于和重于对其法律后果的考虑。也就是说，对于“政治犯罪”的考量，实际上已经超出了纯粹的司法协助范畴，而上升为国家的重要对外政策，以至于有的学者感叹政治犯罪不引渡已经“沦为新的政治交易工具”。

政治因素过去一直是影响两岸交流的最主要原因，但是，近年两岸在经贸、文化交流合作方面之所以能取得长足的发展，主要秉承“先经济后政治”或者“只谈经济，不谈政治”的共识。逃犯移交毕竟属于司法领域的合作，也应当“政治的归政治、司法的归司法”。如果纠缠于政治问题，任何合作不可能展开。《南京协议》能在刑事司法领域规定全面合作，本身便是对政治问题的搁置，是两岸司法互助“去政治化”的成功范例。② 其次，两岸都赞同“一个中国”，也就是说，双方对两地的逃犯移交是在同一主权国家内不同法域之间的刑事司法协助不会有歧义，那么政治犯罪不移交，甚

---

① 参见赵秉志，陈一榕：《试论政治犯罪不引渡原则》，载《现代法学》，2001 年第 2 期。

② 参见刘畅，张勇：《两岸法学专家法律界人士解读 <海峡两岸共同打击犯罪及司法互助协议>》，载《法制日报》，2009 年 4 月 28 日。

至政治犯罪一词的律基础又何在？美国是一个最讲“政治自由”的国度，在其逃犯移交的州际合作中就不认可“政治犯罪不移交”。

附表一：

我国对外缔结的双边引渡条约一览表

	国名	签署日期	生效日期
1	泰国	1993年08月26日	1999年03月07日
2	白俄罗斯	1995年06月22日	1998年05月07日
3	俄罗斯	1995年06月26日	1997年01月10日
4	保加利亚	1996年05月20日	1997年07月03日
5	罗马尼亚	1996年07月01日	1999年01月16日
6	哈萨克斯坦	1996年07月05日	1998年02月10日
7	蒙古国	1997年08月19日	1999年01月10日
8	吉尔吉斯斯坦	1998年04月27日	2004年04月27日
9	乌克兰	1998年12月10日	2000年07月13日
10	柬埔寨	1999年02.月09日	2000年12月13日
11	乌兹别克斯坦	1999年11月08日	2000年09月29日
12	大韩民国	2000年10月18日	2002年04月12日
13	菲律宾	2001年10月30日	2006年03月12日
14	秘鲁	2001年11月05日	2003年04月05日
15	突尼斯	2001年11月19日	2005年12月29日
16	南非	2001年12月10日	2004年11月17日

续 表

	国名	签署日期	生效日期
17	老挝	2002 年 02 月 04 日	2003 年 08 月 13 日
18	阿拉伯联合酋长国	2002 年 05 月 13 日	2004 年 05 月 24 日
19	立陶宛	2002 年 06 月 17 日	2003 年 06 月 21 日
20	巴基斯坦	2003 年 11 月 03 日	2005 年 12 月 29 日
21	莱索托	2003 年 11 月 06 日	2005 年 10 月 30 日
22	巴西	2004 年 01 月 12 日	2006 年 04 月 29 日
23	阿塞拜疆	2005 年 03 月 17 日	2006 年 10 月 31 日
24	西班牙	2005 年 11 月 14 日	2007 年 04 月 04 日
25	纳米比亚	2005 年 12 月 19 日	2007 年 04 月 27 日
26	安哥拉	2006 年 06 月 20 日	2007 年 04 月 27 日
27	阿尔及利亚	2006 年 11 月 06 日	2008 年 06 月 26 日
28	葡萄牙	2007 年 01 月 31 日	2008 年 10 月 28 日
29	法国	2007 年 03 月 20 日	2008 年 04 月 24 日
30	澳大利亚	2007 年 09 月 06 日	2008 年 04 月 24 日
31	墨西哥	2008 年 07 月 11 日	2009 年 02 月 28 日
32	印度尼西亚	2009 年 07 月 01 日	2009 年 04 月 29 日

附表二：

我国已经加入的包含引渡条款的国际公约

国际公约名称	加入时间
《关于在航空器内的犯罪和其他某些罪行的公约》	1978 年 11 月 14 日
《关于非法劫持航空器的公约》	1980 年 09 月 10 日
《关于制止危害民用航空安全的非法行为的的公约》	1980 年 09 月 10 日
《防止及惩治灭绝种族罪公约》	1983 年 03 月 05 日
《禁止并惩治种族隔离罪行国际公约》	1983 年 04 月 18 日
《1961 年麻醉品单一公约》	1985 年 06 月 18 日
《1971 年精神药物公约》	1985 年 06 月 18 日
《关于防止和惩处侵害应受国际保护人员包括外交代表的罪行的公约》	1987 年 06 月 23 日
《禁止酷刑和其他残忍、不人道或有辱人格的待调或处罚公约》	1988 年 09 月 05 日
《联合国禁止非法贩运麻醉品和精神药品公约》	1989 年 09 月 04 日
《制止危及海上航行安全非法行为公约》	1991 年 06 月 29 日
《反对劫持人质国际公约》	1992 年 12 月 28 日

第四章　海峡两岸刑事司法互助之文书送达

司法文书的送达往往直接影响诉讼程序的有效进行，也关联着判决、裁定的承认与执行。所以，文书送达在刑事司法协助中具有重要意义。

第一节　两岸及港、澳相互送达民商事司法文书

作为区际司法协助开展较早的领域，两岸及港、澳相互送达司法文书，是从民商事司法文书开始。

一、内地与港澳相互送达民商事司法文书

（一）发展过程

1997 年香港回归之前，内地与香港之间相互送达民商事司法文书的重要法律依据有：1987 年 10 月 19 日最高人民法院的《关于审理涉港澳经济纠纷案件若干问题的解答》；1992 年的《中华人民共和国民事诉讼法》和最高人民法院《关于适用〈中华人民共和国民事诉讼法〉若干问题的意见》中涉及涉外民事程序的规定。1991 年 3 月 2 日，全国人大常委会批准我国加入《关于向国外送达民事或者商事司法文书和司法外文书公约》（又称《海牙送达公约》），1992 年 1 月 1 日，《海牙送达公约》对我国生效。1992 年，最高人民法院、外交部、司法部通过《关于执行〈关于向国外送达民事或者商事司法文书和司法外文书公约〉有关程序的通知》、《关于执行海牙送达公约的实施办法》等规定《海牙送达公约》适用于香港。但是，由于《海牙送达公约》规定的送达程序极为繁琐——我国向公约国公民或第三国公民或无国籍人送达民商事司法文书和司法外文书，各地需要先送省、自治区、直辖市高级人民法院交最高人民法院转司法部，再由司法部转往公约成员国的中央机关。因此，实践中很少被采用，绝大部分内地法院向香港当事人送达文书时仍然根据前述的最高人民法院《关于审理涉港澳经济纠纷案件若干问

题的解答》和《中华人民共和国民事诉讼法》中涉外民事程序的送达规定。

根据《香港特别行政区基本法》第95条，香港特别行政区可与全国其他地区的司法机关通过协商依法进行司法方面的联系和相互提供协助。在这个法律基础之上，内地和香港的有关机关一直以积极和建设性的态度进行协商。1998年最高人民法院与香港特别行政区达成《关于内地与香港特别行政区相互委托送达民商事司法文书的安排》（下称“内地与香港的《安排》”）。1999年3月29日，最高人民法院以司法解释的形式对《安排》予以公布施行。

澳门的情况与此类似。澳门回归前，由于内地与澳门之间在司法协助方面没有任何协议，两地间有关民商事司法文书的送达主要也是通过前述与香港相似的渠道进行。同样由于这些程序繁琐，致使两地之间互涉民商事案件审理周期过长。回归后，两地经济贸易和民间交往不断发展，两地互涉民商事案件不断增多，所涉及的相关法律事务也相应增加。根据《澳门特别行政区基本法》第93条规定，澳门特别行政区可与全国其他地区的司法机关通过协商依法进行司法方面的联系和相互提供协助。经过多次磋商，2001年，最高人民法院与澳门特别行政区达成了《关于内地与澳门特别行政区就民商事案件相互委托送达司法文书和调取证据的安排》（下称“内地与澳门的《安排》”）。

（二）《安排》的主要内容、特点

上述两个《安排》的主要内容很相似，包括：在内地委托送达司法文书的主管机关为内地各高级人民法院和最高人民法院，在香港为香港特区高等法院，澳门为澳门终审法院；各法域法院在审理案件时需要向其他法域诉讼当事人或者诉讼代理人送达司法文书得通过上述法院提出委托申请，送达司法文书费用互免，如委托方请求的特定送达方式所产生的费用则由委托方负担；受托方接到委托书后应当及时完成送达，最迟不得超过自收到委托书之日起2个月。内地与澳门的《安排》还规定受托方法院应优先安排受托事务，送达司法文书应按照受托方所在地法律规定的程序进行，并出具送达回证或者送达证明书，注明相关法律事宜等。

内地与港、澳的《安排》规定的司法文书送达方式均省去了国际司法协助中“中央机关”的收转程序，规定直接在法院之间进行送达，减少了中间环节，使送达更为高效便捷，一定程度上避免送达迟延，保障了当事人的合法权益。

（三）意义

两个《安排》签订后，内地与港澳再各自立法，通过各自的法律落实达成的协议。如内地与香港的《安排》就规定，两地法院就司法协助协商的结果，内地由最高人民法院以司法解释的形式予以公布，由内地人民法院执行；香港特别行政区由立法机关修改或者制定相关的法例以保证两地司法协助的进行。司法解释是内地的一种法律制度，是指司法机关对如何适用法律规范所作的解释，或在将法律规范适用于具体案件、事项时所作的解释。香港的司法机关无权解释法律、法令，只有立法机关才有这种权利。所以规定由其立法机关修改或指定相关的法例，哪一种办法由香港特别行政区自己决定。这样的规定，既符合香港基本法，又与两地法律相一致。司法实践中，有了《安排》和为落实《安排》而相应的各自立法，内地与港澳都认真执行，彼此协助送达已进入规范化运作轨道。

从内地与香港、澳门民商事文书送达的发展过程看，是先签署协议、再各自立法。两个《安排》不仅为内地与港澳提供了正式的制度化的相互送达民商事司法文书的渠道，更为海峡两岸的文书送达提供了良好示范，被称为港澳模式。

二、海峡两岸相互送达民商事司法文书

1987 年台湾当局开放台湾民众赴大陆探亲后，两岸经贸往来、人员交往迅猛发展，互涉民商事案件开始增多，使得相互送达民商事司法文书成为紧迫的需要。

（一）大陆的立法和实践

1. 立法的发展过程

1984 年 8 月 29 日，最高人民法院针对上海市高级人民法院的请示，作出《关于如何给在台湾的当事人送达法律文书的批复》，认为在通过正常途径不能有效送达的情况下，可以适用公告送达的方式，并由一方当事人将公告内容转告被公告送达的当事人，公告期间届满，即视为已经送达。1991 年《中华人民共和国民事诉讼法》施行后，大陆司法机关审理涉台民商事案件均适用民事诉讼法关于涉外程序的规定。但是由于是单方立法，送达的渠道并不畅通。为了解决涉台民商事案件送达难的问题，大陆司法机关一直在释放合作的诚意。1991 年 11 月，时任最高人民法院副院长马原曾经表示希望台湾地区有关法院尽快来大陆同有关法院，特别是福建省高级人民法院加强联系，并建议早日促成台湾地区法院和福建省高级人民法院进行具体的直接磋商，就相互委托送达民商事司法文书等问题取得共识。1993 年，最高人民法院院长任建新在其工作报告中指出："根据法律的有关规定，高级人民法院经最高人民法院同意可与台湾地区有关法院通过适当途径，妥善解决相互委托代为送达诉讼文书、调查取证和执行等问题。我希望，今后海峡两岸有关法院能就相互委托代为一定诉讼行为的途径和方式等问题，进行接触商谈，达成具体协议，以利于保护两岸当事人的合法权益。"① 1993 年 4 月，在新加坡举行的"汪辜会谈"中，大陆和台湾分别授权海协和海基会就两岸有关民商事司法协助事项进行协商，形成了阶段性的成果——《两岸公证书使用查证协议》等 4 项协议，该协议约定对两岸互涉的公证书副本的送达、查证，由台湾海基会直接与大陆的中国公证员协会及其分支机构联系办理。但是，由于《两岸公证书使用查证协议》仅涉及有关继承、收养、婚姻、出生、死亡、委托、学历、定居、抚养、亲属及财产权利证明的公证书副本的送达，未包括两岸之间的其他诉讼文书的相互送达，适用范围非常有限，没有解决两岸互涉民商事案件送达的主要问题。2005 年 12 月 26 日，最高人民法院印发《第二次全国涉外商事海事审判工作会议纪要》，对涉台司法文书的送达进行了规范：人民法院向住所地在台湾地区的当事人送达司法文书，可以邮寄送达。邮寄送达时要附有送达回证，如果当事人未在送达回证上签收，但在邮件回执上签收，视为已经送达。自邮寄之日起满二个月，虽未得到送达与否的证明文件，但是根据其他情况足以认定已经送达的，期间届满之日视为送达。自邮寄之日起满二个月，未得到送达与否的证明文件，且根据其他情况不足以认定已经送达的，视为不能适用邮寄送达。住所地在台湾地区的当事人如果在大陆没有可以代其接受送达的代理人或者相关机构，人民法院也不能通过邮寄方式送达的，可以通过公告方式送达。通过公告方式

① 详见 1993 年 3 月 22 日任建新在第八届全国人民代表大会第一次会议上所作《最高人民法院工作报告》"第五部分：关于涉外和涉港澳、涉台案件的审判工作"。

向住所地在台湾地区的当事人送达司法文书，自公告之日起满 60 日，视为送达。但是，该会议纪要既没有系统规范涉台司法文书的送达，也不是正式法律文件。

2008 年 4 月 23 日，最高人民法院出台《关于涉台民事诉讼文书送达的若干规定》（下称《若干规定》）第一次较为系统地对涉台司法文书的送达进行规定。内容不仅包括内地人民法院审理涉台民事案件向住所地在台湾地区的当事人送达民事诉讼文书，还包括人民法院接受台湾地区法院的委托代为向住所地在内地的当事人送达民事诉讼文书。

2.《若干规定》的主要内容

《若干规定》的送达对象仅限于民事诉讼文书，包括起诉状副本、上诉状副本、反诉状副本、答辩状副本、授权委托书、传票、判决书、调解书、裁定书、支付令、决定书、通知书、证明书、送达回证以及民事诉讼有关的其他文书。其系统规定的送达方式有：（1）受送达人居住在大陆的，直接送达。受送达人是自然人，本人不在的，可以交其同住成年家属签收；受送达人是法人或者其他组织的，应当由法人的法定代表人、其他组织的主要负责人或者该法人、组织负责收件的人签收，受送达人不在大陆居住，但送达时在大陆的，可以直接送达。（2）受送达人在大陆有诉讼代理人的，向其诉讼代理人送达。受送达人在授权委托书中明确表示其诉讼代理人无权代为接收的除外；（3）受送达人有指定代收人的，向代收人送达。（4）受送达人在大陆有代表机构、分支机构、业务代办人的，向其代表机构或者经受送达人明确授权接受送达的分支机构、业务代办人送达。采用上述（1）至（4）方式送达的，出现拒绝签收或者盖章的，可以依法留置送达。（5）受送达人在台湾地区的地址明确的，可以邮寄送达。自邮寄之日起满 3 个月，如果未能收到送达与否的证明文件、且根据各种情况不足以认定已经送达的，视为未送达。（6）有明确的传真号码、电子邮箱地址的，可以通过传真、电子邮件方式向受送达人送达。（7）按照两岸认可的其他途径送达。采用上述方式不能送达，或者台湾地区的当事人下落不明的，公告送达。采用公告方式送达的，公告内容应当在境内外公开发行的报刊或者权威网站上刊登。公告送达的，自公告之日起满 3 个月，即视为送达。

另一方面，《若干规定》也规定了大陆协助台湾地区法院送达民商事法律文书的要求：台湾地区法院委托大陆法院送达司法文书的，经审查符合条件的，应当在收到委托函之日起2个月内完成。涉台司法文书的送达原则是，应当遵守一个中国原则和法律的基本原则、不违反社会公共利益。受委托的大陆人民法院对台湾地区有关法院委托送达的民事诉讼文书的内容和后果不负法律责任。

3.《若干规定》的执行情况

《若干规定》看似内容丰富，但是实际上只是解决了涉台案件法院送达程序的规范问题，并不能真正解决涉台民事司法文书无法有效送达的现状：第（1）至（4）种规定的是大陆境内送达，而在大陆对台湾当事人的送达本身就不存在问题。出现问题最多的是在台湾的当事人的送达问题，《若干规定》规定可采用邮寄送达、传真、电子邮件送达和公告送达，但是一些民事案件的被告本身就故意逃避诉讼，所以邮寄送达容易被退回，送达的成功率低。传真和电子邮件送达遇到的问题类似，受送达人即使已经收到，但是由于胜诉无望，往往不配合，是否送达仍然处于不确定状态，只能认定未送达。公告送达是当事人不积极应诉的情况下使用较多的一种送达方式，但是公告送达是不得已而为之，因为案件要审结，只好通过公告来完成送达程序。实际上，根据法院部门的统计，因看到公告来应诉的当事人几乎没有，至于委托法院送达，因两岸未协商一致，有一相情愿之嫌，实践中可操作性不强。所以，《若干规定》可以说只规范了审判行为，未能解决司法实践中送达难的问题。所以，当前大陆民事司法实践中，法院在送达台湾地区当事人司法文书时更多采用的仍然是海基会送达、当事人委托台湾地区律师送达的方式。①

另一方面，根据《若干规定》，内地人民法院协助台湾地区法院送达民商事法律文书的实践情况未见详细、系统的报道，但是根据网络、报刊的零星报道，大陆不少人民法院接到海基会协助送达的函件，是从“讲政治”的

---

① 参见胡淑朱，徐快华：《两岸司法文书送达互助制度探究》，朱新平，程明敏：《两岸诉讼文书送达问题研究》，陈燕萍：《涉台民事案件送达程序存在的问题及对策》，载海峡两岸司法实务研讨会组委会编：《海峡两岸司法实务研讨会论文汇编》，2009年7月，福州。

高度不遗余力地协助完成送达任务。①

（二）台湾地区的“立法”和实践

1. 台湾地区的“立法”

台湾地区就与大陆互涉民商事司法文书的送达规范，最早见于1992年其制定的“台湾地区与大陆地区人民关系条例”第7条规定：“在大陆地区制作之文书，经台湾行政当局设立或指定之机构或委托之民间团体验证者，推定为真正。”第8条规定：应于大陆地区送达司法文书或为必要之调查者，司法机关得嘱咐或选择第4条之机构或民间团体（主要是指海基会）为之。但是对于接受大陆法院委托协助送达司法文书给在台湾的当事人则没有规定。

2008年9月8日，海基会起草的“财团法人海峡交流基金会办理两岸司法及行政文书送达作业规定”（下称“作业规定”）通过台湾“陆委会”核备，并于2009年1月1日实施。该“作业规定”指明其是依据“台湾地区与大陆地区人民关系条例”第8条。“作业规定”弥补了前述不足，不仅沿袭规定了通过海基会的“台湾地区司法文书向大陆送达”，还详细规定了“大陆司法文书向台湾地区送达”，而且包括民事、刑事、及行政诉讼文书：海基会先将大陆法院送达正本留置卷内，于7日内转请台湾地区管辖法院协助送达；随后将台湾地区法院协助送达大陆法院文书之送达结果及送达证书正本，并同原留存之空白送达回证正本、转复大陆嘱托机关。如果大陆法院直接请求台湾地区法院协助送达法律文书予台湾地区人民时，应先由该会统一协调处理后，再由该会转请各级法院协处，并将结果转由该会函复大陆嘱托法院。这是台湾方面第一次作出这样的规定。

2. 台湾地区的实践

在司法实践中，台湾司法主管部门及相关机构已委托海基会处理有关向大陆地区送达文书等事项。其具体做法是，台湾地区各级法院直接函请海基会代为送达司法文书，而以副本送司法主管部门（“司法院”）民事厅。送达完成后，再由海基会将送达证书（即送达回证）寄还特定法院，且以副本

① 参见刘永良，江金峰：《海基会致函永定法院：感谢送达法律文书》，载《福建日报》，2008年5月6日。

送司法主管部门。但是对于接受大陆法院委托协助送达司法文书的情况鲜见披露。

（三）海峡两岸相互送达民商事司法文书协议——《南京协议》的规定和意义

2009年4月26日，海峡两岸签署《南京协议》。《南京协议》第7条“送达文书”首次就两岸所有的“司法文书”送达进行了规定，其规定不仅包括民商事、也包括刑事司法文书的送达。虽然只有寥寥三项内容，但却是一个涉及所有司法文书的送达协助的框架性的协定。从民商事送达的复杂情况看，《南京协议》的三项规定显然太笼统和原则，所以双方在适用中显然要辅之以前述的各自立法——大陆是《若干规定》，台湾是“作业规定”。除此以外，从《南京协议》第3条“联系主体”规定的“本协议议定事项，由各方主管部门指定之联络人联系实施。必要时，经双方同意得指定其他单位进行联系”看，《南京协议》名为民间团体协议，实际执行主体是两岸有关司法机关。所以从民商事案件的角度，今后执行送达协助的主体是法院。

《南京协议》签订前，两岸就司法文书送达并无正式协议，所以《南京协议》的“送达文书”部分被称为“开启两岸正式司法文书送达里程碑”。同时，《南京协议》的意义还在于：民商事案件送达的港澳模式是先协商一致，再各自立法。而两岸民商事案件的送达，从大陆的《若干规定》、台湾的“作业规定”等到两岸之间的《南京协议》，可谓是创立了先各自立法、再协商一致的“两岸模式”。当然，与港澳模式不同的是，两岸之间的“协商一致”的主体是民间机构，从民间机构到两岸之间有关机构的“协商一致”，中间还有很长的路要走。

第二节　海峡两岸相互送达刑事司法文书

在本节中，原本应当从内地与港澳相互送达刑事司法文书说起，但是目前内地与港、澳就刑事司法文书送达方面尚未达成有效的安排，无法为两岸刑事司法文书送达提供镜鉴。

一、海峡两岸相互送达刑事司法文书的主要类型

在刑事诉讼中，需要送达的文书首先是传唤有关人员出庭的通知。有关

人员包括证人、鉴定人、诉讼当事人等。除了传唤通知外，需要送达的文书还可能有：拘留或者逮捕通知书、起诉书、刑事裁定书或者判决书。根据台湾刑事诉讼的传闻证据规则，证人、鉴定人需要出庭接受质证，所以，台湾方面对于大陆司法机关提供传唤证人、鉴定人通知的协助需求更加迫切。而诉讼当事人中的犯罪嫌疑人或者被告人，因其往往处于关押状态，《南京协议》并没有"解送在押人员出庭作证"的协助内容，所以对在押犯罪嫌疑人或者被告人的文书送达互助暂不需要讨论。因此，实际上，海峡两岸刑事司法互助之文书送达的主要内容是拘留或者逮捕通知书、起诉书、刑事裁定书或者判决书的送达。而传唤证人、鉴定人通知的协助送达，基本上是单方的需求。但是，即便如此，也并不影响文书送达在刑事司法协助中的重要性。

二、《南京协议》约定的两岸相互送达刑事司法文书

前文已经述及，《南京协议》第 7 条的"送达文书"不仅包括民商事、也包括刑事司法文书的送达。它不仅是两岸首次就民商事"司法文书"送达达成的协议，也是首次就刑事"文书送达"达成的协议。在此之前，对于刑事司法文书的送达，并不似民商事司法文书的送达，大陆和台湾并没有各自作出规定。在历次的"两会商谈"中，虽然涉及"文书验证"和"挂号函件"等内容，但是不仅连民商事司法文书送达尚且未能达成协议，更罔顾刑事司法文书了。在《金门协议》商谈过程中，虽然议及"遣返"、"劫机犯"、"渔事纠纷"、"快捷邮件"等问题，但是就司法文书送达却一直未达成共识。

（一）对《南京协议》送达刑事司法文书部分的解读

1. 对《南京协议》第 7 条"送达文书"的解读

《南京协议》第 7 条"送达文书"共三项：

（1）第一项规定"双方同意依己方规定，尽最大努力，相互协助送达司法文书"。这首先确立了双方相互送达司法文书的实体义务，随后的第二项和第三项实际上是关于送达程序上的义务和要求。此外送达依据的是"己方规定"，这是送达有效性之准据法，由于两岸规定不尽相同，依据请求方还是被请求方之规定送达，涉及送达有效性问题。依据"己方规定"进行送达符合送达有效性的一般原则。

（2）第二项规定“受请求方应于收到请求书之日起三个月内及时协助送达”。我们纵观《南京协议》约定的其他形式的司法互助，都没有明确互助的时限，唯有送达互助有时限规定。其原因概在于相对于其他所有的司法互助型态，司法文书送达重在技术层面，较无法理和法权争议，如何“快速”、“有效”送达，应是未来两岸司法互助合作较容易形成共识、且能有效达成的目标”。①

但是，这里规定“受请求方应于收到请求书之日起三个月内及时协助送达”前述内地与港澳就民商事送达的《安排》规定为2个月，而最高人民法院《关于涉台民事诉讼文书送达的若干规定》规定以3个月为限，刑事送达时限是否应该更紧凑点，是否需要与民商事送达区别开而单独规范？

（3）第三项规定“受请求方应将执行请求之结果通知请求方，并及时寄回证明送达与否的证明资料；无法完成请求事项者，应说明理由并送还相关资料。”该规定实属必要，因为在两岸的民商事送达实践中，接受送达委托后，到底是否顺利送达往往如石沉大海，导致法院判也不是，不判也不是，最终导致案件久拖不决。

2. 对《南京协议》约定的司法互助一般程序与送达程序关系的解读

《南京协议》第四章“请求程序”专门规定了两岸司法互助的一般程序，送达是否需要遵循该程序？应当说，相互送达刑事司法文书原则上也适用这些程序，但是根据送达事项本身的特点，是否完全遵守这些一般程序要求进行送达需要进一步研究。

“请求程序”规定了“提出请求”、“执行请求”、“不予协助”、“协助费用”、“限制用途”、“互免证明”、“文书格式”、“保密义务”等八个方面的内容，仅就单纯的刑事司法文书送达——传唤证人、鉴定人、诉讼当事人出庭通知、拘留或者逮捕通知书、起诉书、刑事裁定书或者判决书，是否需要这么繁琐的程序？如其中的“不予协助”，纯粹的送达文书，有无必要进行请求内容是否符合“己方规定”或执行请求是否损害“己方公共秩序或善良风俗”等方面的审查？或者有无拒绝协助的情况？似乎有待讨论。又如，

---

① 参见台湾李太正：《两岸司法文书送达之回顾与展望》，载海峡两岸司法实务研讨会组委会编：《海峡两岸司法实务研讨会论文汇编》，2009年7月，福州。

双方虽同意相互免除执行请求所生费用，特殊送达费用是否由请求方承担？前述内地与港澳《安排》中“委托方在委托书中请求以特定送达方式送达所产生费用，由委托方负担”有无必要借鉴到刑事司法文书的送达？而传唤有关人员出庭的通知，是否应规定至迟送达日，以保障出庭人权益？这些，在“请求程序”中则又没有列明。所以，可见，关于刑事司法文书的送达需要进一步单独制定规定予以明确。反观两岸之间民商事司法文书送达的发展过程，目前尚未有相互送达刑事司法文书的各自立法，而是先有《南京协议》的协商一致，接下来就应当是各自对刑事司法文书的协助送达进行立法。

三、海峡两岸刑事司法文书送达互助制度的完善

未来两岸各自对刑事司法文书的协助送达进行规范可参照国际、区际刑事司法文书送达的一些成熟做法。

（一）送达方式

国际、区际刑事司法文书送达方式主要是两种：邮寄送达和直接送达。

1. 直接送达

直接送达是指由履行文书送达职责的人员向受送达人交付有关的诉讼文书。这是比较普遍的送达方式。直接送达的协助请求应当尽可能准确和详细地注明受送达人的地址，以便被请求方的主管机关能够及时和有效地执行该请求。如果司法协助请求书所提供的地址不确切，或者当事人不在所提供的地址居住，被请求机关应努力确定正确的地址。如有必要，被请求方可以要求请求机关提供补充材料。

直接送达的协助请求应当附有送达回证，为证明送达行为完成，该送达回证应有受送达的签名、送达机关和送达人的盖章或者签名，并且注明送达的方式、日期、地点。如果受送达人拒绝接收有关的文书，送达人应当注明拒收的事由。

2. 邮寄送达

邮寄送达是一些国家法律许可的司法协助的送达方式，也是一些国际、区际刑事司法协助条约所认可的送达方式。《欧盟成员国刑事司法协助公约》也允许欧盟成员之间用邮寄送达的方式向处于其他成员国领域内的人员送达刑事诉讼文书。在邮寄送达的情况下，收件人在邮件的回执上签收即被视为送达完成。

全国人大常委会在批准签署《海牙送达公约》的决定中声明："反对采用公约第 10 条所规定的方式在中华人民共和国境内进行送达。"而该第 10 条即规定"通过邮寄途径直接向身在国外的人送交司法文书。"可见，我国法律是不认可采用邮寄的方式在中国境内送达外国的司法文书。但是《海牙送达公约》是关于民商事司法文书送达的公约，是否适用于刑事可以见仁见智。[①] 前述海峡两岸之间在民商事送达领域，大陆的《第二次全国涉外商事海事审判工作会议纪要》和《关于涉台民事诉讼文书送达的若干规定》都规定了邮寄送达的方式。邮寄送达作为一种便捷、高效、节约成本的送达方式，在两岸直邮的情况下，这种送达方式的可靠性应当是有保障的。虽然两岸之间在民商事案件的邮寄送达方面产生了很多问题，送达的成功率不高，主要原因还在于民商事案件的受送达人往往拒收司法文书，在刑事诉讼领域，除了在传唤证人、鉴定人、诉讼当事人出庭的通知、起诉书、刑事裁定书或者判决书涉及有关人员承担一定的诉讼义务外，拘留或者逮捕通知书并不涉及被通知人的义务承担，应当仍可以考虑采用邮寄送达的方式。

（二）对证人和鉴定人的保护

根据国际、区际刑事司法协助条约的一般规定，在传唤证人和鉴定人出庭的通知中，应当遵守一些保护性规则：

1. 对于被传唤出庭的证人和鉴定人，请求方应当给予一定的刑事豁免权

根据我国与外国缔结的多数双边司法协助条约的规定，这种豁免权一般体现在两个方面：第一，不因其前往请求方出庭作证之前的行为受到请求方的刑事追诉或者处罚。第二，不因在请求方的作证行为受到请求方的刑事追诉或者处罚。如《中国和波兰民刑事司法协助条约》第 28 条："对通过被请求的缔约一方通知前来出庭的证人或者鉴定人，无论其国籍如何，提出相互请求的缔约另一方不得因其入境前所犯的罪行或者因其证词、鉴定或其他涉

① 《国际刑法学》一书认为：既然民商事司法文书不能采用邮寄的方式送达，刑事诉讼文书就更不能在我国采用邮寄的方式送达。参见黄风，凌岩，王秀梅：《国际刑法学》，中国人民大学出版社，2007 年 7 月第 1 版，第 298 页。

及诉讼内容的行为而追究其刑事责任和以任何形式剥夺其自由。”

但是，在一些国际、区际条约中，对证人和鉴定人的刑事豁免权仅表现在一个方面：不因其前往请求方出庭作证之前的行为受到请求方的刑事追诉或者处罚。对于其在请求方的作证行为则不给予豁免。其理由是：根据法律面前人人平等的原则，对于在本国司法机关面前作证的犯罪行为，无论是由什么人实施，均应当给予同样的追究。也就是说，给予来自外国的证人和鉴定人以刑事豁免权是违背其宪法原则的。《联合国打击跨境有组织犯罪公约》和《联合国反腐败公约》也只规定了这一方面的刑事豁免权。在我国与其他一些国家签订的司法协助条约中也有对证人和鉴定人只体现一个方面的刑事豁免权的情况。如《中国和加拿大刑事司法协助条约》第15条规定：“请求方对于到其境内作证的证人或者进行鉴定的鉴定人，不得因其入境前的任何犯罪而追究其刑事责任、逮捕、拘留，或者以任何方式剥夺或者限制其人身自由，也不应强迫该人在与请求无关的任何诉讼中作证。”

上述刑事豁免权有一定的时间限制。如果前来请求方作证的证人或者鉴定人在请求方主管机关通知其不必继续停留在该国领域内之日起的一定期限内仍然不离开该国，或者离开后又自愿返回的，则丧失该刑事豁免权。但是证人和鉴定人由于自己不能控制的原因而未能离开请求方境内的不计算在“一定期限”内。其“一定期限”在《联合国打击跨境有组织犯罪公约》、《联合国反腐败公约》和中国与外国签订的多数司法协助条约中均规定为15日。其他国际、区际条约也有30日的规定。

2. 对于前往请求方作证的证人和鉴定人，请求方主管机关应当支付往返的国际旅费、食宿费以及必要的津贴或者补贴

《南京协议》第20条“协助费用”约定：双方同意相互免除执行请求所生费用。但请求方应负担下列费用：（一）鉴定费用；（三）为请求方提供协助之证人、鉴定人，因前往、停留、离开请求方所生之费用。——这是符合国际、区际司法协助一般原则的。根据国际、区际司法协助的一般做法，有约定由请求方预付有关费用的，也有规定被请求方可以根据请求方的请求先预付有关费用，然后再由请求方向被请求方偿付其所预付的费用。此外，有关的费用一般不低于请求方有关法律的规定。

此外，有关的国际、区际刑事司法互助公约一般还应遵循以下规则：

（1）传唤证人和鉴定人的通知不得含有关于不接受传唤将受到相应处罚或者遭受强制措施的表述；（2）要求证人和鉴定人出庭的传唤通知应当为送达程序和出庭前的准备工作留出合理的时间。

（三）派驻单位作为送达主体的可能性

派驻单位作为送达主体的可能性首先要从国际、区际刑事司法互助中的“外交和领事官员送达”开始说起。

1963年《维也纳领事关系公约》第5条第（十）项规定，外国领事官员有权在接受国“依现行国际协定之规定或于无此种国际协定时，以符合接受国法律规章之其他任何形式，转送司法书状与司法以外文件或执行嘱托调查书或者代派遣国法院调检证据之委托书。”其中送达部分就是“外交和领事官员送达”，这在民商事司法协助领域是得到普遍承认的。在刑事司法协助领域，我国与某些国家缔结的双边条约也允许缔约国外交和领事机构履行上述职能。例如，《中国和加拿大刑事司法协助条约》第18条规定：“一方可以通过其派驻在另一方的外交或者领事官员向在该另一方境内的本国国民送达文书和调查取证，但不得违反驻在国法律，并不得采取任何强制措施。”根据国际、区际条约的相关规定，外交和领事官员送达必须遵守以下规则：1. 司法文书的受送达人必须是请求方的国民；2. 在执行中不得采取任何强制性措施；3. 有关的执行不得违反驻在国的法律。

海峡两岸之间当然不可能存在互派“外交和领事官员”，所以自然也不存在“外交和领事官员送达”。但是随着两岸联系日益密切，未来两岸互设派驻单位或可预期。如有派驻单位，由派驻单位送达其所属大陆或者台湾当事人，不失为“直接送达”的既便捷、又减省协助手续的一种较佳送达方法。

第五章　海峡两岸刑事司法互助之调查取证

《南京协议》后，海峡两岸的司法互助从单项合作走向多项合作阶段。两岸之间开展最早的逃犯移交（遣返），经过20年的实践，已经形成较为畅通的合作局面。从实践中反馈的情况看，当前海峡两岸司法互助面临着大量案件需要对岸提供调查取证方面的协助而未果的现状，大大削弱两岸共同打击犯罪的力度，因此，调查取证协助不仅是当前海峡两岸司法互助的重点，而且是推动两岸司法互助向前发展的关键节点。

第一节　概述

我国区际调查取证协助，最早发生在内地与香港之间。2000年，最高人民检察院与香港廉政公署达成有关反腐败案件调查取证方面的司法协助《备忘录》。但是，作为“备忘录”，严格而言，尚不具备协议的效力。内地与澳门之间除了2001年最高人民法院与澳门特别行政区签署的仅涉及民商事取证协助的《关于内地与澳门特别行政区法院对民商事案件相互委托送达司法文书及调取证据的安排》外，至今未有刑事方面协助取证的任何协议。然而，实践中，两岸及港澳在刑事案件方面的调查取证协助一直在开展。为了加强规范，2000年，最高人民检察院下发《关于进一步规范港澳个案协查工作的通知》。同年，公安部颁布《关于加强对内地公安机关赴港澳台调查取证工作管理的通知》。就是说，直到2009年《南京协议》签署，大陆与台湾之间虽然一直没有调查取证方面的协助协议，但是实践部门进行的调查取证协助基本上还是“有法可依”的。《南京协议》是两岸之间第一个调查取证协助协议，虽然其对于调查取证互助的规定简单、原则，但却不仅包括民事，还包括刑事方面的取证协助，可谓开创了中国区际刑事调查取证协助的新局面。

一、海峡两岸相互协助调查取证的措施

根据国际刑事司法协助的理论和实践，“调查取证”的措施主要包括：查找或者辨认有关人员；调取书证材料；委托询问证人；搜查、扣押和冻结；联合侦查；解送在押人员出庭作证；派员调查取证；远程视频听证；特殊侦查手段等。

根据《南京协议》第5条、第8条规定，海峡两岸调查取证互助的措施有：确定关系人所在或确认其身份；取得证言及陈述；提供书证、物证及视听资料；勘验、鉴定、检查、访视、调查；搜索及扣押，合作协查、侦办等。

根据司法协助中各种调查取证措施的含义和内容，前述两者的对应关系可以列表如下：

<table>
<tr><th></th><th>国际刑事司法协助</th><th>《南京协议》</th></tr>
<tr><td rowspan="9">协助调查取证措施</td><td>查找或者辨认有关人员</td><td>确定关系人所在或确认其身份</td></tr>
<tr><td>委托询问证人</td><td>取得证言及陈述</td></tr>
<tr><td>调取书证材料</td><td rowspan="2">提供书证、物证及视听资料勘验、鉴定、检查、访视、调查搜索及扣押</td></tr>
<tr><td>搜查、扣押和冻结</td></tr>
<tr><td>联合侦查</td><td>合作协查、侦办</td></tr>
<tr><td>解送在押人员出庭作证</td><td>——</td></tr>
<tr><td>派员调查取证</td><td>——</td></tr>
<tr><td>远程视频取证</td><td>——</td></tr>
<tr><td>特殊侦查手段</td><td>——</td></tr>
</table>

从上述列表可知：1.《南京协议》约定的两岸相互协助调查取证的措施没有涵盖国际协助调查取证的所有种类。2.《南京协议》约定的调查取证措施与国际协助调查取证并没有一一对应关系，而是遵循另外的逻辑关系。3.《南京协议》约定的调查取证措施的用语和表达不同于国际调查取证协助，而是采取了不一样的用语和表达方式。由于两岸的特殊关系和各自司法体制的不同，实际上《南京协议》的全文都表现出这些特点：既考虑到区际刑事司法协助与国际刑事司法协助的共性，又兼顾了两岸的法律差异。

二、海峡两岸相互协助调查取证的程序依据

《南京协议》第 4 章约定了两岸司法互助的程序、第 3 章的第 8 条第 2 款约定了调查取证的程序性要求，但是与整个《南京协议》一样，这些约定都是框架性的，非常粗疏。其中，第 4 章是所有司法互助事项的程序，包括逃犯移交、情资交换、罪赃移交、被判刑人移管等程序，而调查取证有其特殊性，诸多调查取证的措施合作起来繁简难易还各不一样；第 3 章第 8 条第 2 款虽然是专门针对调查取证这种互助形式，但寥寥数语，只规定了最基本的程序要求，具体操作起来实有无所适从之虞。那么两岸相互协助调查取证到底应当依据什么程序规定呢？或者，未来两岸之间在调查取证方面应当构建怎样的互助程序呢？

世界上实行联邦制的美国、德国、俄罗斯虽然也有区际司法协助问题，但是它们均属于“一国一制一法系一法域”，所以在区际司法协助中没有多少法律制度上的障碍。大陆和台湾虽然属于一国，但是由于分属不同的法系和法域，两岸在刑事诉讼程序上差别很大，在调查取证的司法互助方面的要求也比较悬殊，其区际刑事司法互助模式很难从当今国际社会找到相类似的范例。但是，相对于承认和执行外国判决、移管被判刑人，引渡等提供实质性合作的司法互助形式，被称为狭义司法协助形式的调查取证并不直接涉及敏感的国家主权问题。所以，笔者认为：参照、变通适用当今国际刑事司法协助中关于调查取证的成功经验是现实的选择。

第二节　《南京协议》约定的调查取证措施

为了直观理解的需要，我们根据上一节 国际刑事司法协助中调查取证措施与《南京协议》规定的两岸调查取证互助措施对应关系进行阐述。

一、查找或者辨认有关人员——— 确定关系人所在或确认其身份

福建某公安机关办理的黄某某贩毒案：黄某某持一本姓名为郭某某的假护照但却供称其真名叫黄某某，侦查中，经过多方努力也无法核实其真实身份，遂根据其自报的黄某某身份移送起诉，一审法院也按照黄某某的身份判处其死刑。但是二审法院认为应该按照其护照上郭某某的身份认定，并报请最高人民法院核准对其执行死刑。该案执行后，黄某某的亲属领取相关法律

文书到台湾有关部门处理遗产时，台湾有关部门以被执行死刑的人是郭某某而不是黄某某而不予受理。给其亲属处理遗产问题带来极大麻烦。① ——这种情况就涉及查找或者辨认有关人员——《南京协议》规定的“确定关系人所在或确认其身份”。实际上，在刑事案件侦办中，从大陆方面讲，涉及需要确定台湾籍“关系人”真实姓名外，还包括年龄、是否累犯等身份信息的情况很多，而这些信息对犯罪嫌疑人的量刑不可或缺，在有些案件中甚至涉及定罪问题。

（一）含义

在国际刑事司法协助中，“查找或者辨认有关人员”是指根据请求方的请求，采取必要的调查和监测手段，确定请求方所列举人员的行踪和停留处所，或者甄别请求所列举人员的真实身份。概括之，“查找或者辨认有关人员”就是确定“行踪”和“身份”。《南京协议》采“确定关系人所在或确认其身份”的表述，也包括确定“行踪”和“身份”两重意思，含义没有什么实质差别。前者侧重过程表述，后者意在表明结果。盖因《南京协议》是两岸之间的区际刑事司法互助，内容表述上刻意有别于国际刑事司法协助而已。

（二）对象

这里的“有关人员”——《南京协议》称为“关系人”，包括犯罪嫌疑人、被告人、证人或者与刑事案件相关的人员。在有的刑事司法协助条约中，其对象还可以是物。如 2001 年《美国和爱尔兰刑事司法协助协定》第 12 条规定：“被请求方应当采取最大努力以查找或者辨认请求书中所列举的人员或物品。”《中国和韩国刑事司法协助条约》第 13 条也将有关的协助形式表述为“查找或者辨认人员或物品。”显然，《南京协议》没有约定物品作为互助调查取证的对象。

（三）请求方义务

为“确定关系人所在或确认其身份”，请求方应当向被请求方提供“关系人”的基本情况、旅行证件信息、照片等一切有助于辨别、确认其身份、确定其行踪的资料。

---

① 参见刘道伦：《两岸共同打击犯罪存在的问题及对策》，载《福建法学》，2009 年第 1 期。

（四）协助的内容

根据请求方的请求，被请求方一般以提供上述人员在被请求方的出入境记录、住宿记录、居留处所信息、就业或者其他活动信息等方式提供协助；或者根据请求方提供的资料，帮助确认上述人员的真实身份、年龄，或者辨别隐匿、改变了原有身份和个人特征的上述人员。

（五）方法或者手段

为“确定关系人所在或确认其身份”所采取的手段不涉及强制性措施。如果被请求方发现了关系人，即使是对方通缉的逃犯，也只能采取跟踪、监视并记录其行踪等非强制手段。如果关系人正试图从被请求方离境，请求方也应放任其离去。在对关系人进行辨认的情况下，被请求方也只能采取秘密和非强制性的手段，不能强迫关系人接受辨认。

（六）目的

“查找或者辨认有关人员”有时候是境外追捕和引渡的前期侦查行为，它是后者的前提，但有时候又是一种独立的司法协助形式——查找或者辨认有关人员本身就是目的，而且可以仅仅以此为限。所以，即使请求方与被请求方存在着引渡方面的法律困难，或者不可能开展引渡方面的合作，请求方仍然可以为了该目的向被请求方要求提供协助。该种司法协助首次在我国与外国的刑事司法互助条约出现是 2000 年 6 月签署的《中国和美国刑事司法协助协定》。《南京协议》签署前，海峡两岸间相互协助“确定关系人所在或确认其身份”的需求非常旺盛，双方司法机关实际上多有个案协助，但是远未形成正常的、畅通的协助渠道，影响办案机关准确认定事实和适用法律的情况比较普遍。

二、委托询问证人——取得证言及陈述

福建某公安机关办理的江某某等人绑架或者非法拘禁案件中，犯罪嫌疑人江某某辩解，其系受台湾朋友刘某之托替施某绑人讨债，刘某曾明确告诉他施某与被害人有债务纠纷。根据大陆的刑法和有关司法解释，绑架案件中，如果犯罪嫌疑人与被害人之间有债权债务关系，应定非法拘禁罪，而纯粹以勒索财物为目的绑架他人的，应定绑架勒索罪，两者量刑差距甚远。由于无法找到江某某所谓的台湾朋友刘某作证，因此无从判断其扣押人质的主观目的是讨债还是索要钱财，根据法律规定只得就低不就高——按照讨债的

主观犯意以非法拘禁罪追究其刑事责任。① ——这种情况就涉及委托询问证人——即《南京协议》规定的“取得证言及陈述”。在调查取证中，取得证言及陈述是相对比较敏感和复杂的协助措施。

（一）对象

在国际刑事司法协助中，委托询问证人是一项传统的司法协助方式。委托询问的对象主要是证人、被害人和鉴定人。证人中，有的可能是被请求方刑事案件的在押犯罪嫌疑人、被告人或者被判刑人。

（二）协助方式

一般情况下，需要委托询问证人的，请求方向被请求书提交请求书和书面的询问提纲，被请求方对案件的了解仅以请求书中所介绍的情况为限，只能按照请求方的明确要求提出问题和记录回答。因此，请求方的询问提纲应当制作得尽量详细，既要避免让被请求方执行机关对需要调查的问题不得要领，也要防止被询问人以“是”或者“不是”敷衍搪塞。

（三）关于拒绝作证

在国际刑事司法协助中，被询问人有权根据被请求方的法律或者请求方的法律拒绝作证。但是也有的国际条约不允许证人援引请求方的法律拒绝作证。大陆的刑事诉讼法没有关于证人拒绝作证的规定，但是台湾的“刑事诉讼法”第180、181、182、185、186条规定了证人拒绝作证的权利②。如果未告知拒绝证言者等违反法定程序取得之证据，“其有无证据能力之认定，应审酌人权保障及公共利益之均衡维护”。③

---

① 参见刘道伦：《两岸共同打击犯罪存在的问题及对策》，载《福建法学》，2009年第1期。

② 台湾的“刑事诉讼法”第180条：“证人有下列情形之一者，得拒绝证言：一现为或曾为被告或自诉人之配偶、直系血亲、三亲等内之旁系血亲、二亲等内之姻亲或家长、家属者。二与被告或者自诉人订有婚约者。三现为或者曾为被告或自诉人之法定代理人或现由或曾由被告或自诉人为其法定代理人者。对于共同被告或自诉人中一人或数人有前项关系，而就仅关于他共同被告或他共同自诉人之事项为证人者，不得拒绝证言。”第181条：“证人恐因陈述致自己或与其有前条第1项关系之人受刑事追诉或者处罚者，得拒绝证言。”第182条：“证人为医师、药师、助产士、宗教师、律师、辩护人、公证人、会计师或其业务上佐理人或曾任此等职务之人，就其因业务所知悉有关他人秘密之事项受讯问者，除经本人允许者外，得拒绝证言。”第185条第2项：“证人与被告或自诉人有第180条第1项之关系者，应告以得拒绝证言。”第186条第2项：“证人有第181条之情形者，应告以得拒绝证言。”

③ 参见董武全：《两岸刑事司法实务互助机制之构建与展望》，载海峡两岸司法实务研讨会组委会编：《海峡两岸司法实务研讨会论文汇编》，福州，2009年7月。

在委托“取得证言及陈述”的情况下，如果请求方是台湾地区，被请求方是大陆，则根据大陆的刑事诉讼法，被请求方虽合法取得证言，但却不符合请求方的法律规范，所获得证据不能被法院采信，这样的司法协助不是毫无意义吗？所以请求方要求被请求方协助时，尽量按照请求方要求的形式协助取证就显得十分必要。所以《南京协议》在第8条第2项规定：“受请求方在不违反已方规定前提下，应尽量依请求方要求之形式提供协助。”实践中，两岸在相互协助取证时，面对台湾刑事诉讼法的程序要求高于大陆的情况，台湾学者在研究台湾各地法院的做法后提出“请求方一般应基于尊重协助方司法权的行使的原则、基于人权保障及犯罪追诉之目的等加以权衡，而不宜简单地以协助方取证违反请求方之法律而加以排除或者禁止使用”。①

（四）委托询问证人——取得证言及陈述的效力

根据《南京条约》第18条规定：“双方同意依本协议请求及协助提供之证据资料、司法文书及其他资料，不要求任何形式之证明。”——这是对一般的证据而言。如果该“证据资料”是证人证言或者被害人陈述，情况就有所不同：首先，两岸侦查主体不同，可能导致证人证言在法庭上的证据效力不同；其次，两岸的法律均规定证人出庭接受质证，但是如果证人不出庭，其证言的效力也不同。

1. 取证主体对证人证言效力的影响

在大陆的刑事诉讼制度中，公安机关是侦查主体，公安机关对证人询问制作的证人笔录是符合法律规定的证据种类之一。但是在台湾地区的刑事诉讼制度中，检察官才是唯一的侦查主体，警察机关仅为侦查辅助机关。证人在侦查中向检察官所作的陈述，依照台湾地区刑事诉讼法规定均有证据能力，但是若向大陆公安机关所作的陈述，依照台湾地区刑事诉讼法规定，原则上并无证据能力，除非例外情事，才有证据能力。——可见，在台湾，证人在检察官与在警察机关面前的陈述，有完全不同的法律效力。随之而来的问题是，证人（被告以外之人）在大陆公安机关面前的陈述，在台湾证据法上的效力就非常尴尬了。在台湾的司法实践中，曾经出现过地方法院裁定将

① 参见董武全：《两岸刑事司法实务互助机制之构建与展望》，载海峡两岸司法实务研讨会组委会编：《海峡两岸司法实务研讨会论文汇编》，福州，2009年7月。

其“类推适用”或者“适用”的案例，但是在台湾理论界，对大陆公安机关协助取得的证人证言在台湾的刑事诉讼中“可以类推适用在检察官前面之供述”还远未达成共识。①

2. 证人是否出庭对证言效力的影响

根据我国刑事诉讼法的规定，证人证言必须在法庭上经过质证后才能作为定案的依据，但同时司法解释又规定“未出庭证人的证言宣读后经当庭查证属实的，可以作为定案的根据。”② 司法实践中，大陆的刑事诉讼程序很少有证人出庭。对于来自境外的证人证言，更是予以特别处理。如海关总署缉私局、最高人民检察院侦查监督厅公诉厅、最高人民法院刑二庭《关于走私犯罪中境外证据的认定与使用有关问题的联席会议纪要》（“缉私〔2005〕349 号”）规定“对境外单位或者个人提供的证据，境外提供者没有特殊限定的，可以直接作为办案的证据并在庭审时使用。”如果证人证言来自台湾，一般的做法是由办案人员在见证人的见证下，通过电话与证人取得联系，并将通话内容制作成电话记录即可得到法院的认可。有的地方司法机关甚至以联合发文的形式，对来自台湾的证人证言的效力明确予以认可。如福建省高级人民法院、福建省人民检察院、福建省公安厅在《关于办理虚假信息诈骗案件若干问题的意见》（“闽公综〔2007〕449 号”）中规定：“因被害人在台湾不便直接取证的，公安机关可根据掌握的被害人的联系方式，通过公布的报案电话联系被害人，通知其按照公布的地址邮寄报案材料和通过中国公证员协会寄送个人身份公证材料；……上述证据材料可采纳为诉讼证据。”总之，对大陆一方而言，根据大陆的法律和实践，台湾证人是否出席大陆的法庭审理对其证言效力的影响不大。但是，在台湾的刑事诉讼中，证人、鉴

① 参见台湾王绰光、吴冠霆：《由台湾之证据法则论被告以外之人于大陆公安面前之陈述》，载海峡两岸司法实务研讨会组委会编：《海峡两岸司法实务研讨会论文汇编》，福州，2009 年 7 月出版。

② 《中华人民共和国刑事诉讼法》第 47 条：“证人证言必须在法庭上经过公诉人、被害人和被告人、辩护人双方讯问、质证，听取各方证人的证言并且经过查实以后，才能作为定案的根据。”《最高人民法院关于执行 < 中华人民共和国刑事诉讼法 > 若干问题的解释》［19980902］第 58 条：“证据必须经过当庭出示、辨认、质证等法庭调查程序查证属实，否则不能作为定案的根据。对于出庭作证的证人，必须在法庭上经过公诉人、被害人和被告人、辩护人等双方询问、质证，其证言经过审查确实的，才能作为定案的根据；未出庭证人的证言宣读后经当庭查证属实的，可以作为定案的根据。”

定人、被害人等亲自出席法庭当庭作证是其“直接言辞审理”原则的重要要求。为了有利于法庭对事实的正确认定和判决的公正性，台湾法律对于证人出庭作证之证据能力，有相当严格的规定。如果在庭外或者侦查阶段询问取得的书面证言，在严格取证规则下，难以采纳为证据。所以在两岸的司法互助中，台湾对大陆证人出席台湾法庭作证的要求比较强烈。在西方法治国家，同样要求证人必须出席法庭接受交叉诘问，否则其证言将不被采信。所以在国际刑事司法协助中往往有移送证人、鉴定人或者被害人到请求方境内作证的规定。

从大陆方面看，电话询问或者书面证言的效力毕竟还是有争议，随着法治化的进程，证人出席法庭接受质证将是大势所趋；从台湾方面看，要求大陆证人、鉴定人、被害人赴台湾地区法庭作证，对双方而言不仅费时费力费成本，而且在两岸相互协助取证渠道并不畅通的情况下更费周折。如何解决这个问题呢？

①远程视频作证

根据目前两岸司法互助的现状，“远程视频作证”不失为解决问题的好办法：远程视频作证是在法庭审判过程中，借助视听技术手段将远在异地的证人的影像、声音即时传送到法庭，使法庭听取其证言并接受质证的作证方式。远程视频作证较之长途电话，不仅可听，而且可视——因为证人出庭时的表情、动作等肢体语言也是判断其口头陈述是否真实可信的依据。

②派员调查取证

不失为解决证人出庭问题的另一个办法是：派员调查取证。协助取证的措施，从大的方面分，就是委托取证、派员调查取证和联合侦查三种形式。但是，《南京协议》只规定了委托取证和联合侦查两种形式，没有规定可以“派员调查取证”。然而，在国际刑事司法互助中，派员调查取证被称为积极的协助方式，委托取证被称为消极的取证方式，后者也是国际刑事司法互助常见的有效的协助方式。从长远的角度看，未来的两岸司法互助中增加这种取证措施并不是不可能。当然，由于派员赴对岸取证的司法成本较高，所以一般在一些重要的案件或者对于一些重要的证人，才采取这种方式。

三、调取书证材料——提供书证等

国际刑事司法协助中，“调取书证材料”基本上对应于《南京协议》约定的“提供书证、视听资料”。这里的书证应当也包括鉴定结论在内。与委托询问证人不同的是，“调取书证材料”和下文将要论及的“搜查、扣押和冻结”，调查的客体都是简单、直观的书证和物证，采取委托对方代为调取的方式更为简便。

2010年8月25日，在公安部的统一指挥协调下，福建、安徽、湖北、湖南、广东、广西、重庆7省区市公安机关联手台湾警方展开同步收网行动，成功摧毁一个由台湾人组织操控的特大跨两岸的电信诈骗犯罪网络群，抓获诈骗团伙和为其提供网络支持和通信线路支持的通信运营商、代理商共451名（其中，台湾籍186人，大陆籍264人、香港籍1人）。① 这类案件中，就涉及用于诈骗、转账洗钱的账户的资金流转资料，犯罪分子通过网络、通讯进行遥控指挥犯罪的信息等大量书证、物证和视听资料等，需要两岸相互协助调取。

（一）对象

调取书证材料主要表现为：被请求方向请求方提供本方政府机构、司法机关、金融机关、其他团体或者个人保管的文件或者材料，以为有关案件的调查和审判服务。实践中，通过司法协助调取的书证材料多种多样。如果调取的是被请求方政府机构尚未公开的文件、记录和资料，被请求方可以自行酌定全部或者部分拒绝执行该请求。《南京协议》虽然没有直接对此作出约定，但是如果出现此种情况，双方均可以根据第15条“不予协助”、第14条“执行请求”第二款、第三款的规定全部或者部分拒绝执行请求，但是应向对方说明理由。② 此外，被请求方可以提供经证明的副本或者影印件，在请求方明确要求提供原件的情况下，被请求方应当尽量满足此项要求。在提供原件的情况下，请求方一般应当将文件的原件及时归还被请求方，除非被请求方放弃归还请求。《南京协议》第8条规定了“受请求方在不违反己方

① 参见周斌：《两岸警方同步收网抓获451人电信诈骗团伙》，载《法制日报》，2010年8月26日。

② 《南京协议》第15条“不予协助”：“双方同意因请求内容不符合己方规定或执行请求将损害己方公共秩序或善良风俗等情形，得不予协助，并向对方说明。”第14条“执行请求”第二款：“若执行请求将妨碍正在进行之侦查、起诉或审判程序，可暂缓提供协助，并及时向对方说明理由。”第三款：“如无法完成请求事项，应向对方说明并送还相关资料。”

规定前提下，应尽量依请求方要求之形式提供协助。”

（二）程序

关于调取书证材料这种司法协助的程序，各国法律、双边、多边条约或者协定有着不同的规定。请求不仅可以由请求国审理刑事案件的法官或者其他承担刑事诉讼职能的机关提出，还可以由国际刑警组织提出。至于被请求方的执行程序，有的国家规定由被请求国的法官对有关请求进行审查并签发命令，有的国家规定由总检察长对有关请求进行审查并授权司法机关或者执法机关执行，也有的是由其他刑事案件调查机关对请求进行审查并作出决定。

在海峡两岸刑事司法互助中，大陆的公、检、法等司法机关均有权提出请求，也有权对请求进行审查和执行。由于台湾的侦查主体是检察机关，警察是侦查辅助机关。所以，台湾一方提出请求和执行请求主要是检察官，或者需要经过检察官批准。在执行有关请求时，尽管《南京协议》第 18 条规定“双方同意依本协议请求及协助提供之证据资料、司法文书及其他资料，不要求任何形式之证明。”但是，在协助中，被请求方应当充分考虑请求方法律对书证材料使用方面的程序性要求，应当对被调取的书证材料的来源、保管人或者提供人的身份、有关文书的真实性以及调取的时间加以说明。

（三）保密义务和限定用途

在调取书证材料司法协助中，请求方和被请求方可以协商约定：对于由被请求方提供的文件、证据材料以及来源予以保密，或者只在符合一定条件时或者在特定的情况下予以公开或者使用。但是，如果不违反保密要求则无法执行请求，国际刑事司法协助一般约定请求方应将此情况通知被请求方，被请求方应随即决定是否仍应执行该请求。《南京协议》对此做了规定，第 16 条规定了“保密义务”：“双方同意对请求协助与执行请求的相关资料予以保密。但依请求目的使用者，不在此限。”第 17 条规定了“限制用途”：“双方同意仅依请求书所载目的事项，使用对方协助提供之资料。但双方另有约定者，不在此限。”

（四）关于金融资料的调取

关于金融机构交易记录和资料的调取，由于可能涉及对当事人财产权利和个人秘密的保护，有关的调取请求一般需要具备一定的条件。比如，请求方应当向被请求方主管机关提供必要的材料或者证据以表明：存在着“合理嫌疑”认为有关的个人或者法人实施了犯罪行为，并且处于被请求方境内的银行或者非银行金融机构可能存有与请求方的刑事调查和诉讼相关联的记录和资料。同时，请求方还应当具体列举需要调取的记录和资料存放在哪一个金融机构、有关的账户号码及户名等一般情况的信息。

四、搜查、扣押和冻结——搜索及扣押等

大陆A公司与台湾B公司共同走私案件中，大陆A公司实施走私的主管人员和直接责任人员供述是受台湾B公司负责人指使，并与台湾B公司有大量的账目往来。由于台湾B公司负责人也涉嫌走私，所以如果可以要求台湾警方协助搜查台湾B公司、扣押台湾B公司的电脑、提取与本案有关的往来账目，则对查清全案和认定同案犯在共同犯罪中的作用和地位就非常有利。

国际刑事司法协助中的“搜查、扣押和冻结”大体对应于《南京协议》的“搜索及扣押”——值得注意的是，两岸尚未开放相互提供“冻结”银行账户的协助事项。此外，搜索及扣押的结果之一“提供物证”也可以归入此处。同样，《南京协议》规定的“勘验”、“检查”等也应当归入这一类。

（一）对象

搜索及扣押表现为对有关人员所享有的表面财产权利的限制，有时甚至表现出对有关人员人身权利的限制——如其中的搜索就包括了对人身的搜查。有关搜索及扣押的司法协助除了为调查取证的目的，还可以是为了追缴犯罪所得和收益的目的。

（二）双重犯罪原则

因为搜索和扣押具有明显的强制性，因此有关司法协助的行为与其他取证协助措施相比应当遵循比较严格的规则。如果请求方所追诉的行为根据被请求方的法律不构成犯罪，一般来说，后者就不应当为此而动用限制有关人员财产权利甚至人身权利的强制措施——也就是说必须符合双重犯罪原则。有些国家的法律还要求所涉及的犯罪必须达到一定的严重程度。对此，《南京协议》在第4条第一款关于“共同打击犯罪”的“合作范围”规定了双重犯罪原则，但是，同时在第三款也规定：“一方认为涉嫌犯罪，另一方认为未涉嫌犯罪但有重大社会危害，得经双方同意个案协助。”①

（三）程序

在国际刑事司法协助中，如果搜查、扣押和冻结的对象是不具有财产性质的物证，则协助程序相对简单；但如果是具有追赃目的的财产，则程序要求就比较严格——请求方应当提供材料证明有必要采取有关的强制措施。《联合国反腐败公约》第54条第二款规定：关于冻结或者扣押的司法协助请求“须提供合理的根据，使被请求缔约国相信有充分理由采取这种行动”。也就是说，在请求外国对被转移到该国境内的财产进行搜查、扣押和冻结时，被请求国一般都要求请求国提供相应的证据材料，证明请求所针对的财产属于犯罪所得或者属于通过犯罪所获取的收。实践中，这种举证要求往往是很严格的。比如，如果被请求冻结的是银行存款，那么请求方不但应证明有关钱款的权利人通过犯罪获得了相当数额的资金，而且应当证明犯罪所得资金与被请求国境内可疑账户中的资金之间存在着连续的和不间断的转移链条。显然，这种举证具有一定的难度。犯罪分子往往采取洗钱的方法导致银行资金流动链条的中断、或者犯罪所得资金的真实来源被掩盖、或者将犯罪所得变换为合法来源。例如，使账户资金变成现金，在更换新的户名或者更换新的存款银行后变为新的账户资金，或者将有关资金投入到某些合法交易中再提取等。

虽然，《南京协议》对于该项司法协助只规定了“搜索及扣押”，并没有“冻结”之内容，但是，需要注意的是：《南京协议》第9条专门规定了“罪赃移交”条款——“双方同意在不违反己方规定范围内，就犯罪所得移交或变价移交事宜给予协助”。“就犯罪所得移交或变价移交”的前提就包括了冻结——相当部分的跨境犯罪所得体现为银行存款。由此，从理论上说，未来两岸在取证互助方面，相互进行“冻结”协助不是没有可能。从实践上说，尽管两岸迄今尚未有追赃目的的“搜索和扣押”，也从未“就犯罪所得移交或变价移交事宜”进行过协助，但是近年发生在海峡两岸的日益猖獗的电信诈骗案件就涉及大量罪赃在对岸无法追缴，导致案件虽破、被告人

① 《南京协议》第4条“合作范围”第一款：“双方同意采取措施共同打击双方均认为涉嫌犯罪的行为。”

虽被各自的司法机关绳之以法，但被害人的损失无法挽回的局面，因此两岸双方对这方面的协助需求都很急迫。

五、联合侦查

联合侦查（joint investigation），是指两个或者两个以上的国家或者地区就某个特定的跨境犯罪案件，共同开展有关的侦查和取证活动。[①] 随着现代化通讯和交通技术的发展，犯罪分子远程操纵、指挥有组织犯罪、毒品、走私、诈骗、伪造货币等犯罪不断增多。面对狡猾的跨国犯罪，单靠一国的警察力量打击越来越困难，这是联合侦查机制产生和发展的客观基础。联合侦查能够使有关国家突破一些司法上的障碍，迅速而准确地获取犯罪情报和证据，共同采取有力措施，联手打击跨国犯罪，符合国际社会的共同需求。所以联合侦查已经成为越来越受国际社会关注的刑事司法合作方式。《联合国打击跨国有组织犯罪公约》和《联合国反腐败公约》均以专门条款作出规定，欧盟更是把广泛开展这一合作确定为实现其刑事一体化的重要措施。

（一）特点

相对于刑事司法协助的其他形式，联合侦查的特点有二：一是合作的综合性。它突破了传统协助形式的单一性限制，可以开展询问证人、调取书证材料、搜查、扣押和冻结等各种取证活动，而且还可以进行临时拘留、缉捕犯罪嫌疑人、审讯等侦查措施，甚至可以采用电子监听和监视等特殊侦查手段。二是取证的直接性。相对于委托取证、甚至派员调查取证而言，参加联合侦查的当事方可以就某个具体的侦查事务直接进行交流和处理，是一种更加有效的侦查合作形式。

联合侦查根据其当事方合作的程度可以分为：1. 联合办公式的合作。

---

① 也有学者认为：联合侦查，又称联合调查，表现为两个以上的国家为了打击涉及它们各自刑事司法管辖的犯罪活动而组建共同的临时侦查机构，共同开展有关的侦查和取证活动。因此，其特点之一是合作主体的广泛性。它不再限定以司法机关为合作主体，公共安全机关、税务稽查机关、经济或者金融等监管机关等执法机关，均可以借助联合调查的形式开展针对有关违法犯罪活动的先期调查。也许正是出于这样的考虑，《联合国打击跨国有组织犯罪公约》和《联合国反腐败公约》没有将“联合调查”制度放在“司法协助”条款中规定，而是单独加以规范。《联合国反腐败公约》更是有意将其放在了“执法合作”条款之后。所以“联合调查”既可以适用于司法协助，也适用于执法合作。参见黄风、凌岩、王秀梅：《国际刑法学》，中国人民大学出版社，2007 年 7 月第 1 版，第 314 - 315 页。笔者认为，在中文中，联合调查或者联合侦查的概念是不同的，前者的主体包括了执法部门，但是后者的主体应当仅限享有侦查职能的刑事司法机关，本书所探讨的联合侦查指后者。

指由两个或者两个以上的国家组成相对统一的专案组，统一采取行动，步调一致地开展侦查活动。[①] 2. 分工负责、互相配合式的合作。指合作双方按照商定的联合侦查分工，分别由各自侦查机关在本国采取相应的侦查手段和措施。

（二）程序

一般来说，某个跨境犯罪案件发生后，总是先由一方立案侦查。在侦查过程中，立案国发现了某些犯罪线索涉及外国、或者犯罪人已经逃亡外国、或者犯罪结果可能会在外国发生、或者因为犯罪人是外国人等等，都可能会因此遇到许多无法由本国单独解决的复杂问题。在这种情况下，立案国往往要借助外国侦查机关的力量才能完成任务，此时就涉及提出侦查协助或者联合侦查的请求。一国接到另一国请求联合侦查的请求后，一般都要依照国内法规定的程序进行审查。有的国家由司法机关审查，有的国家由行政机关审查，有的则实行司法和行政双重审查的原则。如果被请求方接受联合侦查的请求，则应尽可能不延迟地通知对方并立即开始商讨具体的合作内容和原则、程序、步骤等。如果拒绝，也应尽可能将有关决定和理由通知对方。

（三）规则

根据国际法律文件的相关规定，联合侦查一般遵守以下规则：

1. 联合侦查可以在任何一个参与联合侦查的国家的境内进行，其条件是有关的调查活动必须遵守调查地国家的法律。

2. 通过联合侦查获取的证据材料或者情报，可以由参加联合侦查的各国主管机关在审理联合侦查所针对的特定案件时使用或者为了有关各方共同商定的目的使用。如果有关国家打算将上述证据材料或者情报用于侦查或者起诉其他刑事案件，则应当取得该证据材料或者情报获取地主管机关的同意，该主管机关一般应当允许为这样的目的使用有关的证据材料或者情报，除非它认为这样的使用会有损于本国的刑事调查活动或者本国会拒绝针对有关案件提出的司法协助请求。

---

① 为开展联合侦查目的而组建的临时机构一般被称为“联合侦查组”。联合侦查组由组长、组员和附属组员组成。组长应当由调查活动开展地国家从本国主管机关的官员中选派。随着调查从一国转移到另一国，组长相应地也改由另一国的主管机关官员担任。组员来自于调查活动开展地国家的主管机关，附属组员则来自调查活动开展地以外国家的主管机关。

3. 如果当事方成立“联合侦查组”或者专案组，则还有以下规则：

（1）“联合侦查组”的组长一般由调查活动开展地国家主管机关的代表担任。他在“联合侦查组”中处于关键与核心的地位，起着领导作用。组员和附属组员必须服从他的指挥，执行组长交办的任务。

（2）来自调查地以外国家的附属组员有权像调查地国家主管机关的组员一样参加在调查地开展的调查活动，甚至可以根据组长的授权在调查地国家境内采取某些侦查手段或者执行特殊任务。当然，这类活动应当遵守调查地国家的法律并且事先获得派遣国主管机关的许可。另一方面，组长也有权依据调查地国家的法律限制附属组员参加某些活动或者执行某些任务。

（3）当联合侦查组需要在附属组员所属国家境内实施某些侦查行动或者采取某些措施时，可以直接通过该附属组员向该国主管机关提出请求和进行磋商。附属组员可以根据本国法律并且在其职权范围内直接向联合侦查组提供本国主管机关所掌握的、与被调查案件有关的信息和材料。

（四）联合侦查合作

在我国区际刑事司法协助中，内地与港澳虽然尚未签订司法互助协议，也未有关于联合侦查的安排，但是实际上彼此之间联合侦查合作已经开展多年。如2000年以后，粤港澳三方联手开展一系列包括打击跨境涉黑犯罪的“猎狐行动”、“曙光行动”、“旭日行动”、“骄阳行动”，打击跨境毒品犯罪的“春雷行动”、打击跨境组织卖淫犯罪的“蓝鸟行动”、“火百合行动”等，成效明显。大陆与台湾之间，《南京协议》第5条“协助侦查”规定：“双方同意交换涉及犯罪有关情资，协助缉捕、遣返刑事犯与刑事嫌疑犯，并于必要时合作协查、侦办。”——这里的“合作侦办”即属于联合侦查性质。虽然《南京协议》关于“合作侦办”几乎一笔带过，但是协议签订后不久，两岸就多次成功开展了联合侦查合作。除了前述2010年8月25日的电信诈骗案外，早在2010年6月20日，大陆16个省市区公安机关在公安部统一调度下，协同台湾警方也成功摧毁了一个特大跨海峡电信诈骗网络，共抓获犯罪嫌疑人156名，铲除作案窝点及地下钱庄57处。仅据公开报道，近年 两岸警方共同侦办的特大案件就不胜枚举，更不用说一些小的案件和不公开报道的了。

第三节　《南京协议》未约定的调查取证措施

国际刑事调查取证协助中的解送在押人员出庭作证、派员调查取证、远程视频取证和特殊侦查手段等，虽然在《南京协议》中未能约定，但是其中有的已经开始实践，有的急需开展，有的是未来两岸取证合作的方向。

一、解送在押人员出庭作证

解送在押人员出庭作证，是指为了在请求方的刑事诉讼中提供证词或者协助调查，被请求方将在其境内受到羁押的犯罪嫌疑人、被告人或者被判刑人移送到请求方境内，请求方按照约定的条件将该人送还被请求方的协助调查措施。与引渡和被判刑人移管等合作方式不同，解送在押人员出庭作证的目的不是为了对该人进行追诉和执行刑罚，而是出于听取该人的证言、指认或者有关陈述等举证或者调查的目的。从这点而言，解送在押人员出庭作证与通知证人、被害人、鉴定人出庭颇为相似，所不同的是前者的对象被限制了人身自由，并且在请求方的出庭是采用强制措施予以保障的。

（一）解送在押人员出庭作证的规则

《联合国打击跨国有组织犯罪公约》和《联合国反腐败公约》在司法协助条款中使用较大的篇幅规范此种协助形式，因为跨国有组织犯罪和腐败犯罪往往表现为集团犯罪、共同犯罪，在调查和审理此类案件中，其他同案犯的证言通常非常重要。据此，解送在押人员出庭作证应当遵守以下有关规则：

1．被要求出庭的在押人员自愿接受解送

根据有关国际条约和各国立法，请求方和被请求方不得违反在押人员的意愿强制将其解送请求国出庭作证。如果在押人员不同意，被请求方可以拒绝解送在押人员前往请求方出庭作证的协助请求。

2．解送期间，请求方有义务使在押人员始终处于被羁押状态

"解送期间"，包括解送的往返路途和在请求方境内逗留的时间。请求方应当在提出解送请求时就上述羁押义务作出承诺和安排。在押人员在请求方出庭作证期间的羁押时间应当折抵刑期。如果在出庭作证期间，在押人员的刑期届满，请求方可以根据与被请求方达成的协议解除对在押人员的羁押，

而将其作为一般的证人对待。有的国际条约还规定，如果解送可能延长对在押人员的羁押，被请求方也可以拒绝有关的解送请求。

3. 请求方应当确保按照协议将被解送人交还被请求方

即使被解送人因刑期届满已被解除羁押，请求方也同样负有义务将其按期或者按照约定的条件送还，除非被请求方放弃送还的要求。这是请求方应当承担的一项重要义务。而且，在国际公约和一些双边协议中，在任何情况下，请求方均“不得要求解送缔约国为该人的交还启动引渡程序”，也不得接受被解送人提出的关于避难或者庇护的申请。

4. 请求方不得对被解送人进行追诉、审判或者处罚

即使被解送人是请求方的居民，请求方也不得对被解送人因其离开被请求方前的行为进行追诉、审判或者处罚。根据《联合国打击跨国有组织犯罪公约》和《联合国反腐败公约》的规定，上述义务在一定条件下也可以获得免除，即“解送该人的缔约国同意”。

5. 拒绝解送

综合国际公约和协议，被请求方可以在下列情况下拒绝解送请求：(1) 如果在押人员不同意，被请求方可以拒绝解送在押人员前往请求方出庭作证。(2) 如果解送可能延长对在押人员的羁押，被请求方可以拒绝有关的解送请求。(3) 解送在押人员出庭可能影响本方刑事案件调查或者审判程序的正常进行，或者存在其他不适合解送的情形，被请求方可以拒绝或者推迟执行有关请求。

（二）海峡两岸之间的“解送在押人员出庭作证”

随着跨海峡共同犯罪的日益突出，像电信诈骗、走私、黑社会犯罪，一般都涉及需要对岸同案犯作证的情况，“解送在押人员出庭作证”在这类案件中也已经是现实的需要。但是，《南京协议》既没有约定“解送在押人员出庭作证”这种协助形式，也没有约定“派员调查取证”——《南京协议》同样没有规定“派员调查取证”（见下文）。实践中为了解决这个矛盾，一些省市已经尝试通过远程视频方式获取对岸在押人员的证言。这既无突破目前合作框架之虞，又解决了实际问题，是较理想的变通做法。但由于两岸的差异，合作中至少有两个问题需要注意：

1. 被告人是否有沉默权规定不同

《中华人民共和国刑事诉讼法》（以下简称《刑事诉讼法》）第 93 条规定，“被告人对侦查人员的提问，应当如实回答。只有与本案无关的问题，才可以拒绝回答。”——大陆的被告人在刑事诉讼法上并没有沉默权。台湾“刑事诉讼法”第 95 条第 2 项规定，讯问被告应先告知“得保持缄默，无须违背自己之意思而为陈述。”所以，两岸在通过视频获取被告人证言时应考虑双方法律规定的差异。为确保协助的有效性，请求方要求协助时，应当请协助方尽量按照请求方之要求取证，而协助方则根据《南京协议》第 8 条第 2 项规定：“在不违反己方规定前提下，应尽量依请求方要求之形式提供协助。”

2. 讯问被告人的程序要求不同

《刑事诉讼法》第 43 条规定：“审判人员、检察人员、侦查人员必须依照法定程序，收集……各种证据。严禁刑讯逼供和以威胁、引诱、欺骗以及其他非法的方法收集证据。”但是对于非法取得的证据——特别是刑讯逼供等非法取得的证据能否作为证据使用，大陆刑事诉讼法并没有明确。1998 年 9 月 8 日《最高人民法院关于执行〈中华人民共和国刑事诉讼法〉若干问题的解释》第 61 条规定：“严禁以非法的方法搜集证据，凡经查证确实属于采用刑讯逼供或者威胁、引诱、欺骗等非法的方法取得的证人证言、被害人陈述、被告人供述，不能作为定案的根据。”尽管如此，实践中，刑讯逼供或者威胁、引诱、欺骗等非法的方法取得的被告人供述如果属实，并不排除作为定案的根据。台湾地区的“刑事诉讼法”第 156 条第 1 项规定：“被告之自白、非出于强暴胁迫、利诱诈欺、疲劳讯问、违法羁押或者其他不正方法，且与事实相符者，得为证据。”也就是说，“被告之自白”，如果出于强暴胁迫、利诱诈欺、疲劳讯问、违法羁押或者其他不正方法，即使其与事实相符，也不能作为证据使用，而且应当加以排除——这就与大陆有差别。相对而言，台湾对“被告人之自白”等证据的排除规则较大陆严格。如果“被告人之自白”“是违反‘人性尊严’取得的证据，对法制的破坏远超过供述本身的证据价值，所以应当加以排除而禁止使用”。①

二、派员调查取证

派员调查取证，是指请求方的主管机关派员前往被请求方境内参加有关的调查取证活动。前述的查找或者辨认有关人员、委托询问证人、调取书证材料、搜查、扣押和冻结等均属于委托取证，委托取证的缺陷是因被请求方缺乏对案件背景和事实直接和详尽的了解而可能导致执行活动的机械性和笼统性，而派员调查取证一方面可以帮助被请求方比较详细和深入地了解案情，从而提高执法活动的针对性。另一方面，也可以使请求方主管机关在一定程度上介入调查活动，并且使有关的调查结果尽可能符合请求方刑事诉讼的需要和程序性要求。

（一）派员调查取证的规则

根据国际公约和国际合作的实践，派员调查取证应当遵循以下规则：

1. 请求方应当向被请求方明确提出派员参加取证活动的请求

一般是在请求书中作为一项专门的请求提出，同时仍应当像委托询问证人一样，向被请求方提交有关的询问提纲和调查计划。未经被请求方同意，不得自作主张派人前往被请求方境内开展调查活动。

2. 在被请求方境内开展的调查取证活动应当以被请求方主管机关为主导

从一定意义上讲，派员调查取证是委托询问证人的补充措施，请求方只不过是派人参加有关的执行活动。因此，在被请求方境内的调查取证活动仍应由被请求方主管机关主持。请求方的提问必须经被请求方主持人员的许可。有关的提问和回答应当翻译成被请求方主持人员能够听懂的语言，除非后者明确表示不需要翻译有关的询问对话。

3. 请求方参加调查取证活动的人员必须遵守被请求方的法律

即使是请求方司法机关或执法机关的人员，在被请求方境内参加取证活动期间也同所有外国人一样必须遵守被请求方的有关法律。在被请求方境

---

① 参见台湾王绰光、吴冠霆：《由台湾之证据法则论被告以外之人于大陆公安面前之陈述》，载海峡两岸司法实务研讨会组委会编：《海峡两岸司法实务研讨会论文汇编》，福州，2009 年 7 月出版。

内，他们不享有任何未经被请求方特许的司法和执法权力，不得随意采取调查取证活动。

（二）海峡两岸的派员调查取证制度

实际上，在国际刑事司法互助中，域外取证的主要方式是委托取证，而派员调查取证属于直接取证方式，与国家主权有关，因此涉及的法律问题较多，并不是域外取证的主要方式。在中国与外国缔结的刑事司法协助条约中首次引入派员调查取证制度是1994年签订的《中国和加拿大刑事司法协助条约》。近年来，中国在一些重大案件的域外取证工作中与一些国家开展了派员调查取证的合作，先后组织了多个调查小组赴新加坡、韩国、美国、加拿大、法国等国家参与取证活动，取得不错的效果。就我国区际刑事司法协助看，之所以尚未有“派员调查取证”的协助——《南京协议》也没有规定“派员调查取证”事项——原因固然很多，其中一个很现实的原因则是内地司法机关众多，直接取证可能使台港澳不甚负担。但是随着经济、文化的进一步融合，同时面临跨境犯罪案件增多的趋势，单纯的委托取证可能很难适应打击犯罪的现实需要，尤其是对一些重要的案件。实践中，司法机关都已经有跨境取证的案例——只是双方约定并不以真实的身份和理由进行。所以，笔者相信，不久的将来，两岸之间“派员调查取证”这个“口”会通过个别特殊的案例有望打开。

三、远程视频取证

对于“远程视频取证”，诸多国际公约、条约等法律文本赋予其不同的名称。我国学者更是对其有各种各样的称呼，如远程视频听证、视频取证、视频会议、视像取证、跨国视频音频取证等等。虽然名称各异，但是所指内容并无本质区别，都是指：请求方司法机关在本国境内，通过卫星等电子传送和视像播放系统，连线处于被请求方境内的证人、鉴定人或者其他有关人员，为相关案件作证的调查取证方式。①

（一）对象

远程视频取证的对象包括证人、鉴定人。其中证人不仅指耳闻目睹案件

① 参见张晓鸣，鲍艳：《跨国视频音频取证问题初探》，载黄风，赵林娜主编：《国际刑事司法合作：研究与文献》，中国政法大学出版社，2009年2月出版，第72－87页。

真实情况的人、也指在押人员或者被请求方司法机关的调查人员。其中具有在押人员身份的证人，往往是与请求方正在检控的犯罪嫌疑人或者被告人共同实施跨国、跨境犯罪的同案犯，也包括不是同案犯的其他案件的在押人员。在一些国家，司法机关的调查人员——如警方也可以作为证人。鉴定人主要是作为专家来证实鉴定结论的真实性与否。但是在实际合作中也会涉及物证、书证等其他种类的证据。如出示一些照片、物品、文件、凭证、视听资料请证人辨认等，但是通过远程视频取证提供的证据主要还是证人证言。

（二）类型

根据远程视频取证的阶段不同，远程视频取证可以分为两者类型：

1. 在侦查阶段取证

随着跨境犯罪的增加，各方会面临越来越多的跨境取证工作，如果都按照惯常的协助方式委托被请求方协助取证、或者每次都派员到被请求方境内直接开展取证工作，不仅会耗费大量的司法成本，也是不现实的。特别是对于国内法不要求证人必须出庭作证的请求方，在侦查阶段通过远程视频取证，就完全能够达到派员调查取证、或者委托调查取证相同的效果。

2. 在法庭审理阶段取证

这主要是请求方根据其国内刑事诉讼程序法的规定而提出。证人是否必须出庭作证，取决于请求方国内刑事诉讼法和证据制度。如在英美法系国家，根据其传闻证据规则，除一些法定例外情形外，证人都必须出庭作证，并且接受控辩双方的交叉询问。因此，在国际取证协助中，被请求方向请求方提供书面证言往往是不够的。通过远程视频取证，证人直接向请求方的法庭作证的法律效果与证人实地出庭作证相当，一般被各国认可。当然，请求方法庭为了确保这种证据的真实、可靠，往往还要求证人像在请求方境内法庭作证一样，履行身份确认、声明等程序。

（三）性质

远程视频取证并不是一个新的证据种类。笔者认为：一方面，远程视频取证使得请求方的司法人员和处于被请求方的被询问人免于跨境旅行的劳顿和复杂的手续，极大地提高了国际刑事司法合作的效率。另一方面，相比委托取证和派员调查取证等其他合作取证形式，远程视频取证具有同期跨境的特点。通过现代通讯技术实现询问人和被询问人面对面沟通交流，更为直观、可靠，大大满足了直接审理和质证的诉讼要求，更好地保障了当事人的质证权和辩护权，确保证言的真实和程序的公正。所以，它是依靠现代科技手段，对传统意义的常规取证合作方式进行突破和创新的一种新的取证措施。

（四）规则

根据《联合国打击跨国有组织犯罪公约》、《联合国反腐败公约》和一些国际条约规定，远程视频取证一般应遵循以下规则：

1. 请求方应当正式向被请求方提出司法协助请求并获得被请求方同意

在请求中，请求方应当特别说明采用远程视频取证的理由。如，有关的证人或者鉴定人不愿意或者不能够前往请求方境内接受询问、出庭作证。

2. 远程视频取证可以按照请求方法律进行

远程视频取证的询问行为发生在请求方，回答问题的行为则发生在被请求方境内。一般来说，作为司法活动的询问行为可以按照请求方法律规定的程序进行。

3. 远程视频取证以符合被请求方法律的基本原则为前提

这不仅表现在被请求方有权审查有关的取证请求是否具备该条件，而且也表现为被请求方的司法人员或者其他主管官员有权在远程视频取证时在场，有权在认为本国法律的基本原则受到侵犯时直接采取必要的措施加以干预或者要求纠正。

4. 被请求方主管机关应当为远程视频取证活动提供必要协助

比如查找、传唤有关证人或者鉴定人，审核其身份，根据需要或者请求为被询问人提供翻译。特别是在远程视频取证后，被请求方主管机关应当制作一份纪要，注明取证的时间和地点、被询问人的身份、其他参加取证人员的身份，远程视频取证的技术条件以及其他需要说明的问题。被请求方主管机关应当将该纪要提交给请求方主管机关。

5. 被询问人自愿接受询问并有权拒绝回答某些问题

远程视频取证的合作必须基于被询问人自愿，而且被询问人还有权依据请求方的法律或者被请求方的法律拒绝对某些提问进行回答或者作证，请求方和被请求方均需要根据具体情况为此作出必要的特殊安排。

6. 被询问人故意提供伪证的，请求方或者被请求方有权依照本方法律

追究其刑事责任

如果在远程视频取证中，接受询问的证人或者鉴定人故意提供伪证，请求方有权依照本方法律追究其刑事责任；在请求方不打算或者不可能对其伪证行为进行刑事追诉的情况下，被请求方司法机关有权依照本方法律对有关的伪证行为予以惩处。

7. 原则上由请求方承担费用

远程视频取证主要是为了解决证人、鉴定人等无法前往请求方境内作证的问题。因此证人、鉴定人等在被请求方境内的差旅费、食宿费和误工补贴等费用原则上应当由请求方按照司法协助条约的有关规定承担。远程视频取证还有购买或者租赁远程视频设备的费用，但是因为这些设备属于合作双方的固定投资，根据实际情况，由双方分别负担更为合理。而参与合作的司法人员的差旅、食宿等费用根据互惠原则，也由双方分别负担为妥。但是费用的承担并不是绝对的，双方可以通过协商确定承担的原则。

（五）我国的远程视频取证协助

在西方许多发达国家，作为一种既有效又经济的国际司法协助方式，远程视频取证已经被普遍使用。虽然，我国国内法中尚未有远程视频取证的相关规定，但是在与其他国家签订的一些司法协助条约中已经有了直接的规定。如最早在2005年《中华人民共和国和西班牙王国关于刑事司法协助的条约》第10条第3款："在可能且不违反任何一方法律规定的情况下，双方可根据具体情况约定通过视频会议获取证词。"近年，我国公安机关、检察机关已经多次采取这种方式与美国、加拿大等国司法机关开展协助。如中美两国司法机关在广东开平中国银行特大贪污、挪用公款案件的合作中，先后多次开展远程视频取证，取得较好的效果。随着我国与其他国家开展国际执法合作的案件越来越多，需要直接提供证言的情况会越来越普遍，客观、真实的远程视频取证将成为今后国际执法合作的一个重要发展方向。

（六）海峡两岸的远程视频取证互助

《南京协议》虽然也没有约定远程视频取证的相关内容，但是由于近年跨海峡犯罪案件呈现猖獗之势，同案犯隔岸分别接受司法审判，或者被害人、证人鉴定人分别在对岸的情况非常普遍，"委托取证"虽好，但是却有取证间接性、单一性、程序麻烦等弱点，而"派员调查取证"暨无协议依据，也耗时费力。特别是台湾刑事诉讼法也实行传闻证据规则，对于一些境外证人的证言起决定性作用的案件而该证人又无法到庭作证的情况下，远程视频取证就不失为一种灵活、变通、有效的取证方式。还有，如果需要询问的是在押人员，由于《南京协议》也没有关于“解送在押人员出庭作证”的约定，如果需要对被请求方的在押人员进行询问，则基本上只能是通过远程视频取证才能实现取证的目的。实际上，两岸警方在实务中已经不乏采用远程视频取证的案例了。

四、特殊侦查手段

在调查取证方面，国际刑事司法协助也可以采用某些特殊侦查手段。综合目前国际刑事司法协助的实践，这些特殊侦查手段主要有以下几种：

（一）控制交付

控制交付（controlled delivery），又称控制下交付，指侦查人员在发现违禁品的情况下，为了将犯罪组织或者团伙一网打尽，在其监控下将违禁品放行，借此发现犯罪组织者或者其他犯罪嫌疑人的一种特殊侦查手段。作为一种“放长线钓大鱼”的侦查手段，控制交付在侦破毒品和其他违禁品犯罪案件中发挥着重要的作用。

（二）电子监听监视

电子监听监视（electronic surveillance），是指采用电子侦听或者视频监视设备对有关人员的通讯或者活动进行监测并获取有关犯罪证据的特殊侦查手段。在国际刑事司法协助中，一国主管机关可以根据另一国主管机关的请求，对处于本国境内的特定人员或者场所实行电子监听监视，并将由此获取的监听监视结果提供给请求方。

（三）特工侦查

特工侦查（covert investigation），是指司法或者执法机关的人员采用隐瞒真实身份或者使用虚假身份的方式调查犯罪或者获取有关证据的特殊侦查手段。在国际刑事司法协助中，被请求方主管机关可以为请求方主管机关的特工侦查活动提供协助。比如允许请求方主管机关派员到被请求方境内开展特工侦查，派遣本方的主管官员参加在本方境内开展的特工侦查活动，为有关的侦查活动提供必要的条件、及时的保障、采取措施以保护请求方特工人员的安全等。

（四）跨境跟踪

跨境跟踪（cross - border observations），是指一国主管机关为进行刑事侦查的目的而借助另一国主管机关的协助对跨越本国与该另一国边境的犯罪嫌疑人继续进行监视的特殊侦查手段。跨境跟踪一般要求具备两项条件：一是有关刑事案件所涉及的犯罪属于可以引渡的犯罪。也就是说，应当是特定类型的并且达到一定严重程度的犯罪。二是有理由认为被跟踪的对象是上述犯罪的嫌疑人或者被告人。

虽然，《南京协议》并没有规定相互提供这些特殊的侦查协助，但是根据两岸跨境犯罪的特点，在一些特殊的案件侦办中，比如两岸合作共同打击跨境贩毒案件中，并不排除相互提供控制交付等特殊侦查协助的可能性。

第六章　海峡两岸司法互助之罪赃移交

上个世纪，海峡两岸之间跨境犯罪的主要形态是劫机犯罪。① 新世纪后，随着全球化进程的加快，两岸之间跨境犯罪的总体态势，一方面是在类型上呈现多元化；另一方面，诈骗、毒品、走私等以经济利益为目的犯罪明显处于上升趋势。从这些不法分子的犯罪心理看，不仅把浅浅的台湾海峡作为逃避惩罚的避风港，更把台湾海峡作为转移犯罪所得的安全通道。这类案件几乎没有例外地通过洗钱或者直接隔岸转移赃款。如果不从追缴赃款环节加强司法互助，消除其犯罪的物质基础，不仅不能有效惩治犯罪分子，而且会滋生更多的犯罪。

第一节　概述

《南京协议》在刑事司法互助方面共涉及犯罪情资交换、协助侦查、人员遣返、文书送达、罪赃移交、罪犯移管（接返）、人道探视等 7 项内容。其中，“罪赃移交”虽然仅有一条，但这是海峡两岸司法互助领域第一次提到“罪赃移交”。《南京协议》签署后，海峡两岸司法互助的实践从原来单纯的人员遣返扩展到犯罪情资交换、协助侦查、文书送达、罪犯移管（接返）、人道探视等多项合作，但非常遗憾的是：迄今为止两岸之间尚未有开展罪赃移交合作的个案。既无实践的探索，《南京协议》作为两岸司法互助的框架性协议，其“罪赃移交”的约定又非常简约，所以，目前，两岸之间开展这项工作可以说既无先例可遵、也无章可循。好在与刑事管辖权相比，“罪赃移交”是一项并不直接涉及主权问题的互助内容 ，从国际公约、条约及国际刑事司法协助的实践中或许可以寻求适合的制度构建路径。

---

① 实际上，上个世纪跨海峡之间还有私渡问题，但是私渡情况比较复杂，其中大部分并不涉及犯罪。在《金门协议》中，两岸商定统一将私渡行为称为“违反有关规定进入对方地区”。

一、相关概念辨析

《南京协议》第9条“罪赃移交”：“双方同意在不违反己方规定范围内，就犯罪所得移交或变价移交事宜给予协助。”这里，首先需要界定“罪赃”、“犯罪所得”和“罪赃移交”三个概念的含义。

（一）“犯罪所得”

根据《南京协议》第9条，其“罪赃”是指“犯罪所得”。那什么是“犯罪所得”呢？在我国理论界，也有将其翻译成“犯罪收益”、“犯罪资产”等等。① 根据《联合国禁止非法贩运麻醉品和精神药品公约》第1条、《联合国打击跨国有组织犯罪公约》第2条第5款、《联合国反腐败公约》第2条第（五）项、第31条规定，所谓“犯罪所得（proceeds of crime）”，系指通过实施犯罪而直接或者间接产生或获得的任何财产。② 针对实践中“犯罪所得”会发生形态改变、与其他财产混合等从而无法准确界定的状况，上述公约同时规定了犯罪所得的三种转换形态：1. 替代收益。即由犯罪所得全部或者部分转变或转化的其他财产。2. 混合收益。即犯罪所得已经与从合法来源获得的其他财产相互混合。3. 利益收益。即由犯罪所得、犯罪所得转变或者转化而成的财产、或者已经与犯罪所得相混合的财产所产生的收入或其他利益。从这些公约规定可见，犯罪所得不仅包括直接从犯罪获得的财产，也包括通过犯罪行为间接获得的财产。

（二）“追缴犯罪所得”与“罪赃移交”

1. “追缴犯罪所得”

在国际刑事司法协助中，“追缴犯罪所得”是指对有关犯罪所得采取的追查、扣押（查封、冻结）及没收等一系列措施。即是一种控制、限制犯罪

---

① 参见张磊：《澳大利亚2002年<犯罪收益追缴法>中的犯罪收益没收制度》，载黄风、赵林娜主编：《国际刑事司法合作：研究与文献》，中国政法大学出版社，2009年2月第1版，第158页；向党《论国际侦查措施——追缴犯罪收益》，载《公安研究》，1998年第3期。黄风、凌岩、王秀梅著：《国际刑法学》，中国人民大学出版社，2007年出版，第318－331页。

② 关于犯罪所得，1990年1月8日《关于洗钱、搜查、扣押、没收犯罪所得的公约》规定，系指源于刑事犯罪的任何收益。

所得的一系列措施的统称。[①] 1988 年 12 月 19 日通过的《联合国禁止非法贩运麻醉品和精神药品公约》最早提出“追缴犯罪所得”的司法合作事项。此后，一些双边、多边条约对“追缴犯罪所得”进行了不断地发展，使其从最初的只限于毒品犯罪扩展到具有经济利益的有关犯罪。1990 年 1 月 8 日《关于洗钱及所有犯罪所得的侦查、扣押、没收公约》进一步规定了各缔约方之间相互协助追查、扣押并没收犯罪所得的义务。1994 年联合国预防犯罪和刑事司法委员会第三届会议审议通过了“控制犯罪所得”的决议案。[②]

从前述“追缴犯罪所得”的含义看，其首要环节是追查犯罪所得，其次是扣押犯罪所得，再次是没收犯罪所得。追查、扣押不是目的，财产所在国在追查、扣押财产的基础上，最后需要实现的是根据本国法律、通过相应的司法程序对犯罪所得予以没收。但是在国际刑事司法互助协助中，没收还不是最后环节。对于没收的财产如何处置的问题，国际社会一般有五种方法：（1）（被请求国）收归国有；（2）返还（请求国）或（与请求国）分享；（3）赔偿被害人损失；（4）支付用于没收和管理的费用；（5）捐赠等。

2. “追缴犯罪所得”与“罪赃移交”

国际刑事司法协助中并没有“罪赃移交”这个概念，《南京协议》使用的“罪赃移交”一词似乎是根据海峡两岸司法互助的特殊性创设了一个新的名称。从“罪赃移交”的字面意思看，应当是目前国际刑事司法协助中“追缴犯罪所得”的子概念，是“没收”之后五种处置犯罪所得方法中的“返还”，也即“追缴犯罪所得”之一系列司法协助行为的终端环节。

在我国刑法的语境里，因为“犯罪所得”被称为“赃款赃物”，相应地，“追缴犯罪所得”就被称为“追赃”。关于“犯罪所得”和“追赃”的法律依据主要是我国《刑法》第 64 条规定：“犯罪分子违法所得的一切财物，应当予以追缴或者责令退赔；对被害人的合法财产，应当及时返还；违

---

① “追缴犯罪收益”是指有关国际的警察机构或者其他司法机构在惩治国际犯罪活动中，对犯罪分子在国际间转移的非法收入联合采取的追查、冻结或扣留及没收等一系列措施。参见向党：《论国际侦查措施——追缴犯罪收益》，载《公安研究》，1998 年第 3 期。

② 参见张静；刘炯：《试论被没收犯罪收益分享机制》，载黄风、赵林娜主编：《国际刑事司法合作：研究与文献》，中国政法大学出版社，2009 年 2 月第 1 版，第 139 页。

禁品和供犯罪所用的本人财物，应当没收。没收的财物和罚金，一律上缴国库，不得挪用和自行处理。”这里“应当予以追缴”的“犯罪分子违法所得的一切财物”即对应于国际刑事司法协助中的“追缴犯罪所得”。——可见，从我国国内法来看，“追缴犯罪所得”已有立法，但是对于返还或者“罪赃移交”等没收之后犯罪所得的处置，国内立法基本上是空白。①

二、国际刑事司法协助中的“追缴犯罪所得”

（一）查封、扣押、冻结

查封财产主要是针对不动产而言，其目的在于使不动产在一定期限内不再为犯罪嫌疑人、被告人或者其他人使用或转移所有权；扣押财产是指将犯罪嫌疑人或者被告人的合法或者非法的动产扣留于特定场所的强制性措施；冻结财产则是指将犯罪嫌疑人或者被告人的资金账户加以限制，使资金无法流动。这三种针对财产的强制性措施实质上都是为了实现对犯罪嫌疑人或者被告人财产的限制、控制，所以都属于广义的扣押，在国际公约里面常被统称为“冻结和扣押”或者“扣押”。② 为行文方便，以下在涉及查封、扣押、冻结时，笔者统一使用“扣押”一词。

1978 年生效的《欧洲刑事诉讼移管公约》第 5 章第 28 条规定：“在接到附有第 15 条第 1 项提到的信件的追诉请求后，被请求国应当有权适用包括对犯罪嫌疑人进行羁押和扣押物品在内的所有临时措施。”其中扣押的物品，不仅涵盖了作为证据的物品、也涵盖了作为“犯罪所得”的物品。《关于刑事判决国际效力的欧洲公约》将“被请求国可以临时扣押有争议的财产”规定为一种强制方法，这里的扣押较明显指向“犯罪所得”。《关于洗钱及所有犯罪所得的侦查、扣押、没收公约》规定了缔约国承诺互相协助搜查和扣押犯罪所得的义务。1990 年 11 月 11 日生效的《联合国禁止非法贩运麻醉品和精神药品公约》第 5 条第 1 款要求各缔约国对毒资采取必要措施进行识别、追查、冻结或者扣押，以便最终能够没收。同时还规定，为使识别、追查、冻结或者扣押更能有效运行，获得更多资产，各国必须赋予司法

---

① 目前仅见《中华人民共和国禁毒法》第 57 条规定：在国际禁毒合作中可以与外国分享被没收犯罪所得。

② 参见赵秉志主编：《新编国际刑法学》，中国人民大学出版社，2004 年 6 月第 1 版，第 416 页。

机关或者其他机构更多的权力以命令银行查获金融和商业记录，任何一国不能以银行秘密法的规定为由而拒绝合作。联合国《关于相互提供刑事司法协助的模式协定》中的任择议定书规定了执行有关犯罪所得的查询、扣押和没收。1998 年 11 月 4 日欧洲理事会通过的《通过刑法保护环境公约》第 7 条第 1 款规定："每个缔约国应采取合适和必要措施保证能够没收那些与第 2 条和第 3 条列举的犯罪相关的设备、收益、或可衍生收益的有价值财产。"这里的"必要措施"无疑也包括了查封、扣押、冻结财产等强制性措施。2000 年 11 月 15 日通过的《联合国打击跨国有组织犯罪公约》第 12 条第 2 款明确规定："缔约国应采取必要措施，辨认、追查、冻结或者扣押本条第 1 款所述任何物品，以便最终予以没收。"

（二）没收

扣押只是实现了对财产的控制，没收才是将犯罪所得收归有关部门的关键性措施。根据《联合国打击跨国有组织犯罪公约》第 2 条的规定，没收是指"根据法院或者其他主管当局的命令对财产实行永久剥夺"的法律措施。其中，"财产"的范围包括"各种资产，不论其为物质的或者非物质的、动产或者不动产、有形的或者无形的，以及证明对这些资产所有权或者权益的法律文件或者文书。"按照上述公约的规定，没收的对象包括：第一，"犯罪所得"，即"直接或间接通过犯罪而产生或获得的任何财产"，或价值与其相当的财产；第二，"用于或者拟用于本公约所涵盖的犯罪的财产、设备或其他工具。"

扣押作为刑事司法合作中的强制性措施，在打击国际犯罪活动中有着非常重要的作用，是国际刑事司法协助中的重要环节，是没收和处置的前提。在各国没收犯罪所得的相关国内立法中，多将对有关财产的扣押作为没收的前置程序，从而禁止、限制或者剥夺财产持有人控制、处分该财产的权利，使财产处于暂时被监控的状态，以等待对其是否没收的最终决定。但是，扣押是否是没收的必经的前置程序，国际社会的实践并不一致。在美国，民事没收一般以对财产的限制与扣押为前提，而刑事没收则一般在定罪以后，不必提前进行限制与扣押。但是针对这样做往往留给犯罪嫌疑人转移和隐匿财产的时间，从而导致刑事没收无法进行的弊端，美国也修改法律将对财产的扣押等制度作为刑事没收的重要措施。在英国，法律明确将限制令制度（对财产的扣押、冻结等限制措施）规定为犯罪所得没收制度的重要组成部分，是没收前对财产的保全措施。大陆刑法对此没有规定，但在实践中，针对涉及经济的犯罪，司法机关一般会采取查封、扣押或者冻结的强制侦查措施。在我国台湾地区，关于扣押与冻结是否是没收的必经程序存在“积极说”与“消极说”的争论，目前后者正处于主流地位。①

（三）对没收财产的处置

如前所述，国际社会对被没收的犯罪所得一般有五种处置方法：1. 收归国有；2. 返还（与分享）；3. 赔偿被害人损失；4. 支付用于没收和管理的费用；5. 捐赠等。——“收归国有”是指收归被请求国国有；“返还”是包括返还给财产来源国家、也包括返还给财产所有权人或者善意第三人；“分享”是指国际司法协助中的“被没收犯罪所得分享制度”，其含义是：对犯罪所得追缴具有合作关系的犯罪资产流出国与流入国政府根据国际公约、双边条约或者临时协定，将没收的犯罪所得扣除必要的费用之后按照比例经常性地或者逐案性地进行分割的制度。② 因为犯罪所得流入国的刑事追诉针对的完全是触犯该国法律的犯罪行为，有关的没收决定完全是根据犯罪所得流入国的法律作出。因而，没收的犯罪所得被认为当然地应收归流入国的国库。尤其是针对洗钱、走私等被认为没有被害人的犯罪。至于是否向犯罪所得流出国——即司法协助的请求国返还或者分享，则更多地取决于流出国与流入国之间是否有合作条约、或加入相关公约、甚至两国关系等因素。但是，无论返还是分享，在诈骗等有被害人的犯罪中，优先赔偿被害人损失；在所有的追缴犯罪所得的国际司法协助中优先扣除犯罪所得追缴过程中支出的合理费用——即用于没收和管理的费用等更是通行的做法。③ 此外，有的公约还规定了捐赠等处置方式。

根据《联合国反腐败公约》第 57 条规定：被没收的财产应当由缔

① 参见何帆：《刑事没收研究——国际法和比较法的视角》，法律出版社，2007 年版，第 177－178 页。

② 参见张静；刘炯：《试论被没收犯罪收益分享机制》，载黄风、赵林娜主编：《国际刑事司法合作：研究与文献》，中国政法大学出版社，2009 年 2 月第 1 版，第 139 页。

③ 在国际司法协助中的，赔偿被害人损失可以直接作为处置的方式之一，也可以包括在“返还”内，即先返还给财产来源国，再由来源国在返还的财产中对被害人进行赔偿。

约国根据本公约的规定和本国法律予以处分，优先考虑返还被没收的、产生于贪污犯罪的财产或者请求国能够合理证明对其拥有所有权的财产。在其他情况下，优先考虑返还缔约国、合法所有人或者赔偿犯罪被害人。同时在适当的情况下，还可以扣除进行侦查、起诉或者审判程序而发生的合理费用。

根据《联合国打击跨国有组织犯罪公约》第 14 条规定："根据本公约第 13 条的规定应另一缔约国请求采取行动的缔约国，应在本国法律许可的范围内，根据请求优先考虑将没收的犯罪所得或者财产交还请求缔约国，以便其对犯罪被害人进行赔偿，或者将这类犯罪所得或财产归还合法所有人"，也可以将"款项的一部分捐给根据本公约第 30 条第 2 款（C）项所指定的账户和专门从事打击有组织犯罪工作的政府间机构"，还可以"经常地或者逐案地与其他缔约国分享这类犯罪所得或财产或变卖这类犯罪所得或财产所获款项"。

总之，国际司法协助中的追缴犯罪所得是个非常复杂的过程，在"罪赃移交"之前，需要对"罪赃"进行追查、扣押（或查封、冻结）、通过法院的判决进行没收等程序。在诸多合作环节中，刑事管辖权、双重犯罪、是否有条约依据等一系列法律问题，因为犯罪嫌疑人洗钱导致追查困难的现实问题，国际刑事司法合作中难免存在的两国关系、外交政策等政治问题等等都有可能阻碍合作，能否顺利进行"罪赃移交"更赖于前面环节的司法协助能否顺利开展。《南京协议》第 9 条约定的"罪赃移交"作为两岸追缴犯罪所得的最后环节，是否能够实现这项合作，同样取决于前头诸多互助环节能否如愿进行。这也许正是两岸迄今尚未开展"罪赃移交"个案协作的重要原因之一。

第二节　海峡两岸罪赃移交之基本制度

根据新世纪海峡两岸跨境犯罪的态势，罪赃移交是当前两岸共同打击犯罪的重点问题。从前文分析我们知道，"罪赃移交"是一系列司法互助的浓缩。相比两岸之间追赃活动的复杂和不确定性，《南京协议》仅仅 33 个字的规定充其量只是双方合作的意向性条款。虽然近年两岸警方各自或者联手破获了不少跨境案件，但是只要罪赃没有在本岸，则两岸司法机关目前没有任何渠道可以隔岸追赃。现在需要两岸在《南京协议》的框架内，建立“罪赃移交”互助的基本制度。

一、建立“罪赃分享制度”

这里的“罪赃分享制度”就是指国际司法协助中的“被没收犯罪所得分享制度”。

（一）“被没收犯罪所得分享制度”的产生与发展

“分享”这一概念最早是出现在《联合国禁止非法贩运麻醉品和精神药品公约》第5条第5款第2项。该项要求缔约国“按照本国法律行政程序或者专门缔结的双边或多边协定，定期地或者逐案地与其他缔约国分享这类收益或者财产或由变卖这类收益或财产所得的款项。”前文已经提及，在国际司法协助中，政治因素是追缴犯罪所得合作难以避免的阻碍，某些犯罪所得所在国会从本国政治利益出发，对犯罪所得来源国的追缴努力施加人为的障碍，使追缴行动变得更加困难。同时，客观上被请求国追缴犯罪所得的行动还常常受限于有限的财政资源。如果给予一定的回报，不仅可以弥补被请求国为复杂的追缴行动耗费的大量财力，还有利于激励被请求国，从而有利于追缴犯罪所得合作的迅速有效开展。这就是“被没收犯罪所得分享制度”的意义所在。

但是作为国际刑事司法互助的一个新制度，“被没收犯罪所得分享制度”一开始就充满了争议。特别是在《联合国反腐败公约》的谈判过程中，各国就是否设立腐败资金分享机制发生了严重分歧，出现了“支持论”、“反对论”和“折中论”三种情况。尤其耐人寻味的是，以英美国家为代表的一些西方国家主张“支持论”，发展中国家多持“反对论”，以墨西哥为代表的一些国家则坚持“折中论”。发达国家与发展中国家迥然不同的立场反映了各国腐败的不同情况，发展中国家由于其政治经济体制不健全，腐败情况严重，主要是腐败资产的流出国，而发达国家则主要是腐败犯罪资产的流入国。对于发展中国家而言，数额巨大的资金流入外国，或多或少影响本国经济的发展，而分享则代表着能够返还国内的资产大大减少，这必然是其不愿意的。

（二）大陆在“被没收犯罪所得分享制度”上的基本立场

尽管如此，但放眼世界，从国际司法协助的长远利益考虑，“被没收犯罪所得分享制度”的合理性已经得到越来越多国家的认同。随着一系列国际公约的签订，“被没收犯罪所得分享制度”已经得到国际社会的普遍认可。①实际上，在有关犯罪所得已在他国控制的情况下，与其不同意分享而导致分文未得，不如转变观念，以“追回一部分比全部追不回强”的新观念与他国分享。所以，在我国参与《联合国反腐败公约》的谈判过程中，我国代表团在分享被没收犯罪所得问题上的基本立场是：“如果被追回的非法资产属于提出请求的缔约国或该国其他合法所有人，则应当将该资产全部归还提出请求的缔约国，无论这些资产是采用何种手段追缴的，无论是根据请求国法院的判决没收的还是根据被请求国的法院判决没收的。在此前提下，可以讨论向被请求国补偿费用问题。在特定情况下（如在贩毒、洗钱、受贿等无财产受害人的犯罪中），不排斥考虑分享问题，以便鼓励有关各国通过国际合作

① 如1999年《联合国制止向恐怖主义提供资助的国际公约》第8条第3款指出，“每一个有关缔约国得考虑同其他缔约国缔结协定，在经常性或逐案的基础上，分享执行本条所述没收而取得的资金。”2000年《联合国打击跨国有组织犯罪公约》也使用这一概念并做了类似规定。在《联合国反腐败公约》的谈判过程中，针对腐败犯罪所得是否分享，由于各国分歧较大，导致最后的条文作了妥协，没有明确规定分享制度，但在其第57条第5款规定：“在适当情况下缔约国还可以特别考虑就所没收财产的最后处分逐案订立协定或共同接受的安排。”2005年《联合国关于分享没收的犯罪所得或财产的示范协定》更是明确将“分享”一词置于文件的名称中，以13个条款的篇幅对犯罪所得分享进行了详细的规定。《美洲国家反腐败公约》第15条第2款指出，在一国国内法允许的情况下，一国可以将部分或者全部没收财产转移到另一个在调查或诉讼中提供了协助的国家。美洲防止毒品滥用管制委员会《关于与贩卖毒品和其他严重犯罪有关的洗钱犯罪管理规定》第7条d款指出：根据第5条没收的，法院或其他权力机构可以根据法律规定，将不必销毁并对公众无害的财产或工具，与参与或协助没收这些财产的调查或法律程序的国家，按照其相应的参与程度进行分享。旨在促进英联邦国家间在刑事司法领域合作的《关于双边刑事司法协助的哈拉雷计划》第28条第3款指出：被请求方可以将被没收的财产返还给请求方，或者按照其认为合理的比例与请求方进行分享。反对洗钱金融行动特别工作组“四十条建议”的第38条指出：各国主管部门应迅速采取行动，回应外国提出的识别、冻结、扣押和没收被清洗财产、洗钱或其上游犯罪的收益、用于或企图用于实施这些犯罪的工具或同等价值的财产的请求；各国还应协调扣押和没收的程序的法律协议，其中可以包括对没收资产的分享。美国是世界上犯罪所得流入的主要国家之一，目前美国在国内法上对“被没收犯罪所得分享制度”规定得较为完善，2005年《联合国关于分享没收的犯罪所得或财产的示范协定》的草案即由美国提交，其也是世界上最善于运用“被没收犯罪所得分享制度”的国家之一。其他在国内法上已经建立“被没收犯罪所得分享制度”的国家还有：英国、瑞士、澳大利亚、加拿大、巴哈马、巴西、格林纳达、列支敦士登、墨西哥等。参见参见张静；刘炯：《试论被没收犯罪收益分享机制》，载黄风、赵林娜主编：《国际刑事司法合作：研究与文献》，中国政法大学出版社，2009年2月第1版，第139页。

和其他一切行之有效的方式积极追缴被转移的犯罪所得。”① 2007 年通过的《中华人民共和国禁毒法》第 57 条规定：“通过禁毒国际合作破获毒品犯罪案件的，中华人民共和国政府可以与有关国家分享查获的非法所得、由非法所得获得的收益以及供毒品犯罪使用的财物或者财物变卖所得款项。”这是我国国内法第一次、也是目前唯一以立法的形式表明我国可以与外国分享被没收犯罪所得的规定。

（三）两岸之间建立“罪赃分享制度”的必要性和可行性

目前，在跨海峡犯罪中，对于犯罪所得的流向未见公开的统计和报道，从已经发生的个案来看，既有犯罪所得流向台湾，也有犯罪所得流向大陆。当然，特别对于诈骗案件，大陆主要是犯罪所得的流出方，台湾更多时候成为犯罪所得的流入方。根据《南京协议》确立的两岸司法互助费用承担的“互免”原则，双方的合作似乎并不对等，这也许也是两岸尚未开创此项合作的重要原因之一。显然，不对等的合作难以达到互惠的结果。② 这也颇似当年的劫机犯罪：1980 年代后期大陆不断发生劫持飞机飞往台湾的刑事犯罪后，大陆多次表达与台湾方面就遣返劫机犯进行磋商的意向，但一直没有得到回应。直到 1997 年，台湾发生了刘善忠劫持台湾航空器飞往大陆的案件后，两岸才真正启动劫机犯遣返的商谈。所以，既然犯罪所得流向主要是大陆—台湾，我们或可利用资产分享制度在鼓励他方帮助追缴犯罪所得方面的积极作用，考虑在《南京协议》的“互免”原则之外设定变通的例外原则，在“罪赃移交”事项上实行犯罪所得分享制度。

值得注意的是，根据国际刑事司法协助的通行做法，“罪赃分享制度”并不适用于所有的追赃合作，它还需要区分不同的犯罪种类而适用。笔者比较倾向于认为：对于贪腐犯罪所得，经过被害方请求而没收的，被请求方应当将这些财产返还来源方，而不应对其进行包括“分享”在内的任何其他处置。只有对于犯罪活动本身所产生的或形成的财产，如走私、贩毒、拐卖妇

---

① 参见黄风：《来自国际反腐战线的报告——＜联合国反腐败公约＞》若干法律问题》，载《法制日报》，2003 年 8 月 21 日。

② 《南京协议》第 10 条“协助费用”规定：“双方同意相互免除执行请求所生费用，但请求方应负担下列费用：（一）鉴定费用；（二）笔译、口译及誊写费用；（三）为请求方提供协助之证人、鉴定人，因前往、停留、离开请求方所生之费用；（四）其他双方约定之费用。”

女儿童等犯罪所获得的财产或者用于该类犯罪的财产，如用于制造毒品的原料、设备、工具，以及用于行贿、洗钱的财产等，才考虑通过合作与对方分享。同时，对于可以分享的犯罪所得，都应当优先扣除被请求方为侦查、起诉、审判而发生的合理费用，优先返还给财产的合法所有人或者善意第三人，优先赔偿被害人的损失。

二、通过民事诉讼直接追回财产

《联合国反腐败公约》第53条规定了直接追回犯罪所得的措施中包含通过民事诉讼追回的措施：被害国或者有关财产的合法所有人在财产所在地缔约国的法院提起民事诉讼，要求维护和确认自己对被没收财产的所有权主张。通过民事诉讼方式的便利之处在于：

1. 民事诉讼是直接用来维护财产所有权等民事权利的，被害人可以比较容易地找到法律依据并通过民事诉讼寻求救济。

2. 民事诉讼的证明标准低于刑事诉讼，原告只要有优势证据证明有关财产与被告人的非法侵害之间的关系，胜诉的可能性就比较大。

3. 民事诉讼的原告可以直接地和及时地向法院提出财产保全申请，有利于快速地限制被告人转移或者处置财产。

4. 民事诉讼可以进行缺席审判，即使在被告人在逃的情况下，只要对被告人或其代理人进行了合法的传唤和确保其诉讼中的程序权利，法院的判决就是合法的。而根据世界上多数国家的法律，在刑事诉讼中一般不得实行缺席审判。

当然，采用民事诉讼追回财产也存在一些明显的问题：如在民事诉讼中，法官比较关心当事人现实权利的合法性，而不大关心有关财产的来源问题，尤其是有关财产来源于发生在外国的犯罪时，法官往往有鞭长莫及之感；又比如在外国提起民事诉讼的成本比较高等。但是，如果两岸之间民事诉讼要达致顺畅程度，尚需要两岸对民事司法互助领域进一步合作。

三、建立“不经定罪的没收制度”

为了解决在犯罪嫌疑人或者被告人死亡、失踪、在逃的情况下犯罪所得的没收问题，《联合国反腐败公约》第54条第1款第（三）项呼吁各国“考虑采取必要的措施，以便在因为犯罪嫌疑人死亡、潜逃或者缺席而无法对其起诉的情形或其他有关情形下，能够不经过刑事定罪而没收这类财产。”

这就是“不经定罪的没收制度”。与前面所述调查“民事没收制度”相同的是两者都是缺席审判，但不同的是前者是民事诉讼，后者以提起刑事诉讼为前提，但独立于对有关人员的刑事追诉程序和追诉结果，只要证明有关财物的“构成、来源或者来自于直接或者间接通过犯罪取得的收益”，即可对之实行扣押、冻结和没收，即使有关的犯罪嫌疑人或者被告人死亡、在逃、失踪或者被监禁在其他国家。“不经定罪的没收”在一些国家的法律制度中是允许的，美国是在“不经定罪的没收制度”方面国内立法比较完备的国家，也是比较擅长运用该策略的国家。

我国刑法对于犯罪所得的没收以对被告人的定罪为前提，如果犯罪嫌疑人或者被告人在逃、死亡或者失踪，刑事诉讼就将终止，也就无法将犯罪所得没收。对现行的刑事诉讼法进行相应修改，建立“不经定罪的没收制度”就能解决这类问题。或者对现行的刑事附带民事诉讼进行一些改造，使其能够在因为犯罪嫌疑人或者被告人死亡、在逃、失踪而导致刑事诉讼处于停顿或者终止状态的情况下实现对犯罪所得的追缴。①

四、承认与执行对岸刑事裁决中的没收

实际上，在追缴犯罪所得的国际司法合作中，较多国家采用承认与执行外国司法裁决的方式。《联合国打击跨国有组织犯罪公约》和《联合国反腐败公约》在追缴犯罪所得问题上都要求被请求缔约国将请求缔约国法院签发的没收令提供主管当局，“以便取得没收令并在取得没收令时予以执行”或者“按请求的范围予以执行”。显然，这种合作的前提是对外国刑事判决或裁定的承认，即被请求国赋予请求国的没收裁决以在本国境内执行的法律效力，被请求国主管机关完全依照请求国没收裁决中列举的财产种类和数量进行没收。

我们知道，《南京协议》仅对“民事确定裁判与仲裁裁决”的相互认可达成协议，对对岸刑事裁判是否认可的问题采取了回避的态度。② 这是因为相比于民事裁判与仲裁裁决，刑事裁判更关乎主权问题，显得更加敏感。既

① 参见黄风：《关于追缴犯罪所得的国际司法合作若干问题研究》，载《政治与法律》，2002年第5期。

② 《南京协议》第10条“裁判认可”：“双方同意基于互惠原则，于不违反公共秩序或善良风俗之情况下，相互认可及执行民事确定裁判与仲裁裁决（仲裁判断）。”

没有双方对刑事裁判的相互承认达成协议之前提，则两岸通过“承认与执行对岸刑事裁决中的没收”来实现“罪赃移交”的合作尚未具备条件。但是《南京协议》关于“罪赃移交”的规定并不排除这种形式的合作，而且这种合作之所以成为国际追赃的较主流的方式，正是基于这种合作本身的便捷、高效。所以，未来在条件具备的情况下，两岸应当不排除这种形式的追赃合作。

五、在特定犯罪中实行举证责任倒置规则

刑事诉讼中的举证责任倒置，又称举证责任转移，指在一定条件下由被告人承担举证责任。在各国的刑事诉讼制度中，法律通常规定由侦查机关、控方承担提供证据证明犯罪嫌疑人、被告人有罪的责任。如我国《刑事诉讼法》第43条规定：“审判人员、检察人员、侦查人员必须依照法定程序，收集能够证实犯罪嫌疑人、被告人有罪或者无罪、犯罪情节轻重的各种证据。”但在当代惩治跨国犯罪的实践中，特别是针对贩毒、洗钱和腐败等犯罪，越来越多的国家认识到，在特定的案件中，实行举证责任转移，由犯罪嫌疑人、被告人承担举证责任是适宜的。《联合国禁止非法贩运麻醉品和精神药品公约》第5条第7款规定：“各缔约国可考虑确保关于指称的收益或应予没收的其他财产的合法来源的举证可予颠倒。”

第三节　海峡两岸罪赃移交互助与刑法修改

海峡两岸罪赃移交之司法互助，除了建立相应的制度，还必须符合有关各方的域内法。无论是请求方还是被请求方，在提出或者接受追缴犯罪所得合作时，都必须具有域内法的依据，都应当按照本方法律的规定，履行必要的法律手续并制作必要的法律文书。从大陆方面而言，需要对现行刑法进行以下修改和完善。

一、将“犯罪所得”扩大到间接犯罪所得

前述《联合国禁止非法贩运麻醉品和精神药品公约》、《联合国打击跨国有组织犯罪公约》和《联合国反腐败公约》等国际公约和有关国家（如芬兰和日本）都规定“犯罪所得”包括直接和间接从犯罪所获得的财产。大陆关于犯罪所得的相关规定主要体现在《刑法》第64条规定的“犯罪分子违法所得的一切财物”，虽然该表述没有明确直接从“违法所得”还是间接来自“违法所得”但是实践中，一般只认定直接来自于犯罪的所得部分属于“犯罪所得”。一旦犯罪所得的形态发生了转变——在跨国、跨海峡经济犯罪中洗钱几乎是普遍现象，则认定起来就没有了依据。台湾的“刑法”也只将犯罪直接获得的财产涵盖在“犯罪所得”之内。两岸关于这一点比较一致，但是如果间接的犯罪所得不能纳入没收、移交范围，则对这类犯罪的打击力度就相差甚远。所以，可以考虑借鉴国际公约和世界上其他国家的做法将财产的替代收益、混合收益和利益收益规定为犯罪所得，最大限度地追缴、移交犯罪所得。

二、将“犯罪所得”的处置方法与国际公约接轨

《刑法》第64条规定的针对“犯罪分子违法所得的一切财物”的几种处理方法中，“追缴”和“责令退赔”是程序性强制措施，而“返还”和“没收”是实体性处分措施，在该条中并列使用显得逻辑混乱。理清四者之间的关系，使之与国际惯例接轨，也便于今后开展国际、区际司法协助。

三、在刑法中增设对“犯罪所得”司法协助的分享制度

在我国理论界，一直有制定《中华人民共和国司法协助法》的呼声，如果有《中华人民共和国司法协助法》，则有关追缴犯罪所得的相关制度将规定在其中是最合适的。否则，也可以在刑法中增设对追缴犯罪所得的分享制度，如“在适当情况下对符合法定分享条件的应予分享”，为被追缴的犯罪所得的分享创造法律空间。

四、建立“未定罪没收”制度

建立“未定罪没收”制度，设定相应的程序，允许不经过刑事定罪而没收犯罪所得，以解决在犯罪嫌疑人或者被告人死亡、在逃、失踪的情况下可以对犯罪所得进行没收的问题。

五、完善现行民事诉讼制度以配合国际、区际追赃合作

改革现行诉讼制度中“刑事附带民事诉讼”和“先刑后民”的相关做法，实现刑事与民事诉讼的分离，通过先期进行的涉案犯罪所得的民事之诉，确定相关资产的所有权人，最后达到追回犯罪所得的目的。

六、保护善意第三人的财产权

由于目前我国关于返还善意第三人财产的规定还十分简单，不利于对其权利的保护。因此，对追缴的犯罪所得进行处置前，应当向善意第三人发出通知或者提前进行公告，对善意第三人的权益予以保护。①

① 参见张静；刘炯：《试论被没收犯罪收益分享机制》，载黄风、赵林娜主编：《国际刑事司法合作：研究与文献》，中国政法大学出版社，2009年2月第1版，第154页。

第七章　海峡两岸刑事司法互助之刑事诉讼移管

刑事诉讼移管是近年备受国际社会重视和推崇的国际刑事司法合作形式，但在我国的国际、区际刑事司法协助中却开展得较晚，尚属新生事物。《南京协议》在刑事司法互助方面共涉及犯罪情资交换、协助侦查、人员遣返、文书送达、罪赃移交、罪犯移管、人道探视等7项内容，并没有“刑事诉讼移管”的互助事项。海峡两岸最早开展并已成最主要司法互助事项的“刑事犯和刑事嫌疑犯”遣返，一直因“本地居民不遣返”原则导致不少犯罪分子逃脱了法律的制裁。特别是近年涉及经济的跨海峡犯罪十分突出，成为两岸共同打击的重点，但是因为两岸坚持“本地居民不遣返”原则，致使大量案件查处难，也导致不法分子得不到有效的惩治，开展刑事诉讼移管合作将有利于这些问题的解决。但是因为刑事诉讼移管在我国理论与实践领域都较陌生，需要从国际刑事诉讼移管中汲取丰富的经验。

第一节　刑事诉讼移管制度的基本内容

刑事诉讼移管是第二次世界大战后产生并发展起来、近年越来越受到国际社会重视的国际刑事司法合作的基本形态之一。

一、刑事诉讼移管的含义

刑事诉讼移管（transfer of criminal proceedings），是指一国的司法主管机关，应有管辖权的他国有关主管机关之请求，对在他国犯有某种罪行的本国公民进行追诉的一种司法合作制度。①

刑事诉讼移管是对犯罪享有管辖权的一国由于特定原因不能顺利行使管辖权，导致刑事诉讼的起诉权和审判权从一个国家转移到另一个国家。可见，刑事诉讼移管的实质是刑事管辖权转移，所以也有学者把这一概念称为

---

① 赵秉志主编：《新编国际刑法学》，中国人民大学出版社，2004年6月第1版，第419页。

"刑事管辖权的转移"或者"刑事案件移交"。笔者认为采用"刑事诉讼移管"概念更准确和适宜。首先，相比"刑事诉讼移管"，"刑事案件移交"仅表达了单纯的案件移交的性质，而后者更能揭示刑事案件起诉权和审判权转移的实质含义。其次，相比"刑事管辖权的转移"，"刑事诉讼移管"作为概念有三个优点：一是更符合英文原意；二是"刑事诉讼移管"也能反映刑事管辖权的转移这一实质；三是能够与国际司法协助的另一项制度"被判刑人移管"相对应——"刑事诉讼移管"是起诉和审判程序的移管，"被判刑人移管"是执行程序的移管，都使用"移管"的表述显得更加工整。此外，还有学者使用"刑事诉讼程序移管"的概念，笔者认为，"刑事诉讼移管"和"刑事诉讼程序移管"两个概念在含义上没有区别，后者的表述更简洁。①

在刑事诉讼移管中，提出移管请求的国家一般是无法行使管辖权的犯罪地国或者犯罪受害国，是移出刑事案件的一方；被请求国是移入国，是最后对案件行使追诉、审判权的一方，一般是犯罪嫌疑人所属国籍国或者与其有紧密联系的国家。

二、刑事诉讼移管的产生、发展

刑事诉讼移管的产生与引渡中的一个基本原则——"本国公民不引渡原则"密切相关。第二次世界大战后，国际刑事诉讼领域同时出现了跨国犯罪日益增多和人权保障意识逐渐受到重视的趋势，一国对在国外犯罪的本国公民予以庇护而不予引渡在国际刑事司法协助也渐成风气，这无疑妨碍对国际犯罪的打击。为解决这一问题，一些国家提出了"或引渡或起诉"的主张，以对"本国公民不引渡原则"的漏洞进行补救。② 但是，当本国公民实施的

---

① "刑事管辖权的转移"，参见赵秉志主编：《中国区际刑法问题探索》，法律出版社，2002年版，第136页。"刑事案件移交"，参见赵秉志撰：《海峡两岸间刑事案件移交和已决犯移管问题研究》，载赵秉志主编：《中国区际刑法问题专论》，中国人民公安大学出版社，2005年3月第1版，第295－339页；"刑事诉讼程序移管"，参见赵秉志主编：《新编国际刑法学》，中国人民大学出版社，2004年6月第1版，第419－424页；"刑事诉讼移管"，参见黄风、凌岩、王秀梅著：《国际刑法学》，中国人民大学出版社，2007年版，第332－340页。

② "或引渡或起诉原则"的含义是：对于国际公约或者国际条约所规定的犯罪，一缔约国接到另一缔约国提出关于引渡犯罪嫌疑人的请求时必须作出这样的选择：或者对被请求引渡人实行引渡，或者将其移交本国司法机关进行追诉和审判。参见黄风、凌岩、王秀梅著：《国际刑法学》，中国人民大学出版社，2007年版，第188页。

是他国国内法上规定的犯罪，而不是国际公约或者国际条约规定的犯罪时，犯罪人的国籍国往往并不按照“或引渡或起诉原则”对该犯罪提起诉讼，则该人还是逃避了惩罚。可见，“或引渡或起诉原则”只是对“本国公民不引渡原则”进行了有限的补救。为进一步弥补“本国公民不引渡原则”的漏洞，“刑事诉讼移管”应运而生。

刑事诉讼移管制度是在许多涉及刑事司法合作的多边、双边条约和国际公约中得到确立并逐步发展的。早在1957年，《欧洲引渡公约》第6条规定：“被请求国拒绝引渡本国人时，被请求国基于请求国的要求，在有权机关认为适当的情形下，得追诉之，并应将该案移送该机关。”同时还规定，为达到追诉的目的，请求国应将有关犯罪的记录，调查报告及物证，无偿送达被请求国；被请求国应将诉讼结果通报请求国。1958年，苏联与匈牙利签订的《关于民事、家庭和刑事案件提供司法协助的条约》第56条也约定了刑事诉讼的移管：缔约各方有义务根据缔约另一方的请求，按照本国法律对在缔约国另一境内犯有可以引渡罪行的本国公民提起刑事诉讼。1964年签订的《欧洲惩处道路交通肇事罪公约》在对道路交通犯罪刑事诉讼移管程序做出规定的同时，规定道路交通犯罪的罪犯惯常居所所在国在犯罪行为地国的请求下，有权对在后一国家内发生的交通犯罪进行追诉，而不管其罪犯或受害人的国籍。特别值得一提的是：1972年5月欧洲国家在法国斯特拉斯堡签订的《欧洲刑事诉讼移管公约》被认为标志着刑事诉讼移管成为独立于引渡之外的国际刑事司法合作的新形式。随后，1988年的《联合国禁止非法贩运麻醉品和精神药品公约》专门规定了刑事诉讼移管、1990年联合国预防犯罪和罪犯待遇大会专门通过的《刑事诉讼移管的示范条约》针对刑事诉讼移管的有关问题作了示范性的规定。

三、刑事诉讼移管的原则

根据国际公约和双边、多边条约，刑事诉讼移管一般要遵循以下原则：

（一）双重犯罪原则或者双重管辖权原则

双重犯罪原则，是指进行刑事诉讼移管合作的案件涉及的行为根据请求方和被请求方的法律均构成犯罪。刑事诉讼移管是请求方要求被请求方对犯罪嫌疑人进行追诉、审判，其前提是犯罪嫌疑人的行为根据请求方的法律构成犯罪；而对于被请求方来说，接受移管请求后是要根据本国刑事实体法和程序法对案件进行起诉、审理、判决以及执行，所以，如果该行为不构成犯罪，则一系列诉讼行为就无法进行。所以，双重犯罪原则是国际刑事司法合作应遵循的一个基本原则，也是国际刑事司法协助领域较无可争议的原则。《欧洲刑事诉讼移管公约》和联合国《刑事诉讼移管的示范条约》就刑事诉讼移管的双重犯罪原则有明确的规定。

但是，在刑事诉讼移管领域，有的国际公约或者双边、多边条约不仅要求符合“双重犯罪”原则，还要求符合“双重管辖权原则”：首先，请求方对某一犯罪有管辖权。刑事诉讼管辖权的存在是一国请求另一国提供司法合作的前提，对某一犯罪没有管辖权，即使其提出请求，也不会得到他国的响应。因此，在刑事司法合作中，不仅要求相关行为在请求国法律上属于犯罪行为，而且提出请求的国家还应当享有对某一犯罪的管辖权。作为刑事司法合作的一种，刑事诉讼移管也不例外。其次，被请求方对该犯罪也拥有管辖权。在国际刑事司法合作中，被请求方是否也享有对某一种犯罪的管辖权，要视司法协助的事项或者形式而定。一般来说，狭义的刑事司法协助并不要求被请求国享有对某一刑事案件的管辖权。① 但是，对于刑事诉讼移管这种合作形式，一些国家或者有的国际公约认为：刑事诉讼移管中，因为接受请求的一国必须依据本国法律对案件进行起诉、审理以及执行。如果被请求国对要求提起诉讼的犯罪没有管辖权，同样也无法根据本国法律进行刑事诉讼；更重要的是一国之所以被请求对某一犯罪提起诉讼，主要是因为犯罪嫌疑人是其本国国民或与其有紧密联系之人，根据属人原则或者保护原则，被请求国一般也享有对请求事项的管辖权。如《联合国打击跨国有组织犯罪公约》和《联合国反腐败公约》都要求各缔约国采取必要措施，当被指控人在其领域内而其因该人系其本国国民或者由于其他原因而不予引渡时，确立其对公约所涵盖的犯罪的管辖权。芬兰《国际刑事司法协助法》第 19 条规定：根据外国请求在芬兰提起刑事诉讼应当“遵守芬兰法律关于行使刑事案

① 国际刑事司法协助可以区分为广义和狭义。狭义的国际刑事司法协助指刑事诉讼文书的送达、调查取证、解送被羁押者出庭作证、移交物证和书证、冻结或者扣押财产、提供情报等，也被称为“小司法协助”。广义的国际刑事司法协助包括：“小司法协助”、引渡、相互承认和执行刑事判决、刑事诉讼移管。广义的刑事司法协助有时也被称为“刑事司法合作”。参见黄风、凌岩、王秀梅著：《国际刑法学》，中国人民大学出版社，2007 年版，第 270 页。

件司法管辖权的规则”。《中华人民共和国与泰国引渡条约》第5条规定：“尽管有本条第2款的规定，如果被请求方对该项犯罪无管辖权，被请求方不应要求将该案提交其主管机关以便起诉。”但相比双重犯罪原则，双重管辖权原则尚不属主流，国际社会对前者更有共识。

（二）一事不再理原则

这一原则是刑事诉讼移管对请求国约束力的体现，也是刑事诉讼移管效力的基本保证。在刑事诉讼移管中，请求国将属于自己管辖的案件转移给被请求国管辖，就表明请求国自愿放弃对案件的管辖权。当被请求国接受请求时，请求国就完成了对案件的管辖权的转移。请求国除了必要的调查和对被请求国的司法协助外，应立即停止对该犯罪嫌疑人的检控、执行活动。如《欧洲刑事诉讼移管公约》第31条规定，当请求国已提出追诉请求时，它不得再因追诉请求所列举的犯罪对嫌疑人提起诉讼，也不得执行该国先前因同一犯罪已对嫌疑人作出的判决。但是，在接到被请求国就是否接受移管作出决定之前，请求国应当保留采取所有诉讼措施的权利，只是不把案件提交审判、或者根据案件的情况不让主管机关就案件作出决定。

（三）有利于适当的司法处遇原则

刑事诉讼移管的目的主要是为了有效惩治犯罪，所以有利于适当的司法处遇是这种司法合作所追求的目标。根据巴西奥尼教授在《国际刑法典草案》中具有代表性的总结，“有利于适当的司法处遇原则”主要包括以下几个方面：1. 犯罪嫌疑人在被请求国受到或即将受到有关剥夺自由的判决；2. 被请求国正在对犯罪嫌疑人就同一犯罪或者其他犯罪进行诉讼的；3. 刑事诉讼移管有利于查清案件事实，特别是当各项最重要的证据在被请求国时；4. 在被请求国执行刑罚可能有利于被判刑人重返社会；5. 在请求国审理不能保证被告人在诉讼中到庭，而在被请求国审理能保证被告人到庭；6. 即使求助于引渡也不能使判决得到执行，而被请求国有可能执行该判决。

（四）政治、军事犯罪例外原则

政治、军事犯罪例外原则，是指如果被请求方认为请求方所指控的犯罪行为具有政治性质、或者是基于军事目的而实施的，可以拒绝接受诉讼移管的请求。在刑事诉讼移管中，由于被请求方将在本国境内对触犯请求方法律的犯罪行为进行审判，所以被请求方势必特别注意这种审判对本国的基本法律制度、占主导地位的价值观念和社会安定的影响。甚至，即使有关行为不属于政治、军事犯罪，只要被请求方认为这种审判将有损于本国的公共秩序，也有权拒绝接受刑事诉讼移管请求。联合国在《刑事诉讼移管的示范条约》也注明：一些国家要求将公共秩序保留也列为拒绝接受移管请求的理由之一。①

（五）诉讼时效过期不追诉原则

《欧洲刑事诉讼移管公约》第 10 条第 3 项规定，如果在提出移管请求时，根据请求国的立法，刑事诉讼时效已过，则被请求国不得对犯罪嫌疑人进行追诉、审判。一些双边条约也有类似约定。这实际上是与双重犯罪原则有密切联系的原则：双重犯罪原则是要求相关行为在请求国的实体法上属于犯罪，这是提出请求的前提，但是这种犯罪如果根据请求国的程序法已经超过诉讼时效，则请求国也已经丧失对案件程序上的追诉权，其移管前提同样不存在。

四、刑事诉讼移管的渠道

根据《欧洲刑事诉讼移管公约》、联合国《刑事诉讼移管的示范条约》和有关的双边、多边条约规定，刑事诉讼移管协作的主体均为双方的中央级机关。具体有以下几个渠道：

1. 司法机关

刑事诉讼移管中的联系主体一般是一国的司法部或者总检察长。如法国与塞内加尔的条约规定由双方的司法部负责联系；美国与墨西哥的条约约定由一国的司法部与另一国的检察院负责联系。

2. 外交途径

双方的条约不规定具体的联系机关，而是通过外交途径联系。如前苏联和阿尔及利亚即属于这种情况。

3. 国际刑警组织或者其他有关机关

根据联系的具体情况，《欧洲刑事诉讼移管公约》第 13 条规定了国际刑警组织或者其他有关机关可以作为联系主体，西班牙与意大利之间的司法协

---

① 有的条约甚至规定“财税犯罪例外原则”，即将财税类犯罪也排除出刑事诉讼移管的合作范围之外。参见黄风，凌岩，王秀梅著：《国际刑法学》，中国人民大学出版社，2007 年版，第 335 页。

助也采取这种联系渠道。

五、刑事诉讼移管的程序

国际刑事司法协助中的刑事诉讼移管一般可以概括为以下几个程序：

（一）请求的提出

刑事诉讼移管由请求国向被请求国提出请求而启动。在某些情况下，刑事诉讼移管还可能是因有关国家在了解到对某一案件存在管辖权竞合情况后开展的磋商而启动，在此情况下，很难确定谁是诉讼移管的请求方和被请求方。

请求必须以书面形式提出，这是国际公约、条约对刑事诉讼移管的一般要求。请求书一般需要载明：提出请求的机关；请求所涉犯罪行为的有关说明；请求方对该犯罪行为的调查结论或者相关证据材料；犯罪嫌疑人的身份信息和个人情况；请求国据以认为该行为是犯罪行为的法律依据；犯罪造成的损害程度；受害人有关赔偿损失的请求书。有时还要提交以下材料：证人的身份和住址的说明；获取证言的方式；证人出国作证的费用；搜查扣押的证明等。

（二）请求的审查

被请求国在收到请求国关于刑事诉讼移管的请求后，应当将该请求书交给本国主管机关审查并决定是否受理。被请求国的审查有实质审查与形式审查之分，前者是审查请求所涉行为根据请求国国内法是否构成犯罪、请求国对请求事项是否享有管辖权、请求是否符合刑事诉讼移管的原则，请求是否损害被请求国的主权、安全和公共秩序等；后者则是审查双方是否签订双边、多边条约或者共同加入相关国际公约、请求手续是否齐全等。不管审查结果如何，被请求方也应以书面形式答复请求方。

由于刑事诉讼移管将导致某一案件在不同的法律环境下并且按照不同的程序审理，而且刑事诉讼移管以包括促进被告人重返社会在内的有利于适当的司法处遇原则为目的，因此，联合国《刑事诉讼移管的示范条约》第8条规定：移管案件的犯罪嫌疑人或者被告人及其近亲属可以对拟议中的移管活动向请求国或者被请求国提出意见，包括赞同、希望、反对或者质疑移管的意见。这些意见虽然不具有任何约束力，但是可以作为请求国和被请求国全面权衡移管利弊和寻求最佳解决方案的参考。

（三）移管的执行

刑事诉讼移管被决定接受之后，将产生两个法律后果：一方面，请求方应当停止对犯罪嫌疑人或者被告人的刑事追诉活动。但是，可以继续搜集有关证据材料，并根据被请求方的请求为该案提供调查取证方面的司法协助；另一方面，被请求国随即负有进行刑事追诉的义务，应当指令本国有关司法机关根据本国法律规定的程序进行立案、侦查、起诉和审判。根据有关移管公约的规定，为保证刑事诉讼程序的顺利进行，在刑事诉讼移管中，被请求方在接到追诉请求后，即有权适用包括对嫌疑人进行羁押和扣押物品在内的所有刑事强制措施。

此外，在移管的执行中，还有两项特殊要求：

1. 请求国和被请求国在执行刑事诉讼移管中应当注意对被害人和犯罪嫌疑人合法权益的保护

联合国《刑事诉讼移管的示范条约》对于被害人的权利保护规定得较为具体，该条约第9条规定：请求国和被请求国在转移诉讼中，应确保罪行受害者的权利，特别是受害者追复原物和赔偿损失的权利不应由于移管而受到影响。如果受害人的索赔未能在此种移管前达成解决，如被请求国的法律有可能时，应许可将受害人的索赔要求在移管程序中提出。受害人死亡的，受害人的被抚养人有此权利。对于犯罪嫌疑人权益的保护则主要体现在前述的在移管请求的审查中允许犯罪嫌疑人、被告人及其近亲属表达意见。

2. 不享有司法管辖权的被请求国的特殊义务

如果被请求国对被移管的案件原本不拥有司法管辖权，它在根据刑事诉讼移管协议对案件进行审理时则负有一项特殊的义务，即：针对有关犯罪行为判处的刑罚在严厉程度上不得超过请求国法律为同一犯罪行为确定的限度。例如：如果请求国法律未对有关犯罪规定死刑或无期徒刑，被请求国则不应对之适用此类刑罚。

（四）结果的通报

被请求国对移管的案件进行审理后，最后应将诉讼结果通报请求国。通报内容包括：刑事诉讼转移管辖情况；请求书所涉内容的处理；案件审理结果和判决理由；物证返还的安排；证人遣返的说明；被害人利益保护情况等，一般还需要附有判决书和相关文件。

第二节　我国的刑事诉讼移管

与司法协助的其他形式相比，在我国，“ 刑事诉讼移管”因其相对“年轻”而不广为人知的。但是，由于 刑事诉讼移管的特殊功能，在国际刑事司法协助中正发挥着独特的作用。特别是对于海峡两岸之间复杂而又特殊的区域司法协助，刑事诉讼移管的作用或将不可替代。

一、我国刑事诉讼移管的立法和实践

世界上，以国内法立法形式规定刑事诉讼移管的国家并不多。1958 年瑞士通过的公路法是关于刑事诉讼移管最早的国内法规范。1979 年奥地利制订的《引渡及刑事司法协助法》和 1982 年联邦德国的《国际刑事司法协助法》对刑事诉讼移管也做了规定。但是对刑事诉讼移管规定最为完整的是 1981 年瑞士的《联邦国际刑事司法协助法》，该法专列第四编对刑事诉讼移管作了详细的规定。我国处理涉外刑事诉讼移管的实践起步较晚，也没有国内法的立法，目前我国涉及刑事诉讼移管的依据主要是与其他国家签订的双边条约和参加的国际公约。我国与土耳其于 1992 年 9 月 28 日缔结的《关于民事、商事和刑事司法协助的协定》第一次写进了开展刑事诉讼移管合作的内容，该协定第 39 条规定：“缔约一方有义务根据请求，按照其本国法律，对于在提出请求的缔约一方境内犯罪的本国公民提起刑事诉讼”。1994 年，《中华人民共和国和泰国引渡条约》第 5 条第 2 款规定，如果根据本条第 1 款不同意引渡，被请求方应根据请求方的请求，将该案提交其主管机关以便起诉。此外，我国已经加入的《联合国禁止非法贩运麻醉品和精神药品公约》、《联合国打击跨国有组织犯罪公约》和《联合国反腐败公约》都含有关于刑事诉讼移管的条款。① 这些是目前我国处理涉外刑事诉讼移管的主要依据。但从内容上看，这些条约和公约中涉及刑事诉讼移管的内容显得过于简约，主要有以下内容：

---

① 关于刑事诉讼移管，规定比较详尽的还是《欧洲刑事诉讼移管公约》和联合国《刑事诉讼移管的示范条约》，可以作为各国开展该项活动的参考。

（一）刑事诉讼移管的前提

许多国家规定，刑事诉讼移管是不引渡本国国民的一种替代措施，在条约中常与引渡条款规定在一起，我国也是这种情况。如《中华人民共和国和泰国引渡条约》第 5 条第 1 款规定，缔约双方有权拒绝引渡本国国民，第 2 款紧接着规定不引渡本国国民的替代措施——刑事诉讼移管。

（二）刑事诉讼移管的基本原则

前述我国与土耳其的《关于民事、商事和刑事司法协助的协定》和《中华人民共和国和泰国引渡条约》对刑事诉讼移管的原则均未作规定。但是对其他形式的司法协助规定了双重犯罪原则和政治犯罪不引渡原则，该两原则被认为应同样适用于移管合作。①

（三）刑事诉讼移管的程序

我国与土耳其《关于民事、商事和刑事司法协助的协定》规定，请求方在提出移管请求时，除应提供其他类型的刑事司法协助时应出具的文件或者资料外，还应附有关于诉讼移管的案件调查结论的文件。被请求国对移管案件进行追诉后，应将诉讼结果通知请求方。

二、海峡两岸刑事诉讼移管的性质

实际上，刑事诉讼移管包括国内刑事诉讼移管和国际刑事诉讼移管两类。国内刑事诉讼移管是指同一法律体制下不同司法机关之间转移案件管辖权的情形。如 1997 年《刑事诉讼法》第 24 条规定："刑事案件由犯罪地的人民法院管辖。如果由被告人居住地的人民法院审判更为适宜的，可以由被告人居住地的人民法院管辖。"第 26 条规定："上级人民法院可以指定下级人民法院审判管辖不明的案件。也可以指定下级人民法院将案件移送其他人民法院审判。"——这两种情形就是国内刑事诉讼移管。这种移管属于同一法域内的司法合作，不涉及主权问题。而国际刑事诉讼移管则是不同主权的国家之间，为了共同有效惩治跨国犯罪，在不同法律制度下的不同司法机关之间转移案件管辖权的司法协助活动。其特点是：合作主体为不同的主权国家，从请求国方面看，是让渡自己的刑事管辖权；从被请求国方面看，是代

① 参见赵秉志：《海峡两岸间刑事案件移交和已决犯移管问题研究》，载赵秉志主编：《中国区际刑法问题专论》，中国人民公安大学出版社，2005 年 3 月第 1 版，第 311 页。

替他国行使刑事管辖权。

一方面，大陆和台湾分属不同的法域，均有各自的法律制度和司法体系，其法治在各自实际控制的范围内有效，所以不可能适用同一法律体制下的国内刑事诉讼移管的规定。另一方面，海峡两岸同属于一个主权国家，所以两岸间开展的刑事诉讼移管也不是国与国之间的国际刑事诉讼移管，而是同一主权下不同法域之间开展的区际司法互助活动，是区际刑事诉讼移管。但是，国际刑事诉讼移管是在国与国之间引渡犯罪嫌疑人时，因被请求国根据“本国公民不引渡”原则拒绝引渡，对相关犯罪有管辖权的国家不得不提出移管请求并让渡其刑事管辖权的一种司法合作形式，其本质上是国家间的刑事管辖权的让渡。两岸间的刑事诉讼移管也是不同法域间、不同法律制度下，一方以“本地居民不遣返原则”不予遣返，导致另一方不能行使刑事管辖权而转移其管辖权的互助形式，本质上也是刑事管辖权的让渡。因此，可以说，两岸刑事诉讼移管虽不是国际刑事诉讼移管，但却是与国际刑事诉讼移管相近似的一种区际司法合作活动。①

三、海峡两岸适用刑事诉讼移管的具体情形

刑事诉讼移管是海峡两岸司法协助领域一项全新的形式，要开展这项合作，就需要明确两岸之间刑事诉讼移管发生的情况。

（一）根据内容划分的四种类型

1．单纯的管辖权让渡

单纯的管辖权让渡是指对某一行为有管辖权的一方，在犯罪嫌疑人和犯罪证据均在对方区域的情况下，要求对方对该人追究刑事责任。如台湾居民在台湾伪造人民币被台方破获，大陆要求台湾有关方面对其予以追究的情况。

2．带证据的移管

带证据的移管是指掌握证据的一方将案件连同证据一并移管给另一方，由另一方对犯罪嫌疑人追诉。如台湾居民在大陆实施某种犯罪后逃回台湾并

---

① 两岸刑事诉讼移管是指两岸基于联合有效惩治互涉犯罪之目的，在一岸因某种原因不能或者不便对犯罪嫌疑人行使管辖权的情况下，让渡自己的刑事管辖权，将案件移管给对岸审理的一种刑事司法合作活动。参见赵秉志：《海峡两岸间刑事案件移交和已决犯移管问题研究》，载赵秉志主编：《中国区际刑法问题专论》，中国人民公安大学出版社，2005 年 3 月第 1 版，第 316 页。

被台湾方面捕获，大陆要求将该案件连同犯罪嫌疑人在大陆犯罪的证据一并移交给台湾追究其刑事责任。

3．带人的移管

带人的移管指捕获犯罪嫌疑人的一方，因缺乏证据或者其他原因，而将案件连同犯罪嫌疑人一并移交给对方处理的情形。如台湾抓获某贩毒集团中一名大陆籍犯罪嫌疑人，因无其他证据，无法进入诉讼程序，将案件和该犯罪嫌疑人移交大陆处理。

4．带人带证据的移管

带人带证据的移管是指双方基于共同惩治和防范犯罪的需要，捕获犯罪嫌疑人并取得相关证据的一方将犯罪嫌疑人和证据一并移交给另一方追究刑事责任的情形。如大陆劫机犯在台湾被捕获后，台湾有关方面将其连同相关证据移交给大陆处理的情况。

（二）根据管辖权划分的四类二十种

1．行为人在大陆或者台湾同时违反大陆刑法和台湾“刑法”，两岸均有管辖权，一岸将案件移交给对岸

具体又有以下几个情形：

①大陆居民在大陆实施违反大陆刑法的行为，又在台湾实施了违反台湾地区“刑法”的行为，台湾将其抓获并追究其违反台湾刑法的责任。如大陆居民A在大陆犯有贪污罪，到台湾后又犯有杀人罪，台湾将其抓获并追诉。此种情形产生三种司法合作可能：一是大陆将A在大陆的贪污罪证移交给台湾，要求台湾一并审理；二是台湾应大陆之要求，将A在台湾杀人的证据连同其本人移送大陆审理；三是没有达成移管协议，台湾地区只对A的杀人罪进行审判，然后遣返大陆，大陆再追究其贪污罪的刑事责任。前两种均属于刑事诉讼移管，第三种没有发生刑事诉讼移管，其中只涉及遣返的司法互助。

②台湾居民在台湾实施违反台湾地区“刑法”的行为，又在大陆实施了违反大陆刑法的行为，大陆将其抓获并追究其违反大陆刑法的行为。如大陆居民A在大陆犯有贪污罪，到台湾后又犯有杀人罪，台湾将其抓获并追诉。此种情形与前述情形正好相反。

③大陆居民在台湾实施一个行为，台湾“刑法”和大陆刑法均认为构成

犯罪并均具备管辖权，台湾将其抓获后予以追诉。如大陆居民 A 在台湾贩毒，根据两岸刑法均构成犯罪并均具有管辖权，台湾将其抓获并追诉。此种情形如果大陆提出移管请求，台湾同意移管，则 A 在台湾接受审判和服刑后被遣返大陆后，就不再面临双重审判。也就是说大陆作为移管请求方，根据“一事不再理原则”就不应再对 A 的案件行使管辖权。

④台湾居民在大陆实施一个行为，大陆刑法和台湾“刑法”均认为构成犯罪并均具备管辖权，大陆将其抓获后予以追诉。此种情形的移管与前述情形正好相反。

⑤大陆居民在台湾实施一个或者数个行为，大陆刑法和台湾“刑法”均认为构成犯罪并均具备管辖权，该犯罪嫌疑人回到大陆后被抓获，大陆对其在台湾违反大陆刑法的行为予以追诉。如大陆居民 A 在台湾伪造人民币，回大陆后被抓获。在此情况下，台湾可将 A 在台湾犯罪的证据连同案件移交大陆审理。

⑥台湾居民在大陆实施一个或者数个行为，台湾“刑法”和大陆刑法均认为构成犯罪并均具备管辖权，该犯罪嫌疑人回到台湾后被抓获，台湾对其在大陆违反台湾地区“刑法”的行为予以追诉。此种情形的移管与前述情形正好相反。

⑦大陆居民在大陆实施一个或者数个行为，大陆刑法和台湾“刑法”均认为构成犯罪并均具备管辖权，该犯罪嫌疑人在台湾被抓获。如大陆居民 A 在大陆杀死台胞后逃至台湾被抓获。此种情形产生四种司法合作可能：一是台湾将 A 和案件移交大陆审判；二是大陆将案件和证据移交台湾审判。三是台湾对 A 的案件进行审判并执行完毕后遣返大陆，大陆根据现有法律对 A 的行为进行重新审判。四是台湾对 A 的案件进行审判后，将 A 移交大陆执行刑罚。前第一、二种司法合作均属刑事诉讼移管，第三种司法合作属于“被判刑人移管”，第四种司法合作是目前实践的做法，如劫机犯的处理结果，其中只涉及遣返的司法互助。

⑧台湾居民在台湾实施一个或者数个行为，台湾“刑法”和大陆刑法均认为构成犯罪并均具备管辖权，该犯罪嫌疑人在大陆被抓获。此种情形与前述情形正好相反，其中有两种情形可以开展移管合作。

⑨大陆居民在大陆实施一个或者数个行为，大陆刑法和台湾“刑法”均

认为构成犯罪并均具备管辖权，大陆将其抓获并予以追诉。这种情况下台湾也可以根据其“刑法”要求大陆追诉行为人的犯罪行为，这样也可能发生刑事诉讼移管合作。当然，实践中此种移管很少见，甚至也不必要通过移管的方式进行合作——通过调查取证的协助方式更为便捷。

⑩台湾居民在台湾实施一个或者数个行为，台湾“刑法”和大陆刑法均认为构成犯罪并均具备管辖权，台湾将其抓获。此种情形与前述情形正好相反，不再赘述。

2. 一岸居民在彼岸实施了犯罪行为后逃回本岸，彼岸将证据和案件移交该行为人所属岸审理

具体又有以下两种情形：

①大陆居民在台湾实施违反台湾“刑法”的行为后逃回大陆。根据“己方居民不遣返的原则”，台湾将证据和案件移交给大陆审理。

②台湾居民在大陆实施违反大陆刑法的行为后逃回台湾。此种情形与前一情形正好相反，基于同样的理由大陆将案件向台湾移管。

3. 行为人实施跨两岸的犯罪，一案将行为人连同证据移交彼岸处理

此种情况又存在四种可能性：

①台湾居民实施跨两岸的犯罪行为被台湾抓获，台湾根据“己方居民不遣返的原则”对行为人进行审判，大陆则将案件向台湾移管。

②大陆居民实施跨两岸的犯罪行为被大陆抓获，大陆根据“己方居民不遣返的原则”对行为人进行审判，台湾则将其掌握的证据和案件移交大陆。

③台湾居民实施跨两岸的犯罪行为被大陆抓获，此种情形有两种合作可能：一是大陆审理，台湾将案件向大陆移管；二是大陆经必要侦讯后，将行为人和案件向台湾移管。

④大陆居民实施跨两岸的犯罪行为被台湾抓获。此种情形与前一情形相反。不再赘述。

4. 行为人在第三地实施一行为或者数行为，被一岸捕获后，两岸间产生的移管

具体又有可能有以下几个情形：

①大陆居民在第三地实施一个或者数个行为，大陆刑法和台湾“刑法”均认为构成犯罪并均具备管辖权，行为人被大陆抓获，根据“己方居民不遣

返的原则”，大陆不会将行为人向台湾移管，台湾无法追诉，向大陆移管。

②台湾居民在第三地实施一个或者数个行为，台湾“刑法”和大陆刑法均认为构成犯罪并均具备管辖权，行为人被台湾抓获。此种移管与前一情形正好相反。

③大陆居民在第三地实施一个或者数个行为，大陆刑法和台湾“刑法”均认为构成犯罪并均具备管辖权，行为人被台湾抓获。这种情况可能出现三种合作可能：一是大陆向台湾移管；二是台湾向大陆移管；三是台湾审判其管辖的案件后，将该行为人遣返大陆，由大陆审理己方管辖的部分。

④台湾居民在第三地实施一个或者数个行为，台湾“刑法”和大陆刑法均认为构成犯罪并均具备管辖权，行为人被大陆抓获。此种情形与前一情形正好相反，亦不再赘述。

以上列举的两岸直接可能产生刑事诉讼移管互助的主要情形，其中有些在目前的实践中并不常见，或者在目前开展起来还存在较大的困难或者可以通过其他更为便捷的互助形式进行，但是大部分还是实践中常见而且对两岸交往有一定影响的情形。

第三节　海峡两岸刑事诉讼移管制度之构建

虽然，《南京协议》未能约定“刑事诉讼移管”的互助事项，但是“刑事诉讼移管”在两岸共同打击犯罪和刑事司法互助中的实践已经开始：2010年12月27日，公安部联合台湾、菲律宾警方破获2010年“11·30”特大跨国、跨境电信诈骗案。2011年7月6日，大陆警方完成了对“11·30”电信诈骗案的侦查后，将从菲律宾带回的14名台湾犯罪嫌疑人移交给台湾进行惩处。——这实际上就是刑事诉讼移管，而且是“带人带证据的移管”。①

一、海峡两岸刑事诉讼移管的必要性

（一）刑事诉讼移管是“本地居民不遣返原则”的必要补救制度

新世纪后，随着全球化进程的加快，两岸经济文化进一步融合，跨境犯

① 即2010年“11·30”特大跨国、跨境电信诈骗案。

罪也呈现出新情况、新特点：诈骗、贩毒、贪腐、走私、伪造货币、有组织犯罪等以经济利益为目的犯罪无论在种类上、还是在规模上都呈上升趋势。以当前最严重的跨海峡犯罪——诈骗犯罪为例，这类案件中不法分子隔岸遥控指挥犯罪或者犯罪后闻风迅速逃往对岸，此岸司法机关本可以通过《南京协议》的渠道要求对岸司法机关协助缉捕和遣返，但对岸均相互以“本地居民不遣返原则”拒绝遣返，在这些不法分子眼里，对岸是“犯罪乐园”，浅浅的台湾海峡俨然已成犯罪的避风港。从犯罪预防的角度，如果一些犯罪得不到有效的惩治，同样的犯罪将更多地滋生、蔓延。事实上，以诈骗为主的跨海峡犯罪近年日益猖獗与此不无关系。在不可能遣返的情况下，如果一方能将案件“移管”给另一方，并将相关证据移交另一方，由另一方司法机关对犯罪嫌疑人进行起诉、审判和执行，既坚持了“本地居民不遣返原则”，也惩治了犯罪。国际刑事诉讼移管制度不正是为了弥补“本国公民不引渡原则”在惩治犯罪方面的不足而诞生的吗？

（二）刑事诉讼移管是解决两岸刑事管辖权冲突的最佳选择

大陆刑法和台湾“刑法”的空间效力不仅都规定了属地管辖、属人管辖及保护管辖等原则，而且每一种管辖原则的具体规则都非常相似。如属地管辖中对领域的理解都包括船舶和航空器、犯罪地都包括犯罪行为地和结果地、都规定犯罪行为地和结果地只要有一项发生在其领域内都属于在其领域内犯罪；属人管辖原则都规定了对公务员的绝对适用性和对本地其他公民的相对适用性等等。还是以上述跨海峡诈骗犯罪为例，如台湾人在大陆通过网络或者电信实施针对大陆居民的诈骗犯罪后逃回台湾，大陆根据属地管辖原则对该犯罪享有刑事管辖权，而台湾根据其属人管辖原则也主张对这些犯罪享有刑事管辖权，两岸刑事管辖权的冲突就产生了；又如台湾人在台湾通过网络或者电信实施了对大陆居民的诈骗犯罪中，大陆警方根据属地管辖原则之犯罪结果地管辖，享有对该案的刑事管辖权，台湾也根据属地管辖原则之犯罪行为地管辖，也要求对该案进行追诉，也产生刑事管辖权的冲突——这是当前跨海峡诈骗案件非常常见的情形。上个世纪末期发生在海峡两岸的劫机犯罪就引发了两岸之间激烈的刑事管辖权之争。因为刑事管辖权是司法合作中最敏感的领域，被认为关乎主权问题，这是两岸司法合作尚未突破的领域，为此理论界已经提出种种学说试图为解决两岸刑事管辖权冲突寻求出路。[1] 但是直接谈两岸刑事管辖权冲突的解决思路，总要碰触敏感的主权问题，而“刑事诉讼移管”的适用就可以巧妙地避开敏感的管辖权问题，因为“刑事诉讼移管”以“双重犯罪原则”乃至“双重管辖权原则”为基本原则，引入“刑事诉讼移管”可使两岸管辖权合二为一，可谓复杂问题简单解决，不失为当前可以借鉴的解决两岸管辖权冲突问题的最佳选择。而且，“刑事诉讼移管”比遣返更有利于判决的执行：一方面，有关自由刑的判决在被判刑人居住地执行更有利于其重返社会——即有利于司法处遇原则的涵义之一；另一方面，有关财产刑的执行将变得可能，因为不法分子往往通过洗钱或者其他方式转移犯罪所得——这已成当前跨海峡经济类犯罪打击的难中之难。

二、海峡两岸刑事诉讼移管的可行性

既然两岸刑事诉讼移管本质上也是刑事管辖权的让渡，那这种让渡会否成为两岸开展司法合作的障碍呢？

（一）政治层面

目前两岸对“一个中国”已达成共识，双方对大陆和台湾在国际法上是一个中国没有异议，但是在谈到主权问题时，双方均非常敏感，而且坚持主权在己的原则立场。事实上，由于两岸政治上的对立，合作只能在主权以外的层面展开，采取淡化或者避开主权问题更有利于问题的解决。正如两岸在经贸领域洽谈，学者们呼吁“只谈经济，不谈政治”，在刑事诉讼移管方面，将法律问题和政治问题分别处理，所谓“不谈政治，只谈法律”亦更有益于问题的解决。而且，根据国际刑事司法协助的最新发展，即使在两个不同主权国家之间，司法管辖权也不是绝对不可让渡的，国际刑事诉讼移管和现代国际社会所普遍认可的惩治国际犯罪中的普遍管辖原则都是对主权国家司法权绝对化的突破。国际社会尚能如此，同一主权国家间的海峡两岸，更应该

---

① “合理、有效惩治防范犯罪原则”说，参见赵秉志，肖中华：《中国内地与港澳地区刑事管辖权冲突的解决（上）》，载《人民法院报》，2003 年 2 月 24 日。“法益受损严重方管辖原则”说，参见陈光中：《海峡两岸刑事管辖权冲突及解决路径》，载海峡两岸司法实务研讨会组委会《海峡两岸司法实务研讨会论文汇编》（福州），2009 年 7 月。“最初受理管辖原则”说，参见杨凯：《当代中国区际刑事管辖冲突解决原则探讨》，载《湘潭大学学报（哲学社会科学版）》，2004 年第 3 期。

淡化政治色彩极浓的司法管辖权问题。而且，两岸间的刑事诉讼移管是互惠的，是对双方均有益的合作事项，是有利于联合惩治和有效防范跨海峡犯罪，如果两岸固守自己的司法主权，只能铸造成跨海峡犯罪的愈演愈烈和两岸民众利益更大的损害。

（二）实践层面

实际上，《南京协议》和目前两岸已经开展的司法互助均是在基本承认对方法治的前提下进行的。前面提及的上个世纪末两岸间频发劫机犯罪后，大陆海协和台湾海基会曾经就遣返劫机犯进行多次商谈，终于在 1995 年 1 月 28 日达成《两岸劫机犯遣返及相关事宜协议（草案）》，虽然该草案后因政治原因未能正式签署，但是“劫机犯应当遣返”以及协议中“被要求遣返的对象，如系被要求方人员，由被要求方负责处理”、“拒绝遣返之处理，要求遣返的一方可提供资料另一方加以处置，另一方也可要求对方提供资料加以处理”等约定已经包含刑事诉讼移管的内容。此外，《南京协议》第 11 条“罪犯移管（接返）”约定“双方同意基于人道、互惠原则，在请求方、受请求方及被判刑人（受刑事裁判确定人）均同意移交之情形下，移管（接返）被判刑人（受刑事裁判确定人）。”该内容虽然是规定被判刑人移管，而非刑事诉讼移管，但是被判刑人移管的前提是对另一方生效刑事判决的承认与执行——而对另一方生效刑事判决的承认与执行又是以承认对方的刑事管辖权为前提。所以，《南京协议》虽然没有直接规定互认刑事判决的效力，但其关于被判刑人移管的规定已经体现了对另一方刑事管辖权的一定程度的默认，否则被判刑人移管合作无从谈起。这些都充分说明，虽然两岸之间尚未真正开展刑事诉讼移管的合作，《南京协议》也还没有约定刑事诉讼移管的合作事项，但是刑事诉讼移管在两岸司法互助领域已经具备一定的现实基础。

三、海峡两岸刑事诉讼移管制度的构建

刑事诉讼移管制度包括基本原则、合作渠道、程序、费用承担等一系列问题，海峡两岸之间的刑事诉讼移管制度并非国际刑事司法协助，所以应当在剔除国际刑事诉讼移管中涉及主权内容的基础上进行借鉴，并选择有代表性的个案进行协作，在逐步积累经验的情况下签订系统、全面的合作协议。

（一）基本原则

1. 双重犯罪原则

政治对立和法律制度的差异使得两岸目前的司法互助只能限于双方均能接受的两岸刑法均认为是犯罪的范围，《南京协议》关于两岸合作共同打击犯罪的范围就限定于“双方均认为涉嫌犯罪的行为”，这就是双重犯罪原则，这一原则也应是两岸开展刑事诉讼移管合作的法律基点：就刑事诉讼移管的本质而言，请求方让渡刑事案件的管辖权后，被请求方是根据本方的法律起诉、审判被移管对象。如果根据请求方的法律被移管对象的行为不构成犯罪，则被请求方就无法对其行为进行起诉、审理、判决和执行。所以，两岸刑事诉讼移管的范围也应是“双重犯罪”。但是，值得注意的是，双方均认为是犯罪，只是要求根据双方刑法的明文规定被移管的对象的行为构成犯罪，并不要求罪名的一致。

既然刑事管辖权的存在是一方请求另一方提供司法合作的前提，移管请求方应当拥有对某一犯罪的管辖权，但是另一方是否也需要享有刑事管辖权呢？即是否必须遵循“双重管辖权原则”呢？笔者认为：首先，从前述国际条约和双边条约看，在刑事诉讼移管中属于主流和得到广泛认同的显然是“双重犯罪原则”，坚持“双重管辖权原则”的则属于少数。其次，在一般跨海峡犯罪中，根据两岸司法关于空间效力的同质性规定，两岸司法机关往往都具有管辖权，所以是否确立“双重管辖权原则”对两岸开展这项合作不会产生根本影响。① 但是，如果按照先易后难、循序渐进原则，也可以先确立“双重管辖权原则”，随着两岸互信的增加和移管实践经验的积累，再放弃“双重管辖权原

① 《刑法》第6条规定了属地管辖，第7条规定了属人管辖，第8条规定了保护管辖；台湾“中华民国刑法”第3、4条规定了属地管辖，第6、7条规定了属人管辖，第5、8条规定了保护管辖；而且各类管辖原则的具体内容均非常相似。

则”，将合作范围逐步放宽至“双重犯罪原则”也未尝不可

2. 一事不再理原则

《刑法》第10条规定：“凡在中华人民共和国领域外犯罪的，依照本法应当负刑事责任的，虽然经过外国审判，仍然可以依照本法追究，但是在外国受过刑罚处罚的，可以免除或者减轻责任。”台湾“中华民国刑法”第9条规定：“同一行为，虽然经外国确定裁判，但仍得依本法处断。但在外国已经受到刑之全部或一部之执行者，免其刑之全部或一部之执行。”——两岸的这种规定在理论上被称为消极承认外国判决。① 这种立法将导致一些涉外案件的双重审判，而国际上通行的是“一事不再理原则”。具体到两岸之间，大陆目前仍无对两岸司法合作中是否坚持“一事不再理原则”的明确规定，但是从最典型的劫机犯的处理中——从台湾遣返的劫机犯在大陆均重新进行了审判——在台湾已经被定罪处罚的事实仅作为判决时从轻处理的考虑因素。② 台湾方面，1992年制定的“台湾地区与大陆地区人民关系条例”第75条规定：“在大陆地区或在大陆船舰、航空器内犯罪，虽在大陆地区曾受处罚，仍得依法处断。但得免其刑之全部或一部之执行。”实践中，行为人的同一犯罪行为均面临双重审判的局面，各方在行使刑事管辖权时仅将对岸的刑事判决作为从轻判决的理由。由此可见，未来两岸在进行刑事诉讼移管合作中将面临各自现行立法的障碍。

但是近年来学术界普遍认为两地刑法典的上述规定已经落后于有关国际公约以及大多数国家刑事立法关于承认和执行外国刑事判决的规定，不符合国家司法主权让渡的趋势，修改各自相关规定也是必然的选择。目前“一事不再理原则”已经被广泛运用于国际刑事司法合作，特别是引渡、刑事诉讼移管、被判刑人移管等具有实质内容的广义的合作事项之中。实际上《南京

① 对于外国判决是否认可，理论界有三种划分：对外国判决的积极认可、对外国判决的消极认可和对外国判决的不认可。也有学者把两岸刑法的这种规定归入“对外国判决的不认可”。笔者以为两岸刑法的相关规定还是体现了一定程度上的对外国判决的认可，所以赞同属于“对外国判决的消极认可”说。

② 除了对劫机犯罪的处理外，大陆目前在其他互涉案件中也是否定这一原则的。例如1991年6月13日发生的巴拿马籍货轮“鹰王号”走私香烟案，大陆方面曾经表示：对台湾对此案的处理，大陆保留追诉的权利。参见赵秉志：《海峡两岸间刑事案件移交和已决犯移管问题研究》，载赵秉志主编：《中国区际刑法问题专论》，中国人民公安大学出版社，2005年3月1版，第324页。

协议》对于被判刑人移管的互助规定已经隐含了“一事不再理”的前提。在1995年，两会草签的《两岸劫机犯遣返及相关事宜协议（草案）》第3条中已经明确规定了“一事不再理”的“遣返原则”。目前我国与世界上其他一些国家签订的双边条约也一改刑法的立场，体现了积极的承认和执行外国判决的原则和一事不再理原则。如中国在与乌克兰等六国签订的被判刑人移管条约规定了“只有判刑国有权对案件进行重新审理”、“只有判刑国有权对判决进行复查”。所以，未来两岸在进行刑事诉讼移管合作虽将面临立法障碍，但是如果互惠互信，该障碍并不是不可跨越的。

3. 剔除政治、军事犯罪例外原则

虽然政治和军事犯罪不引渡、不移管逐渐成为各国公认的国际法原则，但是，由于各国对“政治犯”的不同理解而导致该原则在实践中存在不少问题。在国际司法协助实践中，有时候政治犯仅被限定为“纯政治犯罪”，包括如维护国家罪、间谍罪、妨碍他人选举权利罪等“一切侵害国家政治利益和公民政治权利的犯罪”；有时候政治犯又包括那些行为和罪名均属普通犯罪，而行为人犯罪的目的或者动机或者某些特定情节有一定政治因素的犯罪，如出于政治目的而劫持私人飞机，为给某一政治集团筹集资金而贩卖毒品等；有时候，政治犯甚至可以包括发生在一定社会背景下的纯粹的普通犯罪。可见，确定政治犯的标准具有很大的伸缩性，它可以在需要的时候把一切普通犯罪都纳入，也可以把某些具有明显政治目的的犯罪排除在政治犯范围之外，所以大陆立法对“政治犯”没有规定。大陆和台湾在基本社会制度、意识形态等方面存在重大差异，很难就“政治犯”形成共识，如果设定政治犯不移交原则，就等于又在法律问题上扯进政治，人为地把简单问题复杂化，无疑将给移管合作设置难以逾越的障碍。目前，两岸都赞同“一个中国”，只要把握“一国”，即移管是在同一主权国家内不同法域之间的刑事司法协助，那么关于此一原则的争议就显得毫无意义了。因为在同一主权国家范围内，政治犯不移管原则，甚至政治犯一词，并无独立存在的先歧基础和法律意义。同理，军事犯不移交原则也应在剔除之列。

但是，由于长期的隔绝，两岸毕竟已经走向不同的发展道路，其基本社会制度、意识形态等差异甚大是客观事实，所以可以考虑将公共秩序保留列为拒绝移管请求的理由之一。《南京协议》第15条“不予协助”就规定了：

“双方同意因请求内容不符合己方规定或执行请求将损害己方公共秩序或善良风俗等情形，得不予协助，并向对方说明。”虽然该规定是针对协议列举的7项互助事项，但同样可以适用于未来的移管合作。

4. 有利于适当的司法处遇原则和诉讼时效过期不追诉原则

此外，关于有利于适当的司法处遇原则和诉讼时效过期不追诉原则在两岸的刑事诉讼移管合作中基本不涉及司法主权、政治或者其他敏感问题，根据国际、区际刑事诉讼移管合作的经验，完全可以参照适用。

（二）海峡两岸刑事诉讼移管的渠道和程序

海峡两岸司法互助属于一国主权范围内，为了有效预防和惩治犯罪而进行的区际刑事司法互助。所以，与其他互助事项一样，海峡两岸的刑事诉讼移管无论是联系渠道，还是互助程序，均应当以便捷和效率为原则。

1. 渠道

前文述及，国际刑事诉讼移管的联系主体均为中央级机关，主要通过司法机关、外交途径、国际刑警组织或者其他有关机关进行。海峡两岸的刑事诉讼移管作为区际刑事司法协助，应尽量简化互助程序，所以一般不需要通过中央级机关联系，也不需要通过外交途径进行。在《南京协议》之前、特别是在两岸司法互助实践的早期，往往通过国际刑警组织的渠道联系，不仅费时费力，而且环节多、效率低。《南京协议》已经建立了双方的“联系主体”和“业务交流”渠道，是时候摒弃国际刑警组织的渠道，而直接通过《南京协议》的“联系主体”，“由各方主管部门指定之联络人联系实施”，“其他相关事宜，由海峡两岸关系协会与财团法人海峡交流基金会联系”。

2. 程序

至于海峡两岸刑事诉讼移管的程序，可参照前述国际刑事诉讼移管“请求的提出、请求的审查、移管的执行、结果的通报”等四个程序及相关要求，务求便捷和提高效率，此不赘述。

总之，刑事诉讼移管是近年越来越受到重视的国际刑事司法合作形式，海峡两岸的刑事诉讼移管虽未有协议、也未有实践的开展，但只要双方淡化政治、淡化主权争议，积极开展刑事诉讼移管可以大大拓宽两岸司法互助的领域，有助于两岸目前在司法互助领域遇到的一系列问题和困难的解决，是两岸司法互助向纵深发展的必然要求。

第八章　海峡两岸刑事司法互助之被判刑人移管

近年，随着国际犯罪的增加，刑罚执行过程中的问题也开始受到关注，被判刑人移管作为一种最理想的刑罚执行方式逐渐受到国际社会的重视，并成为发展较快的新型国际刑事司法合作形式。目前，随着海峡两岸跨境犯罪的增加，因在对岸犯罪而被对岸司法机关判刑的被判刑人相应地也在增加，刑罚执行过程中的问题也开始受到重视，被判刑人移管问题开始显现。《南京协议》首次规定了被判刑人移管制度，为两岸开展被判刑人移管区际刑事司法互助开拓了新的领域。2010年，福建省进行了第一例两岸之间的被判刑人移管合作。随着《南京协议》实施带来的两岸司法协助的全面开展，被判刑人移管合作将会更加广泛地开展起来。

第一节　被判刑人移管制度的基本内容

被判刑人移管是指一国将触犯本国法律而被判处自由刑的外国公民移交给其国籍国或者经常居住地国，使其在自己熟悉的环境中服刑并改造，以有利于其重返社会的国际刑事司法协助制度。与犯罪情资交换、协助侦查和文书送达 等国际刑事司法合作的其他形式相比，因被判刑人移管合作的前提是对他国刑事判决的承认与执行，因而被认为是更加具有实质意义的国际刑事司法协助形式。

一、“被判刑人移管”的概念辨析

被判刑人移管（transfer of sentenced persons）一词，在国外和国内都有不同的表述。在西方的法律文献中，还使用“囚犯（prisoners）移管”、“被判刑的罪犯（convicted offenders）移管”等。在国内，有被翻译成“被判刑人移交”、“被判刑人转移”、“被判刑人迁移”、“被判刑人移送”等。笔者认为“被判刑人移管”用词最为准确。首先，在被判刑人移管中，一国向另一国移交的不仅是被判刑人，还有被判刑人的刑罚执行权和监管权。所以，移管一词相对于移交、转移、迁移、移送都更准确地表达了刑罚执行和监管权转移的基本含义。其次，在西方法律文献和我国的语境中，"囚犯"都是指被关押在监管场所的犯人。但是，被判刑人移管的对象不仅包括被判处剥夺自由刑的人，还包括被判处限制自由刑而置于社会服刑改造的人。同时，中文的"囚犯"一词还有人格差别的意味，不符合现代人文理念，而"被判刑人"一词只是表达一种状态，比较中性，更易于被广泛接受。目前，"被判刑人移管"一词也已经被我国与外国签订的被判刑人移管条约和学术理论所普遍采用。①

在被判刑人移管中，将被判刑人移交给另一国的国家叫"判刑国"或者"移交国"，接受该被判刑人并对其执行刑罚的国家相应地被称"执行国"或者"接收国"。从一些比较新近的条约用语看，人们现在更愿意使用"判刑国"和"执行国"这一对术语，因为它们更有助于表明被判刑人移管与执行外国判决之间的直接联系。因此，本书也采"判刑国"和"执行国"这一对概念。

二、被判刑人移管的特征

纵观被判刑人移管的国际条约和实践，被判刑人移管具有以下特征：

（一）被判刑人移管的主要对象是被判处剥夺自由刑的外籍犯

自由刑包括剥夺自由刑和限制自由刑。被剥夺自由的被判刑人，由于其与社会处于隔绝状态，在服刑改造和回归社会中遇到的障碍和困难最多，因而在国际条约和各国的司法实践中成为被移管的最主要对象。而缓刑犯、假释犯、因怀孕而在监外执行刑罚的妇女、保外就医的被判刑人等虽被限制自由，与"囚犯"相比，其矫正和复归社会的问题相对少些，但根据现代刑罚的观念，也可以成为移管的对象，所以联合国特别制定了《关于缓刑犯和假释犯移管监督的模式协定》，供各国在移管被限制自由的被判刑人时参考。但是在正式的国家条约中，几乎没有关于移管缓刑犯和假释犯的专项条约。在我国与外国已经缔结的移管条约中，也将移管的对象确定在被判处剥夺自

① 参见张明：《被判刑人移管研究》，载黄风，赵林娜主编：《国际刑事司法合作：研究与文献》，中国政法大学出版社，2009年出版，第158页。

由刑并在监狱服刑的人，而没有涉及缓刑犯和假释犯等被限制自由的其他被判刑人。

（二）被判刑人移管的目的是有利于被判刑人改造和回归社会

被判刑人移管是出于追求现代刑罚的目的，它是一项以人为本的刑事司法协助制度，是为被判刑人的利益服务的。被判刑人移管的实施不得背离有利于被判刑人改造和回归社会这一根本目的，不得有损被判刑人的利益，不得违背被判刑人的意愿。这是被判刑人移管制度的核心特征，也是被判刑人移管区别于其他如引渡、刑事诉讼移管、刑事判决的承认与执行等以追求国家刑罚权为目的的刑事司法协助制度的主要标志。

（三）被判刑人移管是承认与执行外国刑事判决的一种形式

执行国同意或者提出移管要求，意味着承认判刑国所做判决的效力。如果一国不承认他国所作判决，就不会向他国提出或者同意移管被判刑人，移管也就不会发生，更不会产生执行他国刑事判决的问题。所以，承认与执行外国刑事判决可以说是被判刑人移管的前提。但是必须指出，这种承认实际上是一种默认，它并不需要预先经过一个专门的承认程序。所以一旦被判刑人进入执行国，判刑国的判决即开始在执行国发生法律效力。执行国不得对同一案件重新审理，而且在转换刑罚时必须受判刑国判决所确认的事实的约束。

三、被判刑人移管与引渡的区别

被判刑人移管与引渡（遣返）是两种不同的国际刑事司法合作制度，其主要区别在于：

首先，目的不同。前者的目的如前所述，而后者的目的在于请求国追求国家刑罚权的实现。

其次，移管和引渡对象的意愿在合作中的作用不同。前者是自愿的，后者是强制的。

再次，受益方不同。在被判刑人移管这一司法合作形式中，判刑国、执行国和被判刑人都是受益人。从判刑国的角度讲，把外国被判刑人送回老家，用不着再费精力去解决外国被判刑人服刑管理中带来的一系列问题，既执行了判决，又卸掉了“包袱”。对于执行国来说，把在外国犯了罪的本国国民接回国内服刑，有利于实现对本国国民的保护和维护被判刑人及其家庭的利益。除此之外，被判刑人移管还可适用于某国国民在本国实施犯罪后，又在某外国实施犯罪的情形，即该外国可先行对犯罪人进行定罪量刑，然后通过被判刑人移管将犯罪人遣返给犯罪人国籍国，犯罪人国籍国承认和执行外国所作的刑事判决，进而对犯罪人在本国的犯罪案件进行审理，并定罪量刑，将后来确定的自由刑与外国刑事判决确定的自由刑按照并罚原则合并执行。因此，在这种情形下开展被判刑人移管活动，还有利于顺利实现本国的刑事管辖权。所以，这种司法协助有时甚至很难说到底是谁协助谁。而引渡可谓只给请求国带来“好处”。所以，被判刑人移管不但符合现代刑罚倡导的特别预防目的和人道主义原则，而且更充分体现互助互利的国际刑事司法协助精神，因此较之引渡更容易被各国所接受，司法协助也更容易达成。

四、国际刑事司法协助中被判刑人移管的立法概览

同刑事诉讼移管制度一样，被判刑人移管也首创于欧洲。1970 年通过的《关于刑事判决国际效力的欧洲公约》对外国刑事判决的承认和执行作了全面系统的规定，其中就包括了被判刑人移管的内容。1978 年，前苏联和东欧国家也在柏林签订了《被判刑人移管公约》。1983 年 3 月 21 日，欧洲理事会在前述《关于刑事判决国际效力的欧洲公约》基础上通过了《欧洲移交被判刑人公约》，该公约除了 14 个欧洲理事会成员国加入外，美国也于 1985 年批准加入。1985 年，第七届联合国预防犯罪和罪犯待遇大会通过了《关于移交外国囚犯的模式协定》，供各国缔结被判刑人移管的双边和多边条约时参考。1988 年，联合国的《禁止非法贩运麻醉药品和精神药物公约》也规定了有关被判刑人移管问题。该公约第 6 条规定，缔约国可考虑订立双边或者多边协定，或者是特别的或一般的协定，将由于犯有本条适用的罪行而被判处监禁或其他形式剥夺自由的人移交其本国，使他们能在那里服满余刑。

从双边条约来看，丹麦和西班牙首先于 1972 年签订了被判刑人移管条约。美国从 1976 年与墨西哥签订被判刑人移管条约以来，已经分别与加拿大、玻利维亚、土耳其、法国、泰国等国签订了被判刑人移管条约。加拿大除了 1977 年与美国签订被判刑人移管条约外，现在已经分别与墨西哥、法国、巴拿马、秘鲁等国签署被判刑人移管条约。法国、泰国、摩洛哥、奥地利、英国、前南斯拉夫、叙利亚等也都分别与有关国家签订被判刑人移管双边条约。由于被判刑人移管是一种各方都有利的司法合作形式，30 多年来，有关被判刑人移管的合作实践已经在许多国家得到了较快的发展。

五、国际刑事司法协助中被判刑人移管制度的主要内容

如前所述，被判刑人移管制度在国际刑事司法协助中已经开展了多年，基本形成了比较规范和成熟的做法。根据《欧洲移交被判刑人公约》、《关于移交外国囚犯的模式协定》和各国签订的双边、多边条约，被判刑人移管制度主要包含以下几个方面内容。

（一）移管的基本原则

1. 有利于被判刑人原则

被判刑人移管制度产生的宗旨是为了更好地对被判刑人执行刑罚，有利于被判刑人改造和回归社会。《欧洲移交被判刑人公约》在其序言中开宗明义“给予因为犯罪而被剥夺自由的外国人在他们自己社会服刑的机会，促进公正之目的的实现和被判刑人的社会复归。”只有有利于被判刑人的改造，才能获得良好的刑罚执行效果，从而充分发挥这一国际司法合作形式的积极作用。因此，有利于被判刑人原则成为被判刑人移管制度的首要原则，应该将其体现在被判刑人移管的各个环节。首先，被判刑人的移管应以被判刑人同意为基础。移管被判刑人之前，判刑国应充分告知其被移管的可能和相应的法律后果，特别是被判刑人可能会因为其他的犯罪而受到刑罚执行国的追究。应让执行国有机会证实被判刑人是否自愿同意，如果该人缺乏自由表达其意愿的能力，其代理人应有权决定是否移管。其次，被判刑人不得因移管而被加重处罚或受到不公正待遇。移管被判刑人是为了便于被判刑人今后更快地适应社会，刑罚执行国不得就同一犯罪加重被判刑人的刑罚，还应保证使其受到与本国其他服刑人员相同的待遇，尊重其基本人权。

2. 相互尊重国家主权和管辖权原则

相互尊重国家主权和管辖权原则是国际刑事司法合作的基本原则。由于被判刑人的移管与其他司法合作形式相比，是以默认外国的刑事判决为前提，所以与国家主权和管辖权的联系更为密切，只有尊重对方的国家主权和管辖权，这一司法合作才能顺利进行。首先，移管被判刑人必须按照双方签订的条约或互惠原则，在双方同意的基础上进行。其次，执行国执行或者转换刑罚应受到判刑国所作判决的法律性质和期限的约束，不得改变原判决的法律性质和所判刑期。再次，执行国应受判刑国所做判决书认定的事实结论的约束，执行国不得进行复审，即所谓“管辖权的保留”。

3. 双重犯罪原则

被判刑人所犯罪行，在执行国的司法管辖区内依照其法律也构成犯罪。该原则也是这种国际司法合作的基本原则。与引渡、刑事诉讼移管一样，被判刑人的移管也要坚持双重犯罪原则。但是，有的学者在论著中把“双重犯罪”归入移管的条件，许多国家的条约也把“双重犯罪”作为移管的条件之一进行规定。笔者认为，和移管的其他条件相比，“双重犯罪”的要求具有更加重要的宏观的意义，是“双重犯罪”原则这一国际司法合作基本原则在移管中的具体体现，因此笔者主张将其作为被判刑人移管的基本原则而不是作为移管的条件。

4. 一事不再理原则

对同一个人不得因为同一行为重复定罪判刑，也不得重复执行刑罚，这是各国刑法实行的普遍原则，其宗旨在于保持刑事判决的稳定和维护犯罪人的合法权益。目前这一原则已经被广泛运用于国际刑事司法合作领域特别是引渡、刑事诉讼移管、被判刑人移管等具有实质内容的合作事项之中。在被判刑人移管合作中，这一原则对于判刑国和执行国均具有拘束力，它要求执行国承认和尊重判刑国判决的法律效力，同时要求判刑国尊重和承认执行国执行刑罚的效力。对于执行国来说，其接受移管即意味着它已经承认判刑国的判决，因此，它不得因同一罪行对被判刑人重新进行审判，而只能继续执行判刑国所作出的刑罚，或者将该刑罚转换为本国的相应刑罚加以执行。对于判刑国来说，如果执行国对被判刑人执行了由判刑国判处的刑罚，判刑国就应当视为该刑罚已经执行完毕，而不得对其重新执行刑罚。

（二）移管条件

除了遵从和贯彻上述基本原则外，被判刑人移管合作还必须符合一定的条件。有关公约、条约都对被判刑人移管条件做了明确的规定。概括之，主要有：

1. 被判刑人同意移管

该条件是由移管被判刑人的目的所决定的。如果未经被判刑人同意甚至在其反对的情况下进行移管，无疑是对被判刑人权益的侵犯，也很可能达不到特殊预防的目的，这就与移管被判刑人的初衷背道而驰。因此，被判刑人同意是开展移管合作的首要条件。移管既可以由判刑国提出，也可以由执行国提出。当然被判刑人本身也可以请求移管，但是其请求只是判刑国和执行国向对方提出移管合作的根据之一，并不能启动移管程序。移管是国际刑事司法合作的形式之一，只有判刑国或者执行国才能启动这一程序。但无论是判刑国还是执行国启动移管程序，都必须取得被判刑人同意，而且是在确保其了解移管的所有法律后果前提下的同意。此外，如果被判刑人由于年龄、身体或者精神状况原因不能自由表达意愿，可以由其律师或者其他代理人代为表达。

2．被判刑人是执行国的国民

该条件也是由移管被判刑人的目的所决定。被判刑人在异国他乡服刑一般面临语言不通、生活习惯不同、宗教信仰有别、家庭纽带断裂的障碍和困难，因此，一般认为被判刑人的国籍国是其最佳服刑地。除此之外，被判刑人如果长期居住于某个国家，该国也是其熟悉的环境。所以，有的条约也接受那些长期居住在其国度的被判刑人。其他国家因为与被判刑人没有直接的关系而不会接受执行刑罚的请求。

3．判决已经发生法律效力，且不存在尚未完结的申诉程序

这是移管活动的性质所决定的。判决未生效，就意味着诉讼程序尚未完结，如果在这种情况下进行移管，就不是被判刑人移管，而是诉讼的移管了。在某些情况下，被判刑人在判决生效后提起申诉或者审判监督程序已经启动，则生效判决又陷入了一种不确定的状态，判决结果可能被推翻。在这种情况下，判刑国一般不可能作出移管被判刑人的决定，执行国也不会提出移管被判刑人的请求，则移管也不会发生。

4．剩余刑期不少于六个月或者一年

移管被判刑人毕竟是一项国际刑事司法合作活动，有一系列较为复杂的程序，如果被判刑人需要执行的刑期太短，移管的手续还没有办完刑期就已届满，或仅剩 10 天半个月，这种情况下移管被判刑人便没有什么实质意义了，也不符合经济原则。但是被判刑人究竟应该剩余多少刑期才有必要开展移管合作，国际上的做法不一，比较常见的是 6 个月或者 1 年。

（三）联系主体

在国际刑事司法协助中，各国签署的多边、双边条约均规定被判刑人移管合作由中央级机关负责联系。具体又可以分为以下几种情况：

1. 司法机关。但各国规定的中央司法机关又各不相同，有的规定中央级司法机关为司法部、有的为内政部，还有的是总检察院。

2. 外交途径。这种情况不规定联系的具体机关，而规定被判刑人移管通过外交途径予以解决。

3. 司法机关或者外交途径。即规定在一般情况下，通过各自指定的中央司法机关进行联系；必要的时候，通过外交途径解决。

（四）移管程序

根据《欧洲移交被判刑人公约》、《关于移交外国囚犯的模式协定》和各国签订的双边、多边条约，国与国之间移管被判刑人通常可以归纳为以下五个程序：

1. 征得被判刑人同意

无论被判刑人移管的请求是哪一方首先提出，都必须事先征得被判刑人同意。判刑国不仅应确保表示同意移管的被判刑人自愿且完全知晓移管的法律后果，还应从程序上保证执行国在移管被判刑人前通过必要的方式对被判刑人的意愿加以核实，以确保被判刑人的意愿是真实可靠的。

2. 提出移管被判刑人的请求

移管被判刑人的要求可以由判刑国或者执行国提出。被判刑人也可以提出移管请求，但是不能以个人名义直接向执行国提出移管请求，而必须通过判刑国首先提出移管意愿，如果判刑国同意，再由判刑国向执行国提出移管协助请求。

3. 审查移管请求并作出决定

审查一般根据双边或者多边条约的规定，审查的内容主要是有关移管的上述基本原则和条件。被请求国可以要求请求国就移管请求提供相应的文件和有关文字说明。这种审查一般只针对所提供的文件形式是否正确，而不对判刑国所做判决的实体内容进行审查。

4. 就有关移管具体事宜进行磋商安排

在判刑国和执行国就被判刑人移管问题达成一致意见后，接下来的步骤就是双方就移管被判刑人的时间、地点、途径等进行详细磋商。

5. 继续执行判决

执行国接受被判刑人之后，应按照其国内法律的规定，直接或者通过法院或者其他方式将被判刑人交付有关刑罚执行机构继续执行剩余刑期。在继续执行判决的过程中，有时还会遇到需要转换刑罚的问题，这也要遵循一些规则。在判决执行过程中，可以对被判刑人予以赦免、减刑或者假释等，也可以对原判决进行复查，这也必须遵循一定的规则。这些规则一般是通过条约磋商约定，并无定式。一般情况下，判刑国和执行国均可以对被判刑人予以赦免、减刑或者假释，但是只有判刑国才有权决定复查判决。

（五）移管费用

执行移管的费用由判刑国和执行国分别承担。通常分担的方式是：执行国承担移管费用及移管后执行刑罚的费用，但完全发生在判刑国境内的费用由判刑国。对于执行国承担的前述移管费用部分，各国的普遍做法是执行国事后再向被判刑人追还全部或者部分费用。这是因为移管被判刑人是以有利于被判刑人为出发点，所以由其承担全部或者部分费用以减轻国家为移管被判刑人而承受的负担也是合理的。当然，由被判刑人承担的费用主要是在移管过程中由其本人发生的如交通费、食宿费等费用。

（六）关于拒绝移管

作为国际刑事司法协助的一种形式，移管到底有没有被拒绝协助的情况，这在理论上是有争议的。笔者赞同这样的观点：国家间签订被判刑人移管条约只表明缔约国间移管被判刑人合作的意愿，并不为缔约国设定必须移管的义务。换句话说，即使符合条约规定的条件，缔约一方也没有义务必须向缔约另一方提出移管的请求或者接受另一方提出的移管请求。因为如前所述，被判刑人移管这种合作形式遵循的司法准则是人道主义，但从其历史成因看，“关押外国囚犯的国家深感外国囚犯监管的困难也是关键的推动因素”;① 从执行国角度，也体现了对其国民的保护，对促使被判刑人及其家庭各项利益的实现有重要意义，因此这是跨国犯罪中一种最理想的刑罚执行方式，可谓被判刑人、判刑国、执行国三方利益均沾。也就是说，这种合作

① 参见赵秉志主编：《新编国际刑法学》，中国人民大学出版社，2004 年版，第 432 页。

是建立在国家间相互信任的基础上，是最充分体现互助互利精神的司法合作形式，这也是被判刑人移管与引渡等其他形式的国际合作制度的重要区别。国家间一旦签订引渡条约或者其他司法协助条约，就必须承担履约义务，否则即构成违约，其后果至少要影响到国家的信誉。但是，被判刑人移管条约与其说是条约，不如说是国家间的合作意向书，《关于移交外国囚犯的模式协定》和《欧洲移管被判刑人公约》等国际文件都体现了这样的精神。实践中，即便国家间这类条约规定了拒绝移管的条件，在不符合该拒绝移管条件的，仍然可以拒绝移管，甚至不需要说明理由。判刑国和执行国就具体个案达成被判刑人移管协议（当然要以被判刑人同意为前提）才是真正的“合同”，“而且，在实践中，即使是在这个阶段签订的‘合同′，也有‘流局′的情况”①。

综上，被判刑人移管的司法协助活动虽然受到诸如不同国家之间的人权和主权观念不同、对对方司法制度缺乏了解信任、以及不同国家的监狱基础设施条件和狱管人员素质存在差异等不利因素的困扰，但是在制度层面上已经较为完备，在实务领域也已经初具规模，值得我们在开展这方面的国际、区际司法互助时借鉴。

第二节　我国的被判刑人移管

一、中国国际刑事司法协助中的被判刑人移管

2002年，我国首先与乌克兰签订了被判刑人移管条约。此后，我国又相继与俄罗斯、西班牙、葡萄牙、澳大利亚、韩国签订了被判刑人移管条约。从这些条约看，有的采取“判刑国”和“执行国”的称谓，有的使用“移交方”和“接受方”的术语。但是对于被移管对象，却统一使用了“被判刑人”的概念。移管针对的刑罚种类，除了与俄罗斯的双边条约仅限于“有期徒刑”外，其他条约都包括所有的“监禁刑”，与乌克兰的条约直接表述为“有期徒刑和无期徒刑”。1997年，我国首次向乌克兰移管两名因在哈尔

① 参见张明：《被判刑人移管研究》，载黄风，赵林娜主编：《国际刑事司法合作：研究与文献》，中国政法大学出版社，2009年出版，第164页。

滨犯有抢劫罪的乌克兰籍被判刑人。随后又分别向俄罗斯、喀麦隆、也门等国家移管了被判刑人。但目前尚未有从国外移管被判刑人的实例。①

（一）移管的基本原则

我国与前述国家缔结的被判刑人移管条约全部贯彻了有利于被判刑人原则、相互尊重国家主权和管辖权原则、双重犯罪原则和一事不再理原则。②值得一提的是，对于“一事不再理”原则，条约或采取“只有判刑国有权对案件进行重新审理”、“只有判刑国有权对判决进行复查”的表述，或约定为“管辖权的保留”——判刑国“保留对其法院所做定罪和量刑进行变更和撤销的管辖权”。即执行国不能因同一案件事实在接受被判刑人的移管后再进行审理或者重新作出判决。即便是在接受被判刑人过程中进行刑罚转换，也必须受到判刑国所作判决所认定的事实的约束。

（二）移管条件

仔细比较目前我国已经缔结的这些被判刑人移管条约会发现，其规定的移管条件在内容、甚至在表述上都非常一致：1. 被判刑人系执行国的国民。2. 被判刑人书面同意移管。如果被判刑人由于年龄、身体或者精神状况等原因有必要时，经被判刑人的代理人书面同意移管。3. 判刑国和执行国双方同意移管。4. 对被判刑人判处刑罚的判决已经生效。5. 被判刑人尚需服刑的期限不少于1年。但是，“在特殊情况下，即使被判刑人尚需服刑的时间少于1年，双方仍可移管”。

（三）联系主体

对于负责移管联系的中央机关，因我国负责执行刑罚的监狱主管部门为司法部门，所以司法部被指定为我方负责被判刑人移管事务的中央机关。缔约另一方则根据其国情而各有不同：乌克兰、西班牙和澳大利亚负责联系被判刑人移管合作的中央机关是司法部，俄罗斯和葡萄牙是总检察院，韩国则是法务部长。

---

① 参见黄风：《国际刑事司法合作的规则与实践》，北京大学出版社，2008年版，第259－265页。

② 我国与乌克兰、俄罗斯、西班牙、葡萄牙、澳大利亚和韩国签订的被判刑人移管条约均采取了世界上一些国家的做法，将“双重犯罪”原则规定在“移管的条件”部分。

(四) 移管程序

移管被判刑人的程序一般专条规定了“请求与答复”、“所需文件”、“通知被判刑人”、“移管的执行”、“刑罚的继续执行”等内容。理论上完全可以概括为前述的“征得被判刑人同意”、“提出移管被判刑人的请求”、“审查移管请求并作出决定”、“就有关移管具体事宜进行磋商安排”、“继续执行判决”等五个程序。

纵观这些条约关于程序规定的内容，基本上大同小异，都是一些框架性的大的程序要求，但是都对刑罚的继续执行规定得特别详细，一般都涵盖以下内容：如果判刑国所判处的刑罚的种类或者期限不符合执行国的法律，执行国在征得判刑国同意后，可以将刑罚转换为本国法律对同类犯罪规定的刑罚予以执行。但转换刑罚时要求：1. 执行国不得改变判刑国所作判决关于事实的认定。2. 不得将剥夺自由刑转换成财产刑。3. 转换后的刑罚在性质上应当尽可能与判刑国判处的刑罚相一致。4. 转换后的刑罚不得加重判刑国所判处的刑罚，也不得超过执行国法律对同类犯罪规定的最高刑。5. 不受执行国法律对同类犯罪规定的最低刑的约束。6. 应当扣除在判刑国已经被羁押的期限。对于减刑、假释等刑罚执行过程中的司法权，除了与俄罗斯的条约之外，都规定由执行国享有；对于赦免，则一致规定“任何一方均可以根据本国法律对已被移管的判刑人给予赦免”。

(五) 移管费用

我国与上述六国签订的移管条约全部沿袭“移管被判刑人之前所产生的费用，应当由费用产生地的一方负担。执行移管和移管被判刑人之后的继续执行刑罚所产生的费用由执行国负担”的做法。随后，执行国向被判刑人追还全部或者部分移管费用本来是符合国际惯例的普遍做法，但除了与韩国、与澳大利亚的条约外，我国与其他四国的移管条约没有执行国向移管的被判刑人追偿部分或者全部移管费用的约定。

(六) 拒绝移管的情况

关于拒绝移管，仅有较早前我国与乌克兰和俄罗斯的条约规定了“移管的拒绝”，后期与西班牙、葡萄牙、澳大利亚和韩国签订的被判刑人移管条约都没有类似的规定。我国与乌克兰和俄罗斯的条约，同时还包含了“除前款所述的情况外，一方仍可以自主决定拒绝另一方的移管请求。”——也符合国际上通行的做法。

二、中国区际刑事司法协助中的被判刑人移管

我国已经与世界上六个国家签订了被判刑人移管协议，也已经多次开展被判刑人移管的活动。但是在区际刑事司法协助中，被判刑人移管合作却开展得不是非常理想。

（一）现状

香港、澳门不仅与其他国家签订被判刑人移管协定和通过本地区刑事立法两种方式进行有关被判刑人移管的立法活动，而且也都有与其他国家相互移管被判刑人的成功实践。① 2005 年 5 月 20 日，香港特别行政区与澳门特别行政区在香港签订了《关于移交被判刑人的安排》（同年 12 月 26 日生效，下称《安排》）。该《安排》将国际公约、条约在被判刑人移管方面成熟的经验引入到区际刑事司法协助活动中，是中国范围内不同法域之间订立的第一个区际刑事司法协助协议，它为中国区际被判刑人移管合作提供了重要的示范。但遗憾的是内地与港澳之间尚未有被判刑人移管方面的协议。

（二）内地与港、澳未能订立被判刑人移管合作协议的原因

大陆、香港、澳门在判刑人移管方面均已积累了一定的经验，而且从具体规定看，港澳之间的被判刑人移管协定和本地刑事立法活动与前述内地和有关国家签订的被判刑人移管协议在基本结构和基本内容等方面均有大量相同之处，这些都有利于开展合作。但是内地与港、澳未能订立被判刑人移管合作协议有其深层原因：

前文已经述及，被判刑人移管的前提是承认和执行其他国家的刑事判决。所以，一个国家内不同法域之间要进行被判刑人移管合作，就要在本法

---

① 香港回归前，英国《1986 年遣返囚犯（海外属地）令》曾在香港实施。1997 年 6 月 6 日，香港政府公布实施《移交被判刑人士条例》；回归后至今，该《移交被判刑人士条例》继续在香港生效实施。同时，香港政府根据基本法的规定已经与澳大利亚、法国、意大利、菲律宾、葡萄牙、斯里兰卡、泰国、英国、美国、比利时等国签订了有关被判刑人移管的协定。

澳门回归前，1997 年 4 月 1 日生效的《澳门刑事诉讼法》第 5 卷“与本地区以外当局之关系”部分，分两编规定了承认与执行其他国家或者地区之刑事判决的有关问题。1999 年 12 月 7 日，澳门政府与葡萄牙政府在里斯本签订《关于转移被判刑人之协定》（同年 12 月 17 日生效）。经中华人民共和国政府与葡萄牙共和国互换照会商定，该协定于 1999 年 12 月 20 日后继续在澳门特别行政区实施。为配合上述立法活动，澳门政府立法会于 2002 年 2 月 26 日通过了《订定司法互助请求的通报程序法》。

域的刑事法律中确立承认和执行他法域刑事判决的制度。香港、澳门的立法已经规定或者体现了积极的承认和执行外国刑事判决的制度。香港在其《移交被判刑人士条例》中明确承认其他国家或者地区法院在行使司法管辖权过程中对犯罪人所判处的刑罚，并同意通过移交对该被判刑人继续执行刑罚。澳门《刑事诉讼法典》也较为全面地规定了承认和执行其他国家或地区刑事判决的制度。除此之外，香港和澳门还在与其他国家或者地区所签订的被判刑人移管协定中贯彻了积极的承认和执行外国刑事判决的原则。所以，港澳之间签订《关于移交被判刑人的安排》并不存在法律障碍。但是内地刑法却缺乏积极的承认和执行外国刑事判决的制度。根据《中华人民共和国刑法》第7条和第10条，内地对外国刑事判决奉行消极的承认制度，即对享有刑事司法管辖权的犯罪，虽经外国审判，中国仍有权对同一行为行使审判权，仅将受过外国的刑事处罚作为从轻、减轻和不予追究的情节予以考虑。① 虽然，中国内地在与乌克兰等六国签订的被判刑人移管条约规定了“只有判刑国有权对案件进行重新审理”、“只有判刑国有权对判决进行复查”等内容，这些规定显然体现了积极的承认和执行外国判决的原则，但是这些条约相当于特别法，并不改变刑法典的基本规定。而且，虽然中国与其他国家已经多次开展了被判刑人移管活动，但这些活动都是中国内地司法机关将在中国内地服刑的外籍犯移交给犯罪人国籍国，表明的是他国承认和执行中国内地的刑事判决，并未涉及我国对其他国家或者地区刑事判决的承认和执行。因此，可以确定，中国对外签订的被判刑人移管条约虽然确立积极的承认和执行外国刑事判决原则，也进行了移管被判刑人的实践，但是并不能为解决区际被判刑人移管提供直接的法律根据，内地与港澳开展区际被判刑人移管仍然存在制度上的障碍。

---

① 《刑法》第7条：“中华人民共和国公民在中华人民共和国领域外犯本法规定之罪的，适用本法，但是按本法规定的最高刑为三年以下有期徒刑的，可以不予追究。”第10条：“凡在中华人民共和国领域外犯罪的，依照本法应当负刑事责任的，虽然经过外国审判，仍然可以依照本法追究，但是在外国受过刑罚处罚的，可以免除或者减轻责任。”——也有论者认为该规定甚至谈不上是对外国刑事判决的消极承认，仅仅是在行使本国的刑事管辖权时考虑外国法院的刑事判决及执行情况。近年来学术界认为，中国内地刑法典的上述规定已经落后于有关国际公约以及大多数国家刑法立法关于承认和执行外国刑事判决的立法规定，不符合国家刑事司法管辖权让渡的趋势，也在一定程度上违背了一事不再理原则。

第三节　海峡两岸被判刑人移管制度之构建

由于两岸长期的隔绝，各自在政治、经济、法律、文化、生活习惯等方面均产生了较大的差别，双方司法机关在关押、监管对方被判刑人方面，面临诸多不便。对于被判刑人来说，有的很难适应对岸的生活环境，加之家人难得探视，也导致对被判刑人矫正效果不佳。随着两岸司法互助的发展，一些新的司法合作项目有必要积极开拓，被判刑人移管是两岸司法合作向纵深发展的必然要求。《南京条约》第 11 条“罪犯移管（接返）”规定：“双方同意基于人道、互惠原则，在请求方、受请求方及被判刑人（受刑事裁判确定人）均同意移交之情形下，移管（接返）被判刑人（受刑事裁判确定人）。”这是两岸第一次规定被判刑人移管合作；《南京协议》后不久，福建省率先开展了向台湾移管被判刑人的实践，这是两岸第一次移管被判刑人实践。尽管如此，但是这一司法互助形式在两岸的司法互助中尚未系统开展，所以并没有多少现成的经验可资借鉴。由于两岸政治上处于对立状态，法治状况又相差较大，这就使得两岸间被判刑人移管的合作在一些具体内容上类似于国际被判刑人移管的合作。

一、海峡两岸被判刑人移管的基本原则

被判刑人移管的基本原则是贯穿于整个移管活动、决定移管合作方向并体现移管合作本质的根本性准则。它们是刚性的，任何时候都不可变更。前文已述，国际被判刑人移管一般遵循四个基本原则。海峡两岸之间，在被判刑人移管方面到底应当遵循怎样的基本原则呢？笔者的观点是：只要不涉及主权，国际被判刑人移管的基本原则都可以借鉴；涉及主权的，可以协商和变通。

（一）有利于被判刑人原则

“有利于被判刑人原则”来源于设置被判刑人移管这种刑事司法协助的目的，而且不涉及主权内容，所以也应当是海峡两岸被判刑人移管的首要原则。

（二）相互尊重管辖权原则

被判刑人移管合作的前提是双方必须承认对方刑事判决的效力。从政治层面分析，目前两岸是两个政治实体，均有各自的法律和司法体制，并且都规定自己的司法效力及于对岸，对方的司法判决自然不被认可，所以政治层面显然不是解决问题的角度。但是两岸都赞同“一个中国”，也赞同政治问题与法律问题分别处理。实际上，海峡两岸虽然表面上并不承认彼此的法律和刑事管辖权，但其法治仅在各自控制的范围内产生效力却是事实，任何一方企图否认对方法治的存在都是不符合实际的。从1990年《金门协议》后两岸业已开展的司法互助实践看，双方是在基本承认对方法治的前提下进行商讨和合作的，所以撇开敏感的主权问题，相互尊重管辖权是可行的。

（三）双重犯罪原则

两岸法律制度的差异使得两岸的司法互助只能限定于双方均能接受的两岸刑法均认为是犯罪的范围，即双重犯罪原则。认为被判刑人的行为不构成犯罪的一方，如果接受被判刑人移管，就与其法治相悖。所以《南京协议》关于两岸合作共同打击犯罪的范围就限定于“双方均认为涉嫌犯罪的行为”。这一原则也是两岸开展被判刑人移管合作的法律基点。但是，值得注意的是，双方均认为是犯罪，只是要求双方有处罚该类行为的明文规定，并不要求罪名和归类的一致。

（四）一事不再理原则

一事不再理原则本来就是国内法的一项法治原则，国际刑事司法协助中的一事不再理原则是根据国际合作的需要从国内法中延伸过来的。从两岸各自的规定和目前的实践看，尤其需要强调这一原则。因为两岸均规定在处理涉外司法协助时，原则上不承认外国法院的判决的效力，体现了鲜明的主权精神。① 两岸在处理互涉刑事案件中，也均对一事不再理原则持否定态度，最典型的是涉及两岸劫机犯的处理中，均导致双重审判的结果。（见本书第

---

① 参见前注《刑法》第7条、第10条，此处略。台湾地区现行“中华民国刑法”第9条规定：“同一行为，虽然经外国确定裁判，但仍得依本法处断。但在外国已经受到刑之全部或一部之执行者，免其刑之全部或一部之执行。”1992年台湾地区制定的“台湾地区与大陆地区人民关系条例”第75条也规定：“在大陆地区或在大陆船舰、航空器内犯罪，虽在大陆地区曾受处罚，仍得依法处断。但得免其刑之全部或一部之执行。”

二章)① 但是，由于被判刑人移管实质上是一种司法礼让和互信，这是司法合作的基础，在大陆和台湾开展的司法合作实践中，实际上已经体现了对彼此判决一定程度的承认与执行，否则司法合作无从谈起。事实上，1995 年两岸红十字会草签的《两岸劫机犯遣返及相关事宜协议（草案)》第 3 条中已经明确规定了“一事不再理”的“遣返原则”。所以两岸间的移管合作虽然和内地与港澳之间的移管合作有类似的法律制度上的障碍，但无论从理论上还是实践方面看，确立一事不再理原则的可能性完全存在。

二、海峡两岸被判刑人移管的具体问题

正如前面提到的，笔者的观点是：经过多年发展，国际刑事司法协助中的被判刑人移管制度已经比较成熟和完备。海峡两岸之间的被判刑人移管合作虽然属于区际刑事司法互助的范畴，但是除了基本原则中涉及主权问题的内容外，国际被判刑人移管制度中移管条件、联系主体（移管渠道)、移管程序、费用等方面的问题完全可以借鉴、或者变通适用于区际刑事司法互助中。笔者以为，根据区际司法互助的特点，两岸的被判刑人移管制度只需要对以下一些问题进行特别调整：

（一）有关称谓

在《南京条约》第 11 条中，被判刑人移管的有关称谓同时标注了大陆和台湾的不同称谓。在台湾，移管被称为“接返”，被判刑人被称为“受刑事裁判确定人”。今后在进一步的合作中，比如签订有关被判刑人移管的安排或者协议时，可以考虑统一为“被判刑人移管”，不仅表达准确，也与港澳之间的《安排》相呼应。至于“判刑国”和“执行国”则可以简单地变更为“判刑方”和“执行方”。

（二）被判刑人移管的渠道

首先，海峡两岸的被判刑人移管属于区际刑事司法协助，所以不需要通过外交途径解决。其次，前文介绍，在我国开展的国际刑事司法互助中，被

① 虽然，大陆目前仍无对两岸司法合作中是否坚持一事不再理原则的明确规定，但是除了对劫机犯罪的处理，在其他互涉案件中也是否定这一原则的。例如 1991 年 6 月 13 日发生的巴拿马籍货轮“鹰王号”走私香烟案，大陆方面曾经表示：对台湾对此案的处理，大陆保留追诉的权利。参见赵秉志：《海峡两岸间刑事案件移交和已决犯移管问题研究》，载赵秉志主编：《中国区际刑法问题专论》，中国人民公安大学出版社，2005 年出版，第 324 页。

判刑人移管由司法部为联系主体。但是，区际刑事司法协助不同，在确定协助的基本原则的情况下，应尽量简化程序。所以，也不需要通过中央级机关联系。目前，两岸已经实行“三通”，除非一些特殊敏感案件，一般案件则应当通过由负责关押的司法部门与台湾有关刑罚执行机构之间建立的联系管道进行直接磋商、安排。

（三）被判刑罚的种类

首先，被判刑人被判刑罚的种类应限于自由刑——主要是有期徒刑和无期徒刑。拘役由于刑期太短，移管意义不大；管制是大陆刑法特有的刑种；死刑则是剥夺生命的一种刑罚，本身就不是被判刑人移管适用的对象。其次，判处有期徒刑的剩余刑期应以 1 年为宜。一方面，根据两岸跨境犯罪被判刑人的特点，两岸人民虽然因为长期隔绝在生活习惯、文化传统方面有许多差异，但是毕竟不如外国的被判刑人差异如此之大，剩余刑期太短则欠缺移管的必要性。再次，被判处有期徒刑缓期执行的也适用被判刑人移管。大陆刑法规定的缓刑考验期为原判刑期以上 5 年以下，且不少于 1 年。台湾地区“刑法”规定的缓刑考验期为 2 年以上 5 年以下。两岸关于有期徒刑缓刑的规定有许多相通之处，容易对接，而且对于被判处缓刑的被判刑人，将其移管对其回归社会更加有益，符合被判刑人移管的目的。

（四）刑罚的执行和转换

刑罚的执行要根据执行方的法律规定。由于两岸规定的差异，有时需要将判刑方所判刑罚予以转换。两岸将对岸所判刑罚进行转换时有几个要求：不得将剥夺自由刑转换成财产刑；刑罚转换时，不论性质或刑期，均不得加重判刑方所判刑罚，也不得超过执行方法律对类似罪名规定的最高刑期；执行方在转换刑罚时应受判刑方所做判决中对事实调查结果的约束。

（五）对被判刑人移管后的重新审判

移管后，执行方从判刑方接过了对被判刑人的监管权，但是，判刑方并不因交出监管权而丧失了所有权利。如果被判刑人对原来的判决提起申诉，只能由判刑方重新审理，执行方无权重新审判被判刑人原来的判决。这是被判刑人移管制度中相互尊重管辖权原则的要求和体现。但是，对于被判刑人的减刑、假释、赦免等，判刑方和执行方一般均有权作出。

（五）被判刑人移管的费用

根据国际被判刑人移管实践，执行国可以向被判刑人追还全部或者部分费用，有些国家的法律和移管条约专门对此做了规定。我国与澳大利亚缔结的移管条约在第 4 条规定，被判刑人或其合法代理人表示同意移管，包括对返还移管费用承担的同意，应采用书面形式。我国目前尚未制定关于被判刑人移管的国内法，也没有从外国或者港澳和台湾移管被判刑人的实例，但是由被判刑人承担全部或者部分移管费用，或事后向被判刑人追还全部或部分费用，以适当减轻国家为移管被判刑人而承担的负担，也应当是我国采取的做法。同样，由被判刑人承担的费用主要是移管过程中由其本人发生的费用，包括交通、食宿等费用。《南京协议》第 20 条对一般的“协助费用”做了规定，但是该规定没有详细到移管中被判刑人本人所发生的费用承担问题。

概括之，展望之，相比大陆与港澳，海峡两岸之间被判刑人移管合作的前景是：港澳已经回归，两岸尚未统一，包括被判刑人移管合作在内的司法互助夹杂更多政治因素；由于两岸都缺乏积极承认外法域刑事判决的原则，被判刑人移管合作的发展有赖于两岸各自的发展和修改。所以，似乎存在山重水复之虑，但是相比大陆与港澳，两岸已有《南京协议》的开拓性约定，相信只要搁置政治、增进互信，未来的两岸被判刑人移管合作会有新的长足的发展。

第九章　海峡两岸司法互助之警务合作

从国际刑事司法协助制度的发展历程看，国际警务合作不仅是国际刑事司法协助的重要内容，而且国际刑事司法协助更是从国际警务合作的引渡逃犯和调查取证等领域发展起来的。随着国际、区际刑事司法协助的不断发展，警务合作在刑事司法协助中更占据举足轻重的地位，是司法协助的名副其实的 重头戏。两岸警务合作显然不属于国际警务合作范畴，而是统一主权之下法律制度不同的地区间的警务合作，即区际警务合作。海峡两岸的刑事司法互助起步不久，尚处于区际刑事司法协助的早期阶段、也是最重要的阶段——警务合作阶段。

第一节　海峡两岸警务合作的现状

一、海峡两岸警务合作历程

海峡两岸司法互助经历了民间交往阶段、间接交往阶段和半官方交往阶段。在民间交往阶段，两岸不存在刑事司法互助，也不存在警务合作。两岸刑事司法互助和警务合作实际上始于第二个阶段的 1989 年。从 1989 年至今，根据两岸警务合作的范围，我们可以将两岸警务合作具体划分为两个阶段：

（一）单项警务合作阶段（1989—2009 年）

1987 年，两岸民间往来开启后，人、财、物交流迅速扩大。除了越界捕鱼、偷渡等老问题外，更滋生了跨越海峡的违法、犯罪等社会治安问题，由此也导致两岸警务合作的开启。1989 年 4 月，大陆公安机关通过国际刑警组织（ICPO）新加坡国家中心局，向台湾警方成功移交逃匿内地的台籍杀人犯杨明宗，正式开启海峡两岸警务合作序幕。同年，盗窃银行汇票的内地逃犯吴大鹏被台湾警方查获后，台湾通过国际刑警组织将其遣返大陆。

1990 年 7、8 月间，“闽平渔 5540 号”与“闽平渔 5502 号”伤亡事件直接促使两岸红十字组织进行工作商谈。次月，双方就遣返违规进入对方地区的人员及刑事嫌疑犯或刑事犯签署了《有关海上遣返协议》，即《金门协议》。此后，直到《南京协议》之间长达19的时间，双方根据《金门协议》共实施了200余次遣返作业。港澳回归后，双方又尝试经由港澳警方中介开展司法互助。如2000年来，台湾警方在大陆公安机关与澳门同行协助下，先后将要犯杨光南、詹龙栏、陈长龄等以空运方式押解回台，开辟了两岸遣返的“澳门模式”。

这一时期，两岸的合作有几个特点：1. 有直接合作，也有间接合作。间接合作如通过国际刑警组织和“澳门模式”。而根据《金门协议》，从“两马两门”进行遣返则是双方的直接合作。2. 有“协议模式”，也有“个案协助模式”。“协议模式”指根据《金门协议》进行的合作。“个案协助模式”是指一些特殊的、不宜根据《金门协议》进行合作的个案——比如犯罪不仅跨越海峡两岸，更在第三地犯罪或者伪造第三地的身份证件等。3. 名为民间机构合作，实为两岸警务合作。《金门协议》的合作先是双方红十字组织，后为大陆 海协与台湾 海基会。1991年底，公安部紧跟《金门协议》之后，针对遣返的人员范围、工作程序及各警种分工等，专门印发了《关于实施大陆与台湾双向遣返工作的通知》。警务工作离不开两岸警方的通力合作，真正主角显然是居于幕后的两岸警方。无论是遣返作业，还是个案协助，都是两岸警方沟通配合的结果。所以，相当长一段时期里，两岸的警务合作可谓民间“搭台”，官方“唱戏”。

但是，总之，无论是通过国际刑警组织和澳门的间接合作，还是根据《金门协议》的直接合作；无论是“协议模式”还是“个案协助模式”；也不管两岸警务合作是以什么样的名义，这一时期的两岸警务合作基本上仅涉及“遣返”这个单一的项目，两岸警务合作的落脚点都是“遣返”，基本上不涉及其他领域。

（二）多项警务合作阶段（2009年以后）

2001年，大陆与台湾先后加入了世界贸易组织（WTO）。2003年，内地与港澳分别签署了《建立更紧密经贸关系的安排》（CEPA），两岸及港澳地区迎来更具规模的人、财、物大流动。在经济进一步融合和逐步迈向一体化的过程中，犯罪也同生共长。不法分子利用两岸司法制度未能对接的现实，大肆实施跨海峡犯罪。特别是经济犯罪、毒品犯罪、有组织犯罪和暴力犯罪较为突出。其或针对对岸被害人、或隔岸遥控指挥、或犯罪后逃亡对岸，俨然把台湾海峡作为实施犯罪和逃避惩罚的防火墙。2009 年 4 月 26 日，海协与海基会签署《海峡两岸共同打击犯罪及司法互助协议》，即《南京协议》。《南京协议》共涉及犯罪情资交换、协助侦查、人员遣返、文书送达、罪赃移交、罪犯移管（接返）、人道探视等 7 个方面的刑事司法互助。其中，协助侦查、人员遣返、文书送达、罪赃移交、犯罪情资交换 5 项都主要属于警务合作内容。罪犯移管（接返）和人道探视是发生在刑罚执行阶段的司法互助内容，虽然也很重要，但应不是司法互助的核心内容。

同样，《南京协议》也是名为民间机构合作，实为两岸警务合作。但是，较之《金门协议》，《南京协议》在人员遣返基础上，增加了其他六项警务合作。虽然从刑事司法互助的内容来看，《南京协议》还没有涉及刑事判决的承认与执行、刑事管辖权的划分等重要领域，而且内容粗疏，只是框架性的协议，但是从警务合作内容来看，基本上涉及了区际司法协助方方面面的内容，已经非常全面。此外，特别值得一提的是，虽然《南京协议》签署于 2009 年，所以两岸区际警务合作从单项拓展到多项合作阶段理论上应该始于 2009 年，但是实践中除了罪赃移交的警务合作迄今尚未开展外，包括犯罪情资交换、协助侦查、文书送达等在内的警务合作在大陆福建、广东等省与台湾之间已经开展多年。所以，从实践角度讲，多项的两岸警务合作阶段实际上远早于 2009 年。

二、海峡两岸警务合作的主要内容

顾名思义，区际警务合作是一国内部不同法域的警察机关 就有关共同预防、打击犯罪的相关事宜相互提供支持、便利和 帮助。固然，警务合作是刑事司法协助的重要内容，但是警务合作内容并不仅限于刑事司法互助。根据两岸警务合作的实践，目前，两岸警务部门的合作可以概括成以下一些方面：

（一）遣返移交

双向遣返是两岸警方率先开展合作的领域。名义上冠以双方红十字会，海协与海基会等民间机构，实则由官方的警务人员通过“两马”、“两门”航线实施。据概略统计，从《金门协议》到《南京协议》前的近 20 年间，双方遣返 212 次，总计 38936 人次。其中，大陆向台湾遣返非法入境人员、刑事犯和刑事嫌疑犯366人，接回私渡人员38570人。[①] 随着海峡局势和缓，刑事犯和刑事嫌疑犯的遣返还衍生出“三通”途径。2008年“三通”后，还实现了29个大陆直航城市与8个台湾直航城市之间的“即捕即解、就近空运”。《南京协议》后，刑事双向遣返已移交双方警务部门直接操作。

（二）协助侦查

2001年7月，广东佛山发生一起杀害台商的案件，凶手作案后潜逃回台湾。广东警方迅即破案，取得了大量犯罪证据，并将有关证据移交给台湾警方。台湾法院依据大陆警方提供的证据，对犯罪嫌疑人作出了有罪判决。[②] 2006年11月，福建漳州警方破获一起电信诈骗案，抓获15名台湾籍犯罪嫌疑人，因被害人也全部为台湾人，福建警方 最终将犯罪嫌疑人和搜集的物证、书证材料全部移交给台湾。[③] 2010年以来，两岸警方联手打击跨境电信诈骗的“10·1”、“8·10”特大跨境电信诈骗案、“11·30”、“3·10”特大跨国、跨境电信诈骗案更成为两岸区际警务合作的成功典范。总之，两岸协助侦查的个案不一而足，而且随着合作的进一步开展，无论是 一般性的协查、还是“合作协查、侦办”，双方正在积极探索协助侦查的模式的发展和突破 。

（三）犯罪情资交换

现阶段，就闽台之间关于犯罪情资交换的互助来看，本着安全、及时、准确的情报交流原则，相关享有侦查权的警种都与台湾方面建立了良好的沟通渠道：刑警部门与台湾方面主要侧重于电信犯罪和通缉犯查缉方面的情报合作，边防部门主要是毒品、偷渡、通缉犯的查缉和边防辖区的电信诈骗方面的情报互通。特别是毒品犯罪的情报，在侦办毒品案件方面两岸的协作至关重要。如2006年初，台湾警方正是根据大陆公安机关提供的线索，采取协同行动，查扣海洛因百余斤，捕获犯罪嫌疑人多名，成功侦破以钟万亿为

---

① 国务院台湾事务办公室举行例行新闻发布会［EB/OL］.（2009-02-011）［2010-08-23］. http://www. china. com. cn.

② 该案例来源于朱恩涛《加强警学研究，促进警务合作》一文，载中国警察协会主编：《海峡两岸暨香港澳门警学研讨会论文集》（上海），2006。

③ 该案例来源于公安部《两岸合作打击跨境犯罪研究》【编号2008LLYJJCXH103】课题组《福建边防总队调研记录》2010年8月23日。

首的特大跨境贩毒案。福建边防总队与台湾“法务部调查局”近年通过FT913在交换毒品犯罪情资、共同打击毒品犯罪方面成果颇丰。

（四）文书送达

两岸之间最早的文书送达是有关继承、婚姻方面的民事法律文书的送达。根据《南京协议》第12条，刑事法律文书送达主要包括对方人员被限制人身自由、非病死或可疑为非病死等重要讯息的法律文书。实践中，两岸相互协助送达的法律文书多是对方居民被拘留、被逮捕、被判刑或者非正常死亡通知的送达。①

（五）人员互访

1996年，台湾刑事侦防协会应邀组团访问大陆，为海峡两岸警方的沟通交流、共同防治跨境犯罪，发挥了积极作用。之后，台湾刑事侦防协会、警察大学、警察专科学校、警政消防研究发展协会的专家、学者多次组团访问大陆，大陆警学专家和学者也曾组团访问台湾。2001年，经中国警察协会和台湾刑事侦防协会斡旋，台湾“刑事警察局局长”郑清松才率团访问大陆，就打击跨海峡犯罪与大陆公安机关达成多项共识，两岸遣返也因此突破了“金马海运”与“船头交接”的模式，增列了必要时可经港澳等地中转空运方式。据有关方面统计，目前，大陆已有27个省市区与台湾警方开展了跨境警务交流。仅2009年，大陆警方赴台团组就达22个，台湾警方也有20个团组来访。

（六）警学研讨

1992年，中国警察学会成立后，海峡两岸及香港、澳门的警政学者，在警学研究上开展了卓有成效的合作，促进了警务部门的交流。1993年，中国警察学会召开了“93北京国际警学研讨会”，来自30多个国家和地区的警政专家、学者与会，香港、澳门、台湾的警政学者也出席了会议，与大陆的专家学者共同探讨警务理论问题。2000、2003年，中国警察学会分别组团出席了由台湾警察大学主办的“海峡两岸警政与防治犯罪问题研讨会”，双方学者共同切磋警务实践中存在的问题，探讨警务理论发展的方向。2005年，

① 此外，还有起诉书、刑事裁定书或者判决书的送达，但其属于检察院、法院送达的内容，不属于警务合作。

在北京召开的亚洲警察研究协会第六届年会上，两岸警政学者对警务部门在构建和谐社会中的作用进行了深入的探讨。

三、闽台警务合作实践的新内容

福建与台湾一向具有地缘优势。作为与台湾距离最近的省份，福建也是涉台犯罪的高发地。福建警方通过参与处置各类涉台案事件，与台湾“刑事警察局”、“海巡署”、“调查局”、“移民署”等开展多项警务合作，积累了丰富的对台工作经验，摸索出一套与台湾方面有效沟通的做法。但是由于两岸特殊的政治环境，福建警方做得多、说得少，或者“只做不说”。2009 年 5 月 14 日，国务院公布了《支持福建加快建设海峡西岸经济区若干意见》，确立了以福建省为主体的“海峡西岸经济区”建设的战略部署，福建成为“先行先试”区域，也成为两岸开展共同打击刑事犯罪和司法互助的重要协商地和先行先试地。

（一）业务联络机制

2009 年初，两岸警方正式启动了“FT913”机制，迈出了跨海峡警务合作与共同打击犯罪的关键一步。“FT913”是目前两岸警方明确获得授权、直接进行联系的公共平台，专门负责双方警务合作的业务接洽、日常管理、协调指导等事项。原则上，“FT913”应本着归口管理的初衷，逐步收回相关事权，统一规范互动合作，并尽量简化报批程序，切实提高协作成效。也就是说，现在两岸互涉警务与刑案请协可直接诉诸“FT913”，无需再通过两会等代为联系、转达，或经原有渠道进行沟通、处置。“FT913”受理请协申请后，其常设两岸警务联络员将在第一时间知会对方有关事项，并及时反馈相关信息，协助、指导办案单位妥善处理互涉事务。

（二）应急处突机制

《南京协议》第 13 条规定“双方同意以书面形式提出协助请求。但紧急情况下，经受请求方同意，得以其他形式提出，并于十日内以书面确认”。“FT913”作为双方警务沟通联络的一般平台，尚不足以应对紧急情况或者突发性案（事）件。应急处突机制是指在面对突发性案（事）件，作为临时性过渡安排，处警单位在向“FT913”报备警情的同时，可以采取先期措施，包括透过原有的沟联管道以应付紧急情况；而“FT913”接警后应迅速联系对岸，积极参与、主动配合现场处置。2010 年 5 月，福建边防总队获得授权，在“FT913”架构下，正式建立与台湾“海巡署”的直接联系，以协同应对海上突发案（事）件、打击海上刑事犯罪。

（三）对口协作机制

自2008年，公安部不仅开通了福建、广东、上海、江苏、山东共5个对台工作“窗口”，各业务警种涉台对口联系也逐步建立。福建刑警总队首先获得授权，建立“猎狐办”，与台湾“刑事警察局”携手打击越发猖獗的电信犯罪；福建边防总队可与台湾“海巡署”、“移民署”直接合作；2010年5月，福建出入境管理部门、厦门市公安局也获得授权，分别与台湾“移民署”、金门县“刑事警察局”建立直接联系。其他未获指定授权的警种、部门也可通过“FT913”，选择突出的犯罪类型或合作事项，探索双方警务人员直接接洽与联合执法。如福建交警总队近期开展的台地车辆牌照、驾驶证件“入闽有效”的尝试。台湾方面则授权“刑事警察局”、“海巡署”、“调查局”、“移民署”等与大陆警方建立联系、开展互动，其“刑事警察局”下属9个总队均可参与闽台警务合作。①

第二节　海峡两岸警务合作的发展

面对当前跨海峡刑事犯罪的形势，海峡两岸警务合作的愿望都很迫切。事实上两岸警务部门的合作也较为密切，但是囿于两岸的政治格局，短期内期望两岸警务合作迈开大步确实并不现实。所以只能局部地、渐进地开展，特别是从现实的操作性的角度展开，可能更有利于问题的解决。所以，以下有关两岸警务合作面临的主要问题即从微观的层面展开。

一、当前海峡两岸警务合作面临的主要问题

（一）合作主体尚待进一步对接

根据大陆司法体制，公安机关享有一般刑事案件的侦查权。检察机关虽然主要作为法律监督机关，但是也享有职务犯罪的案件侦查权。此外，国家安全机关、军队保卫机关、海关走私犯罪调查机关、监狱等也分别享有特定

① 参见吴仲柱：《两岸警务协作实践与深化路径》，载《中国人民公安大学学报》，2009年第3期。

刑事案件的侦查权。从检警关系看，法律规定是“分工负责、互相制约”——公安机关主要负责侦查、检察机关主司法律监督。公安机关在职能管辖上，负责对大部分刑事案件的侦查，是大陆司法体制中最主要的侦查机关，而且在侦查权的行使过程中，除了逮捕由检察机关批准以外，公安机关有权决定并采取其他所有的侦查措施，包括对财产和对人身的强制措施。换言之，大陆公安机关享有独立的侦查权——虽然必须接受检察机关的监督。但是，台湾的情况则大为不同。根据台湾地区法律，有权对刑事案件行使侦查权的机关包括检察官、司法警察官、司法警察。但是检察官是侦查犯罪的主体，司法警察官和司法警察则协助检察官侦查犯罪，是侦查的辅助机关。在强制措施方面，司法警察官和司法警察要采取拘提或者逮捕措施，均需要申请检察官签发拘票，需要运用其他如搜索、扣押等针对财产的强制手段则需经检察官准许。其检警之间是指挥与被指挥、领导与被领导关系。所以，就侦查权的大小而言，大陆公安机关对应的是台湾的检察官。此外，设立于台湾“内政部”的警政署和“法务部调查局”在负责刑事案件调查方面的职权职责也各有不同。总之，两岸因为分属不同法域，司法体制也完全不同，导致在两岸警务合作方面，到底哪个机关是合作主体；在对口协作方面，到底大陆的哪个机关与台湾的哪个机关对口等等这些问题目前还没有完全理顺。实践中，诸如需要台湾警方协助的事项，或者往往需要辗转曲折才能找到合作对象，或者发现台湾警方并没有对应的职权。

（二）两岸迫切需要了解、熟悉对方法律文化制度及其差异

众所周知，两岸虽同属一个中国，但双方各属于不同法域。无论是法律传统还是法律渊源，无论法律制度还是法律文化，也无论刑事实体法、还是刑事程序法都大相径庭。所以，《南京协议》在确立共同打击犯罪的“双重犯罪”原则时，紧接着规定：“一方认为涉嫌犯罪，另一方认为未涉嫌犯罪但有重大社会危害，得经双方同意个案协助。”此外，为兼顾双方法律的差异，全文共有8处以括号的形式标注另一方的立法表达：如第1条“合作事项”第（四）项“认可及执行民事裁判与仲裁裁决（仲裁判断）”；第（五）项“移管（接返）被判刑人（受刑事裁判确定人）”。此处括号前是大陆的法律用语，括号后则是台湾的表述习惯。尽管《南京协议》已经充分考虑了两岸法律文化制度的不同，但是作为一个框架性的安排，并不能对司法

互助的实践提供实质性的帮助。两岸法律文化制度的迥然不同使双方办案部门在个案协办中无不面临着法律“对接”的具体困难。如协议“着重打击的犯罪”中，枪械、人口贩运、组织偷渡、跨境有组织犯罪等罪名并不是大陆刑法的规范罪名，两岸在认定罪与非罪方面必定存有不同认识，像“背信”这种行为应该对应大陆刑法哪个罪名等，都需要专门研究。

“各个法域的诉讼结构和诉讼文化具有极强的历史延续性和稳定性，即使涉及诉讼法律的修改也是整体社会认知的变迁而绝非司法协助之原因所能撼动。这个问题不独存于两岸的司法协助中，而存于所有不同法域的司法协助中，不论是国际司法协助抑或区域司法协助。即便是回归祖国 10 多年的香港，虽与大陆存在众多有关司法协助的法律文件（包括与中央的和与地方的），这个问题仍成为两地司法协助的主要障碍。”① 面对两岸法律制度和法律文化差异的客观现实，修改对方法律显然并不现实，期待两岸法律的融合也不是指日可待。加强两岸警方的交流和沟通，特别是了解、熟悉、研究双方法律文化制度及其差异是当务之急，也才是解决之道。

（三）协助侦查所获得证据的有效性亟待规范

从海峡两岸司法互助的对象看，可以简单划分为对人、对物和对证据的协助。对人的协助如人员遣返，对证据的协助如协助侦查，对物的协助主要指罪赃移交。关于人员遣返，如果案件本身不涉及刑事管辖权争议，实践中两岸的合作目前已经比较畅通，而罪赃移交方面的司法互助，两岸警务合作尚未触及这块领地。目前实践中提上议事日程和相对突出的问题就是协助侦查。不同的诉讼制度对证据的要求各有不同，从内地与港澳司法协助和闽台司法互助的实践看，对于通过司法互助取得的证据往往无法为另一方证据法所接受，也就是说证据的有效性问题是最大的问题。

《南京协议》第 18 条“双方同意依本协议请求及协助提供之证据资料、司法文书及其他资料，不要求任何形式之证明”的规定虽然可以简化司法互助的程序、提高共同打击犯罪的效率，但却不能解决对方提供的文书、证据的效力问题。而且，虽然《南京协议》第 8 条还载明“受请求方在不违反己

① 参见陈茂华：《〈海峡两岸共同打击犯罪及司法互助协议〉的法律解读》，载《福建警察学院学报》，2009 年第 6 期。

方规定前提下，应尽量依请求方要求之形式提供协助。”但两岸警方的法律地位并不一致，双方对彼岸法律文化制度及其差异亦未有充分了解和系统研究，所以警务合作中往往花费不菲的人力物力财力协助对方取证，但是结果却事倍功半—— 通过司法互助取得的证据并不能为另一方证据法所接受。如目前最突出的证人证言的效力：台湾 2002 年新修改的“刑事诉讼法”第 159 条规定，“证人于审判外之陈述，除法律有规定者外，不得作为证据。”此处的“除法律有规定者外”并不包括司法协助中的委托取证。也就是说，台湾的刑事诉讼较严格贯彻了英美法系的“当事人主义”，强调证据的“言词和直接原则”，而大陆的刑事诉讼制度则不强调“言词和直接原则”，实践中证人证言一般以书面形式出现。这样，大陆警方获取的证人证言和被害人陈述这类笔录形式的证据，在随案移送给台湾警方后，辩方律师均提出质疑，法官最后也判定该证据无效。两岸司法协助中涉及的证据问题盖因各自证据法的约束而皆有类似之虞。

二、海峡两岸警务合作的发展

海峡两岸的警务合作尚处于起步阶段，欲往前推进，需要按照循序渐进、先易后难的思路，着重开展以下工作：

（一）加强海峡两岸法律制度文化的交流和研究

无论是合作主体的对接，还是协助侦查所获证据有效性的规范，前提都是建立在对彼此法律文化制度的深刻了解基础上。海峡两岸同文同种，沟通交流没有任何语言和文字障碍，这是两岸警务合作的最大便利和优势。首先可借助 2006 年后形成的两岸及港、澳年度警学研讨会，或通过警察院校的学术联谊，组织专家、学者与实践部门一起，共同就两岸区际警务合作的相关理论和实践问题进行系统研究。理论研究来源于实践，最后是为了服务于实践。《南京协议》第 2 条“双方同意业务主管部门人员进行定期工作会晤、人员互访与业务培训合作，交流双方制度规范、裁判文书及其他相关资讯”，所以，“业务主管部门人员”——警方的参与、甚至主导至关重要。如香港警方与公安部已经形成“六上六下”的培训交流格局，即每年公安部和香港警方分别派出六个团组到对方研修、学习。但是除了短期互访外，两岸警方尚缺失常规的、持续的交流和研修。未来两岸警务合作中，应不仅着眼于定期、不定期地互相派员参访，而应着重考虑建立两岸包括警方、学术机构、警察院校在内的互动联系，推进双向交流、研修、学习，特别是加强与警务合作有关的相关法律制度的研究，推动两岸防治和共同打击犯罪向更高层次发展。

（二）务实合作、共同探索海峡两岸区际警务合作模式

与海峡两岸区际司法协助一样，两岸的区际警务合作既不同于国际警务合作，也不同于一般的区际警务合作。台湾是中国的一部分，但还不是特别行政区，两岸的政治格局还不是真正意义上的"一国两制"，所以，与内地与港澳之间的区际警务合作也不甚相同。所以，海峡两岸区际警务合作应有别于一般的区际刑事司法协助，也有别于内地与港澳的刑事司法协助，是世界上全新的区际警务合作，这需要两岸务实合作，共同探索。根据先期开展的粤港、粤澳警务合作经验，结合两岸警务合作的实际，当前可着手拓展三项合作：一是定期警务会晤机制，二是对口协作机制，三是两岸警方联合行动。目前，两岸之间除了人员互访、个案协助外，还没有建立定期警务会晤机制。可以选择福建，与台湾警方每年定期举行一定级别的警务工作会晤和刑侦主管工作会晤，就两岸现阶段的社会治安问题进行磋商，寻求解决的方法和合作的途径。"对口协作机制"，如两地警方在重案、经侦、缉毒、反黑、反洗钱等职能部门之间建立对口联系渠道，加强情报交流、调查取证和个案合作。目前福建省与台湾有关方面对口协作机制尚在初建阶段，而且范围还比较局限。"两岸警方联合行动"，如针对突出的治安问题或影响较大的重案、要案，开展专项治理，组织战役性行动，以便达成阶段性治安目标。2000年以后，粤港澳三方联手开展一系列包括打击跨境涉黑犯罪的"猎狐行动"、"曙光行动"、"旭日行动"、"骄阳行动"，涉毒犯罪的"春雷行动"、跨境组织卖淫犯罪的"蓝鸟行动"、"火百合行动"等，成效明显"。①前述"10·1"、"8·10"、"11·30"、"3·10"专案不仅是两岸警方联合行动的成功案例，而且也是两岸警方联合行动迈出的坚实的一大步。

（三）发挥区位优势、建立闽台警务合作先行先试区

中央司法高层已经授权广东省作为内地司法机关同港澳进行个案协查的

① 参见朱穗生：《加强警务合作，打击跨境犯罪——粤港澳台四地警务合作的实践与思考》，载中国警察协会主编：《海峡两岸暨香港澳门警学研讨会论文集》（上海），2006。

窗口，如最高人民检察院授权广东高级人民检察院可以直接与香港廉政公署、澳门检察院进行个案协查合作，此亦可借鉴为在福建省设立对台刑事司法互助和警务合作的总窗口。福建作为“先行先试”地区，经中央授权，已经开展了大量的与台湾警方的交流与个案协作，探索了一些两岸警务合作的经验和做法。对其中创新的好的经验和做法需要加强研究，进行理论上的总结、分析和论证，进而上升为两岸警务合作的制度化、协议化的规范。此外，借助海峡西岸经济区建设与福建对台“先行先试”政策，前述定期警务会晤机制、对口协作机制和两岸警方联合行动都可以依托福建进一步开展，并由此拓宽两岸警务合作的空间和范围。

第三节　海峡两岸警务合作之打击跨境电信诈骗

为探求两岸合作打击跨境犯罪的策略和方向，公安部组成“两岸合作打击跨境犯罪”课题组赴福建、广东、浙江、上海等地调研，实地了解情况。电信诈骗作为两岸跨境犯罪中最为突出的犯罪类型而成为该课题研究的重点。笔者作为该课题的主要参加者全程参与了调研工作。

一、海峡两岸跨境电信诈骗犯罪的现状

电信诈骗属新型犯罪，最早兴起于2000年后的台湾，至2004年已成 台湾治安重大威胁。近年来，随着两岸人员与经贸往来日益密切，不法分子更是利用 两岸政治分隔所造成的打击之难，大肆实施跨境电信诈骗犯罪。由于电信诈骗利用的VOIP（Voice over internet protocol）网络电话不仅比传统电话成本更低，而且更难查出犯罪源头，因此而猖獗之势，简直可以与当年的“劫机潮”相“媲美”。

（一）电信诈骗在两岸跨境犯罪中最为突出

2008年开始，一个电话骗走上千万元，一个“安全账户”将储户的百万元席卷而空，大陆各地频发民众被骗的巨额电信诈骗案。2009年4月26日，《南京协议》签署当日，台湾“陆委会”对媒体表示：协议签署后，两岸最大宗的犯罪案件，也就是电信诈骗，将难以继续生存，过去无论是以台湾为基地诈骗大陆，或以大陆为基地诈骗台湾的方式，都将因两岸合作，而

难以为继。[1] 如今，《南京协议》签署已两年多，来自各方的消息均证实，电信诈骗犯罪不仅没有下降，而且已经取代毒品犯罪成为两岸跨境犯罪最高发的类型。无论是根据我们调研的福建、广东、浙江、上海四省市，还是厦门、福州、泉州、珠海、杭州、宁波六市公安机关的统计，在两岸跨境犯罪中，电信诈骗犯罪的发案数均雄踞第一。

（二）两岸跨境电信诈骗呈发展蔓延之势

两岸跨境电信诈骗发展蔓延的两大趋势明显：一方面，向大陆腹地延伸。2004 年电信诈骗成为台湾治安威胁之时，诈骗犯惯于躲在大陆遥控在台的下游共犯针对台湾民众实施。随着台湾民众防骗能力的提高，诈骗集团开始将主机设在台湾，拨打大陆普通群众的电话。一开始，经济较发达的沿海省份首先成为高发区域，随着警方的打击和宣传攻势，犯罪分子转而把诈骗的目光投向广袤的内陆省份。2010 年底，跨境电信诈骗犯罪已经波及包括西藏在内的大陆所有省份。另一方面，电信诈骗犯罪几乎同时向亚太地区蔓延。两岸联手打击电信诈骗后，诈骗集团转而将主机设到东南亚等国，或者租用香港、美国的网络平台，再从这些地方将诈骗电话打到大陆、香港、台湾等地及日本、韩国甚至东南亚国家。电信诈骗犯罪不仅跨境，更呈跨国化的趋向。

（三）两岸跨境电信诈骗的源头在台湾

跨境电信诈骗除了众所周知的高智能、集团化、非接触式、手段不断翻新等特点外，从合作打击的角度看，其重要的特点是组织、策划者或者核心成员均为台湾人。他们负责设计诈骗模板、提供硬件设备和场所、物色网络电话技术人员和地下钱庄、招募和培训接线员、雇用专业拆账人员和取款“车手”。调研中，各地反映，大陆抓获的犯罪成员一般都是犯罪团伙中负责提供网络服务、接听电话、到银行取款或者向境外汇款的一线或者底层人员，尚未发现一起组织、策划、指挥者为大陆人的跨境电信诈骗案。2010 年，公安部和台湾警方联手侦破的“10・1”、“8・10”特大跨境电信诈骗案，两岸警方联合菲律宾警方破获的“11・30”特大跨国、跨境电信诈骗案，2011 年，两岸联合柬埔寨、印尼、马来西亚、泰国警方同步收网的

---

① 佚名：《两岸将设“犯罪情资交换平台”》，载《联合晚报》（台北），2009 年 4 月 26 日。

“3·10”特大跨国、跨境电信诈骗案等一系列案件均“由台湾人组织操控”。擒贼要擒王，犯罪集团主谋身在台湾，正是利用跨境打击之难，如果没有将幕后主犯绳之以法，犯罪分子将迅速卷土重来、东山再起。面临两岸跨境电信诈骗的态势，两岸警方合作打击的重要性由此凸显。

二、两岸打击跨境电信诈骗的合作方式

面对严峻的跨境电信诈骗犯罪形势，两岸警方已经探索出以下合作打击机制：

（一）两岸“合作协查、侦办”

《南京协议》第5条“协助侦查”规定：“双方同意……于必要时合作协查、侦办。”“合作协查、侦办”的特点有二：一是合作的综合性。它突破了传统协助形式的单一性限制，可以开展询问证人、调取书证材料、搜查、扣押和冻结等各种取证活动，而且还可以进行临时拘留、缉捕犯罪嫌疑人、审讯等侦查措施，甚至可以采用电子监听和监视等特殊侦查手段。二是取证的直接性。相对于委托取证，参加联合侦查的当事方可以就某个具体的侦查事务直接进行交流和处理，是一种更加有效的侦查合作形式。

根据当事方合作的程度，“合作协查、侦办”可以分为：1. 分工负责、互相配合式的合作。即指合作双方按照商定的分工，分别由各自侦查机关在本地采取相应的侦查手段和措施。2. 联合办公式的合作。指由双方组成相对统一的专案组，统一采取行动，步调一致地开展侦查活动。前述“10·1”、“8·10”、“11·30”案即属前者。而“3·10”案件中，公安部与台湾警方还成立了“联合专案指挥部”，派出联合工作组，赶赴柬埔寨、印尼。这是海峡两岸警方第一次派出联合工作组前往第三地，标志着两岸侦查合作从“分工负责、互相配合式”迈向更加紧密的“联合办公式”。所以，公安部相关领导接受海内外媒体采访时表示：“3·10”案件中，共同办案的国家、地区之多，抓获犯罪嫌疑人数量之多，打掉的犯罪窝点之多和两岸警方合作之紧密均“前所未有”。①

（二）闽台打击电信诈骗犯罪专项合作

2006年10月，福建省刑侦总队获得公安部授权，与台湾警方建立“闽台打击电信诈骗犯罪专项联络通道”。至今，闽台两地警方通过专项联络通道，共协办68个电信诈骗犯罪集团（诈骗台湾居民的犯罪团伙45个，诈骗大陆居民的犯罪团伙21个，诈骗韩国居民的犯罪团伙2个）；福建省抓获电信诈骗犯罪嫌疑人484名（其中台湾籍156名，遣返78名），台湾抓获166名（其中大陆籍2名）；共组织4次个案联合同步行动；已办理协查78件。

（三）大陆各地与台湾警方个案协查

此外，广东、上海、福建省厅作为二级联系窗口，在授权范围内或经报公安部港澳台办批准可以与台湾警方直接进行个案合作、协查。经公安部授权，福建边防总队与台湾“海巡署”、“移民署”，厦门市公安局与金门“刑事警察局”已建立三级联系窗口。在授权范围内或经报省厅、公安部港澳台办，福建边防总队、厦门市公安局经常与台湾警方直接进行个案合作、协查。福州、珠海、泉州等市通过省厅的联系窗口可间接与台湾警方开展警务合作。调研中了解，2008年后，以台湾人为主的电信诈骗犯罪已经造成省内民众3亿多人民币损失的浙江省，因为没有获得授权，与台湾警方协助需要通过公安部相关部门，以致缓不济急，要求获得授权的呼声很高。

三、两岸合作打击跨境电信诈骗的难题及原因分析

综合实践部门的体会，两岸合作打击跨境电信诈骗面临三大难题：

（一）缉捕难

“缉捕难”是指缉捕电信诈骗组织、策划、核心人物难。截至目前，台方尚未遣返任何电信诈骗嫌犯予大陆，主要基于以下两种情况：

1. 电信诈骗的台籍主犯在大陆实施针对大陆居民的犯罪后在案发前潜逃回台的，台湾以“本方居民不移交”为由没有遣返有的台籍主犯负责在大

---

① 在我国区际刑事司法协助中，内地与港澳虽然尚未签订司法互助协议，也未有关于“合作协查、侦办”的安排，但是实际上彼此之间的侦查合作已经开展多年。如2000年以后，粤港澳三方联手开展的打击跨境涉黑犯罪的“猎狐行动”、“曙光行动”、“旭日行动”、“骄阳行动”，打击跨境毒品犯罪的“春雷行动”、打击跨境组织卖淫犯罪的“蓝鸟行动”、“火百合行动”等实际上就是“合作协查、侦办”。

陆招兵买马、搭建诈骗平台、或者培训人员，但在案发前即已潜回台湾。“本方居民不移交”来自于国际刑事司法协助中的“本国国民不引渡”原则。后者虽算不上一条被普遍接受的国际法原则，但我国《引渡法》也将其奉为禁止性规范，规定如果引渡请求针对我国国民的，“应当拒绝引渡”。台湾“引渡法”也奉行同样的原则。虽然两岸之间刑事嫌疑犯的遣返属于区际“逃犯移交”，性质上不同于国与国之间的“引渡”，但是两岸双方实际上从未将本方居民遣返（或移交）给对岸。

2. 电信诈骗的台籍主犯在台湾实施针对大陆居民犯罪的，台湾以本岸具有刑事管辖权为由没有遣返

对于藏匿在台湾、隔空诈骗大陆居民的台籍主犯，大陆要求移交的理由是：用于诈骗的银行账户开户地、赃款转移地、部分诈骗窝点等犯罪行为地在大陆，更重要的是“被害结果发生地”也在大陆，因此不仅大陆享有刑事管辖权，而且由大陆管辖更有利于侦查、审判和执行。台湾认为主犯的组织、策划、指挥行为在本地、赃款最终流向即部分犯罪结果也在本域等，也主张其拥有属地管辖权，因此不移交（但是这种情况比前面一种情况好的是，台湾方面对这些主犯追究了刑事责任）。大陆和台湾刑法都奉行属地管辖为主、属人管辖等为辅的刑事管辖权原则，而且对“属地管辖”、“属人管辖”的含义和表述都非常相似。

（二）取证难

1. 两岸的政策导向不同导致协查的单向性

“取证难”首先表现为协查的单向性。虽然不乏得到台湾警方大力协助的事例，但被调研单位普遍感到，协助台湾取证的多，但向台湾请求协助却往往没有得到回复，有的因为渠道不畅干脆放弃了。其原因在于两岸的政策导向因素。大陆各地公安机关在涉台事务中，一般会从维护两岸同胞正当权益出发，按照中央对台工作的总体部署和要求，从国家和民族利益的高度和政治大局，全力协助、积极完成协查任务。

2. 两岸司法体制差异导致协查范围窄

根据司法体制，大陆公安机关享有独立的侦查权，有权决定并采取逮捕以外的所有侦查措施，检察机关主司法律监督，检警关系是“分工负责、互相制约”。台湾的情况是：检察官是侦查主体，司法警察官和司法警察是侦

查辅助机关。后者要采取拘提或者逮捕措施，均需要申请检察官签发拘票，需要运用搜索、扣押等针对财产的强制手段则需经检察官准许。其检警之间是指挥与被指挥。实践中，诸如需要台湾警方协助的事项，往往是辗转曲折之后发现台湾警方并没有对应的职权。

跨境电信诈骗案中，大陆向台湾警方请求协查的主要有：被大陆抓获的台方涉案人员身份资料、前科记录，台方被害人陈述（或报案记录），台方同案犯供述，搜查、扣押、书证、物证等内容。目前台湾警方提供的协助主要是查询涉案人员身份和前科资料。帮助大陆警方取得被害人陈述（或报案记录）的情况也开始增多，提取书证、物证的请求（如在台湾的网络服务器上的数据等）多数没有下文。像台湾警方应福建边防总队协查请求，提供“涉案银行账号”已经是尽最大努力了。

3. 程序复杂、量大导致协查时间长

调研中获悉，除了获得公安部授权并且与台湾警方合作、交流、互访开展得较多的联系窗口能在较短的时间内得到台方的协查结果外。其他单位按照涉台案件工作程序和审批权限，从发出协查请求到台湾警方答复协查结果，最短的2个月，最长的在7个月后得到答复。而电信诈骗从被害人接到电话或者短信，到赃款流出境外，可以在短短的几个小时内完成。此外，电信诈骗涉及的大陆省份众多，要求协查的量大，台湾警方应接不暇、力不从心也是导致协查时间长的重要原因。

（三）追赃难

跨境犯罪的“追赃难”包括追缴赃款难和移交赃款难两方面。对于受害民众而言，最关心的是自己被骗走的钱财能不能追回。面对民众的期盼，当前，无论是公安部高层，还是两岸警方办案部门，都在积极研究追赃难题的破解。

1. 犯罪分子化整为零和通过地下钱庄转移赃款导致追缴赃款难

电信诈骗中，转移赃款的运作模式一般是：一旦被害人上当将存款汇入诈骗集团设置的“安全账户”，集团主要成员就立即通知“拆账人员”或通过“网上银行”将赃款分散转移至全国、甚至全世界的几十、上百个二级、三级账户，或者通知各地专门负责取款的“车手”从ATM机上取现，将赃款化整为零。紧接着，这些赃款将流入诈骗团伙事先物色的“地下钱庄”，后者通过境外银行账户将相应的外币支付给诈骗集团，达到将赃款转移出境的目的。整个赃款转移的过程环节多、地点分散、期间资金链还不时中断、隐蔽性强。

2. 两岸相互不认可对方的刑事判决是赃款移交难的根本原因

迄今为止，两岸之间尚未有开展罪赃移交合作的案例。《南京协议》第9条“罪赃移交”约定：“双方同意在不违反己方规定范围内，就犯罪所得移交或变价移交事宜给予协助。”——虽然仅有一条，但这是海峡两岸司法互助领域第一次提到“罪赃移交”。“罪赃移交”之所以成为《南京协议》中最后需要从条文变为实践的合作事项，有其深层次的原因：罪赃移交的依据是刑事判决，即前提是承认对方刑事判决的效力。也就是说，罪赃移交实际上是司法协助的事项（而不是警务合作事项）——这可以从《南京协议》将其规定在“第三章司法互助”中得到进一步说明。显然，《南京协议》第10条“裁判认可”仅限于“民事确定裁判与仲裁裁决（仲裁判断）”——对刑事判决的相互认可与执行予以搁置。相互不认可刑事判决，移交罪赃的司法协助就无从谈起。

四、两岸合作打击跨境电信诈骗的对策

（一）达成刑事诉讼移管协议，解决缉捕难问题

两岸刑事诉讼移管是指两岸基于联合有效惩治互涉犯罪之目的，在一岸因某种原因不能或者不便对犯罪嫌疑人行使管辖权的情况下，让渡自己的刑事管辖权，将案件移管给对岸审理的一种刑事司法合作活动。① 在移管中，移出方是无法行使管辖权的犯罪地或者受害人所在方，移入方一般是犯罪嫌疑人所属方或者与其有紧密联系的一方。针对缉捕难的两种情况，虽然原因有所不同，但是解决的办法都指向“刑事诉讼移管制度”。

1. 达成刑事诉讼移管协议，跨越“本方居民不移交”之合作壁垒

两岸开始共同打击犯罪和司法互助的时间并不长，能有今天的局面实属不易，现阶段要想突破“本方居民不移交”之合作壁垒并不现实。在不可能将藏身岛内的诈骗集团主犯——本方居民遣返（移交）给对岸的情况下，如

① 参见赵秉志：《海峡两岸间刑事案件移交和已决犯移管问题研究》，载赵秉志主编：《中国区际刑法问题专论》，中国人民公安大学出版社，2005年，第316页。

果能接受对岸的移管——如果大陆也愿意进行移管合作，则同样达到了惩罚犯罪的目的。“刑事诉讼移管”本身就是为了弥补“本方居民不移交”在惩治犯罪方面的漏洞而产生的。在许多国家，“刑事诉讼移管”就是不引渡本国国民或不移交本方居民的一种替代措施。

2. 达成刑事诉讼移管协议、回避直接的刑事管辖权冲突

刑事管辖权不仅是司法协助中最复杂的内容，而且被认为属于公法问题，与司法权关系密切，司法权又是国家主权的一部分，因而在两岸之间还属于最敏感的问题。《南京协议》不涉及两岸刑事管辖权。针对在台湾诈骗大陆居民的台籍主犯，台湾虽没有遣返，但是对案件本身也进行了司法管辖，也惩处了犯罪，似乎没有必要再谈“移管”，其实不然：在没有“移管”的司法互助下，双方没有沟通、没有协作，大陆不将被害人陈述、报案材料、证人证言、同案犯供述、相关物证书证移交给台湾，台湾方面很难形成证据链，甚至能不能立案本身就是问题，惩处效果可想而知。而双方如果达成“刑事诉讼移管”协议，则大陆可以有效地协助台湾对嫌犯追究刑事责任，台湾最后再将判决结果通报大陆，从而达到强化合作，提高打击效果的目的。世界上，在发生刑事管辖权冲突的国家和地区之间，最终的解决办法往往都是“协商”，而协商的结果不外乎引渡（移交）或者进行刑事诉讼移管。①

（二）增加协助取证形式、应对取证难题

面对取证方面的困难，两岸的政策考量固然不是本书所能探讨，司法体制层面，亦非本节所要关注。但据了解，台湾司法体制中的侦查权似乎存在着“两张皮”现象，台警方实际拥有的侦查权空间与法律的实际规定并不完全一致，即两岸警务合作的重要性仍然不言而喻。而且台湾也是跨境电信诈

① 2010年12月27日，海峡两岸联合菲律宾警方破获“11．30”特大跨国、跨境电信诈骗案后。2011年2月2日，大陆警方将24名犯罪嫌疑人自菲律宾押解回国，其中包括14名台湾犯罪嫌疑人。随后，大陆、台湾警方相互派员到对岸进一步研商合作办案事宜。为有利于遏制电信诈骗犯罪源头、维护受害人权益，大陆警方在完成了对“11·30”电信诈骗案的侦查后，于2011年7月6日将涉案的14名台湾犯罪嫌疑人移交台湾方面进行惩处。——此案中，从理论上说，两岸警方对案件均有管辖权，但将台湾犯罪嫌疑人移交给台湾处理便于追缴赃款赃物，也有利于维护两岸共同打击犯罪的良好局面，最后大陆将台湾籍犯罪嫌疑人移交台湾追究刑事责任，这实际上就是刑事诉讼移管。

骗的重灾区，从调研中我们间接了解到，台湾警方与大陆合作的愿望也非常迫切。以下拟从警务合作的、微观的、操作的层面探讨应对的策略：

1. 派员调查取证

协助取证，从大的方面分类，就是委托取证、派员调查取证和联合侦查三种形式。《南京协议》只规定了委托取证和联合侦查（前述《南京协议》第5条规定的“合作协查、侦办”即属联合侦查性质）两种，没有规定可以“派员调查取证”。目前实务中的“取证难”实指“委托取证”难。“派员调查取证”，是指请求方的主管机关派员前往被请求方境内参加有关的调查取证活动。派员调查取证虽不具备“联合侦查”的综合性，但较之委托取证，更直接、更积极，属更高层次的取证合作。只是派员调查取证中，对于被请求方而言，允许对方在其境内实施侦查权，似乎又有涉敏感性。调研得知，已经有警方为个案赴台湾取证，但是不以侦查员的真实身份，具体操作中也与典型的“派员调查取证”有所区别，用的基本属于“证据交换”、“个案研商”的名义。所以，从长远的角度看，未来的两岸司法互助中增加“派员调查取证”应该不是问题。当然，由于派员赴对岸取证的司法成本较高，所以一般重要的案件才采取这种方式。

2. 远程视频取证

“远程视频取证”，指请求方司法机关在境内，通过卫星等电子传送和视像播放系统，连线处于被请求方境内的证人、鉴定人或者其他有关人员，为相关案件作证的调查取证方式。远程视频取证的对象主要是被害人、证人、鉴定人。远程视频取证可以发生在法庭审理阶段，也可以在侦查阶段进行。特别是对于本方法律不要求证人必须出庭作证的请求方，在侦查阶段通过远程视频取证，不仅完全能够达到派员调查取证、或者委托调查取证相同的效果，而且将极大提高取证的效率，节约司法成本。《南京协议》虽然没有明确远程视频取证的协助方式，但作为传统取证方式的创新，“远程视频取证”并没有突破两岸取证合作的现有框架。实际上，两岸警方在实务中已经不乏采用远程视频取证的案例了。[①] 我们认为：便捷、直观的远程视频取证应当成为两岸取证互助的重要发展方向。

（三）标本兼治、破解追赃难题

追赃难的原因告诉我们，追赃是个更为复杂的问题，需要打防并举，需要标本兼治：

1. 相互认可刑事判决是罪赃移交协助的前提

基于前文赃款移交难的原因分析，破解追赃难题的前提已呼之欲出。海峡两岸虽然表面上并不承认彼此的刑事判决，但其法治仅在各自控制的范围内有效却是事实。从《金门协议》到《南京协议》至今，两岸司法互助的事实已经体现了对彼此判决一定程度的承认与执行，否则司法合作无从谈起。1995 年两岸红十字会草签的《两岸劫机犯遣返及相关事宜协议（草案）》第 3 条还明确规定了“一事不再理”的“遣返原则”，而“一事不再理”的前提即承认对方刑事判决的效力。《南京条约》第 11 条确立的“被判刑人移管”合作事项的前提也是认可对方的刑事判决。2010 年 10 月，福建省与台湾警方还合作率先开展了两岸第一例移管（接返）被判刑人实践。两岸都赞同“一个中国”，也赞同政治问题与法律问题分别处理。从历史和现实来看，两岸之间，撇开敏感的主权问题，相互认可刑事判决的可能性存在。

2. 实行协助费用“互免”原则的例外

从已经发生的跨境电信诈骗案看，大陆无疑是犯罪所得的流出方，台湾是犯罪所得的流入方。从这个意义上说，目前，“罪赃移交”合作的需求基本上是单向的。这颇似当年的劫机犯罪：1980 年代后期大陆不断发生劫持飞机飞往台湾的刑事犯罪后，大陆多次表达与台湾方面就遣返劫机犯进行磋商的意向，但一直没有得到回应。直到 1997 年，台湾发生了刘善忠劫持台湾航空器飞往大陆的案件后，双向合作需求的产生才启动劫机犯遣返的商谈。根据《南京协议》确立的两岸司法互助费用承担的“互免”原则，双方的

---

① 近年，我国公安、检察机关已经多次采取这种方式与美国、加拿大等国司法机关开展协助。如中美两国司法机关在广东开平中国银行特大贪污、挪用公款案件的合作中，先后多次开展远程视频取证，取得较好的效果。宁波等地警方在与台湾警方合作打击电信诈骗案件中，已经运用腾讯 QQ 向被害人和证人取证。

追赃合作显然并不对等，这不能不说也是两岸尚未开创此项合作的重要原因。所以，既然犯罪所得是大陆流向台湾，我们或可在《南京协议》规定的司法互助费用“互免”原则之外设定例外。

具体而言：《南京协议》第20条“协助费用”规定：“双方同意相互免除执行请求所生费用。”由于追缴犯罪所得是个非常复杂的过程，在“罪赃移交”之前，需要对“罪赃”进行追查、扣押（或查封、冻结）、通过法院的判决进行没收等程序。在诸多合作环节中，还可能因为犯罪嫌疑人洗钱导致追查困难的现实问题。所以，《南京协议》约定的“罪赃移交”的司法互助，在协助费用承担方面应有一个例外。即在将赃款返还给被害人之前，优先扣除被请求方在犯罪所得追缴过程中为侦查、起诉、审判而发生的合理费用。因为，客观上被请求方追缴犯罪所得的行动还常常受限于有限的财政资源。如果给予一定的回报，不仅可以弥补被请求方为复杂的追缴行动耗费的大量财力，还有利于激励被请求方，从而有利于追缴犯罪所得合作的迅速有效开展。

3．严厉打击地下钱庄、加强警银深度合作，杜绝赃款流出境外

诈骗犯罪的最终目的是获得赃款。在侦破电信诈骗案件中，警方与其“拿着法律手续满世界跑，到处找银行查账号”，不如设法杜绝赃款流出境外。

首先，地下钱庄是犯罪分子转移赃款的枢纽和非法买卖外汇的网络中心。其经营者唯利是图，通常不理会资金的来源。但是最高人民法院、最高人民检察院《关于办理诈骗刑事案件具体应用法律若干问题的解释》规定，为电信诈骗提供“地下钱庄”服务的，以共犯论处，此为打击电信诈骗犯罪提供了有力的法律利器。为有力配合电信诈骗案件的侦破，公安机关对于地下钱庄的涉案情报，要认真经营、联合行动技术部门秘密监控，适时破案，彻底打击，依法惩处。

其次，电信诈骗高度依赖银行业务和现代通讯“两个支点”，侵害的对象也都是银行和电信的客户。台湾打击电信诈骗的经验也告诉我们，加强警方与银行、电信两大行业的深度合作才能从源头上遏制犯罪。从赃款流转的过程看，离不开“网银”和银行卡等现代金融工具。实际上，从公安部到地方公安机关，已经尝试从制度层面建立了与银行业合作防范和阻断被骗钱款

转移的措施，但是仍然面临银行开户审查不严、资金监管薄弱、网银转账不规范等问题。看来，警方与银行之间深化合作，构建紧密、互动、制度化的合作关系，尚待时日。

中国历史上还没有和平统一的先例，在两岸分隔多年，台湾问题多少已被“国际化”的情形下，要实现两岸的和平统一，其难度之大，实属空前。当前，海峡两岸和平发展的局面初步形成，但两岸关系也正面临着新的机遇和挑战。要实现两岸和平统一这一目标，不仅需要扩大交流，在经贸、文化等方面逐渐营造出两岸实际对接的物质界面，更需要对两岸关系未来的发展进行新的探索。司法作为介于政治和经济之间的一个领域，其合作必有利于营造缓和的两岸政治气氛。而跨境电信诈骗作为两岸之间最突出的犯罪现象，对其合作打击或许正可以作为两岸加强交流、增加政治互信的“切入点”。

结　语

当前，海峡两岸和平发展的局面初步形成，但两岸关系也正面临着新的机遇和挑战。政治融合的前提是经济、文化的融合，司法作为介于政治与经济、文化之间的一个领域，其合作必有利于营造缓和的两岸政治气氛。因此，两岸刑事司法互助是两岸统一大业的重要组成部分和推动因素。要实现两岸和平统一这一目标，不仅需要扩大交流，在经济、文化等方面逐渐营造出两岸实际对接的物质界面，更需要对两岸刑事司法互助未来的发展进行新的探索。

作为世界上独一无二的司法协助模式，海峡两岸刑事司法互助没有先例可循。在进行理论的创新和实践的探索中，首先需要研究世界上最相类似的制度和模式；其次也应当观照内地与港、澳之间业已开展的刑事司法协助。虽然后者尚处于探索和磨合之中，某种意义上也与两岸刑事司法互助同生共长。因此，本书参考、借鉴了世界上其他国家的区际刑事司法协助和内地与港、澳之间区际刑事司法协助的文献资料和研究成果。

《金门协议》之前，两岸之间并没有直接的刑事司法互助实践，因此，有关研究也付之阙如。《金门协议》之后，理论界和实践部门才开始探索两岸刑事司法互助问题。但在2009年之前，有关著作和论文主要侧重从区际民事司法互助和两岸刑法的比较方面进行研究。如《区际冲突法研究》、《海峡两岸交往中的法律问题研究》、《台港澳刑法与大陆刑法比较研究》、《中国区际刑法专论》等。《南京协议》签署后，相关研究得到一定拓展，但是主要成果还是体现在福建省、广东省等一些机构和团体举办的各种论坛汇编的论文集。这些研究成果开阔了笔者的视野，也为本书提供了丰富的滋养。

本书第一章梳理了从《金门协议》到《南京协议》至今，海峡两岸关系的发展与刑事司法互助的历程，其次对《金门协议》和《南京协议》内容与意义进行了学理上的解读。既是全书的导入，也试图在开篇部分即对两岸刑事司法互助进行全景展现。

根据写作的思路，拟围绕《南京协议》确立的两岸刑事司法互助事项展开。但是，深入之后发现，《南京协议》虽然对刑事管辖权问题没有规定，但是，海峡两岸的刑事管辖权划分是两岸刑事司法互助中最根本的问题，是绕不过去的问题。所以在本书的第二章探讨了这一问题，也提出了解决的基本思路。该思路也为本书确定了基本观点，并体现在其他章节中。

从第三章开始，探讨了两岸刑事司法互助中的逃犯移交、文书送达、调查取证 、罪赃移交、被判刑人移管等事项。虽然基本围绕《南京协议》，但不局限于《南京协议》。比如第七章的刑事诉讼移管，虽然《南京协议》同样没有就此达成一致，但选择刑事诉讼移管作为本书不可或缺的一部分，主要是因为它可能是两岸管辖权争议、逃犯移交和罪赃移交等一系列司法互助难题的破解之道，而且已经在实践中。此外，也没有完全依照《南京协议》确定的范围逐一进行专题研究。比如双方联络机制、业务互访、情报交流、人道探视等方面的内容，由于众所周知的涉密因素，没能纳入本书的撰写计划，仅在一些章节中有零星体现，这也是笔者的遗憾之处。

此外，由于笔者身处公安院校的缘故，研究的视角主要侧重于警务合作的角度。诚然，警务合作是刑事司法协助的初始阶段，两岸警务合作更是两岸刑事司法互助最主要、最重要的承担者。从这个意义上说，两岸警务合作左右、甚至决定着两岸合作打击犯罪和司法协助的走向。所以，在本书的最后，专章论及警务合作，并以当前两岸跨境犯罪最突出的案件类型为例，探讨了两岸刑事司法互助与合作打击跨境犯罪的对策。本意是想通过线性的呈现给读者更直观的印象，也表现出一种更贴近应用研究的努力。

本书虽题为“海峡两岸刑事司法互助研究”，但受限于各种因素，其重点仍然只能放在大陆方面。两岸相互开放和开展刑事司法互助的时间并不长，能有今天的局面已属不易。虽然由于各个历史阶段的不同形势，大陆对台政策也有所不同，但是大陆和台湾同属一个中国的事实从来没有改变，和平发展两岸关系和实现祖国统一符合两岸人民的共同利益。对两岸刑事司法互助制度进行更加全面、深入的探讨和细心的建构，是两岸法学研究人员的共同职责，让我们一起努力！

主要参考文献

（一）图书类

［1］赵秉志. 新编国际刑法学［M］，北京：中国人民大学出版社，2004.

［2］赵秉志，陈弘毅. 国际刑法与国际犯罪专题探索［C］，北京：中国人民公安大学出版社，2003.

［3］黄风. 国际刑事司法合作的规则与实践［M］，北京：北京大学出版社，2008.

［4］黄风，凌岩，王秀梅. 国际刑法学［M］，北京：中国人民大学出版社，2007.

［5］黄风、赵林娜. 国际刑事司法合作：研究与文献［C］，北京：中国政法大学出版社社，2009.

［6］马进保. 中国区际侦查合作［M］，北京：群众出版社，2003.

［7］黄风. 引渡制度［M］，北京：法律出版社，1990.

［8］菲利. 实证派犯罪学［M］，北京：中国政法大学出版社，1987.

［9］黄进. 区际司法协助的理论与实务［M］，武汉：武汉大学出版社，1994.

［10］黄风. 中国引渡制度研究［M］，北京：中国政法大学出版社，1997.

［11］赵秉志、黄晓亮. 中国区际刑法专题整理［C］. 北京：中国人民公安大学出版社，2009.

［12］马进保. 中国区际侦查合作［M］，北京：群众出版社，2003.

［13］何帆. 刑事没收研究——国际法和比较法的视角［M］，北京：法律出版社，2007.

（二）论文类

［1］赵秉志，黄晓亮. 论中国区际刑事司法合作法律机制的构建——以〈海峡两岸共同打击犯罪及司法互助协议〉为切入点［A］. 中国法官协会、

福建省法官协会．海峡两岸司法实务研讨会论文汇编［C］．福州，2009.

［2］时延安．〈海峡两岸共同打击犯罪及司法互助协议〉之学理研究［A］．中国法官协会、福建省法官协会．海峡两岸司法实务研讨会论文汇编［C］．福州，2009.

［3］陈茂华．〈海峡两岸共同打击犯罪及司法互助协议〉的法律解读［J］．福建警察学院学报，2009，(6).

［4］刘南男，郝宏奎．关于在〈海峡两岸共同打击犯罪及司法互助协议〉架内两岸合作打击犯罪机制构建的研究［J］．公安研究，2010，(2).

［5］李智，范兆城．论〈海峡两岸共同打击犯罪及司法互助协议〉对两岸司法互助制度的影响［A］．中国法官协会、福建省法官协会．海峡两岸司法实务研讨会论文汇编［C］．福州，2009.

［6］陈雷，王君祥．论海峡两岸司法合作新机制——从〈金门协议〉到〈海峡两岸共同打击犯罪及司法互助协议〉［A］．中国法官协会、福建省法官协会．海峡两岸司法实务研讨会论文汇编［C］．福州，2009.

［7］陈坚．两岸刑事司法互助的历史和最新展望——兼评〈海峡两岸共同打击犯罪及司法互助协议〉［A］．中国法官协会、福建省法官协会．海峡两岸司法实务研讨会论文汇编［C］．福州，2009.

［8］钟巧燕．试论两岸刑事司法互助制度的构建［A］．中国法官协会、福建省法官协会．海峡两岸司法实务研讨会论文汇编［C］．福州，2009，(7).

［9］陈树良，周迪．海峡两岸刑事司法实务协助问题研究［A］．中国法官协会、福建省法官协会．海峡两岸司法实务研讨会论文汇编［C］．福州，2009.

［10］林振通．两岸区际刑事司法互助的实践与思考［A］．中国法官协会、福建省法官协会．海峡两岸司法实务研讨会论文汇编［C］．福州，2009.

［11］时闽．论海峡两岸共同打击犯罪及司法互助——兼评〈海峡两岸共同打击犯罪及司法互助协议〉［A］．中国法官协会、福建省法官协会．海峡两岸司法实务研讨会论文汇编［C］．福州，2009.

［12］高泉和．两岸刑事司法互助之研究［A］．中国法官协会、福建省法官协会．海峡两岸司法实务研讨会论文汇编［C］．福州，2009.

［13］陈光中．海峡两岸刑事管辖权冲突及解决路径［A］．中国法官协会、福建省法官协会．海峡两岸司法实务研讨会论文汇编［C］．福州，2009．

［14］赵秉志，肖中华．中国内地与港澳地区刑事管辖权冲突的解决（上）［N］．人民法院报，2003—2—24（3）．

［15］高铭暄，徐宏．海峡两岸互涉犯罪管辖协调问题探讨［A］．中国法官协会、福建省法官协会．海峡两岸司法实务研讨会论文汇编［C］．福州，2009．

［16］时延安．中国区际刑事管辖权冲突问题［N］．法制日报，2003—7—24（3）．

［17］时延安．中国区际刑法概念及基本体系［A］．赵秉志、黄晓亮．中国区际刑法专题整理［C］．北京：中国人民公安大学出版社，2009．

［18］陈泉生．海峡两岸刑事诉讼法律的冲突及其解决途径［J］．台湾研究集刊，1993，(3)．

［19］莫洪宪，巩金麟．海峡两岸的罪案刑事管辖——区际管辖权冲突视野下的考察［A］．中国法官协会、福建省法官协会．海峡两岸司法实务研讨会论文汇编［C］．福州，2009．

［20］高铭暄，赵秉志．海峡两岸互涉刑事法律问题的宏观探讨［A］．赵秉志、黄晓亮．中国区际刑法专题整理［C］．北京：中国人民公安大学出版社，2009．

［21］梁庭标，刘小巧．试论中国区际刑事管辖权法律冲突［J］．福建政法管理干部学院学报，2003，(4)．

［22］李姗．论中国区际刑事管辖权的冲突及解决［J］．四川教育学院学报，2004，(3)．

［23］杨方泉．内地与港澳台跨境犯罪二分法及其意义［J］．政法学刊，1997，(4)．

［24］吕岩峰，李海滢．国际刑事管辖权冲突的“适当法”观照——来自国际私法学的借鉴［J］．当代法学，2004，(7)．

［25］杨凯．当代中国区际刑事管辖冲突解决原则探讨［J］．湘潭大学学报（哲学社会科学版），2004，(3)．

［26］马进保．我国区际移交逃犯制度新探［J］．中国人民公安大学学

报，2002，（6）.

[27] 皮修雁. 论内地与澳门间的司法协助 [A]. 单长宗. 中国内地与澳门司法协助纵横谈 [C]. 北京：人民法院出版社，199 9.

[28] 徐京辉. 一国两制”框架下的我国区际刑事法律及刑事司法协助 [A]. 赵秉志、何超明. 中国区际刑事司法协助探索 [C]. 北京：中国人民公安大学出版社，2002.

[29] 黄风. 关于“死刑不引渡”问题的探讨 [A]. 高铭暄、赵秉志. 刑法论丛（第1卷）[C]. 北京：法律出版社，1998.

[30] 周柏均，林秉文：中港移交逃犯协定研究 [EB/OL]. [2011 -5 -11]. http：//www. legco. gov. hk.

[31] 徐京辉.“一国两制”框架下的我国区际刑事法律及刑事司法协助——理论与实践若干问题之探讨 [A]. 赵秉志. 中国区际刑法问题专论 [C]. 北京：中国人民公安大学出版社，2005.

[32] 赵秉志 ，关于中国内地与香港特别行政区建立刑事司法互助关系的研讨 [A]. 高铭暄、赵秉志 ：中国区际刑法与刑事司法协助研究 [C]. 北京：中国方正出版社 ，2000.

[33] 凌兵，内地与香港刑事管辖权冲突及引渡问题研究 [A]. 赵秉志 ：世纪大劫案：张子强案件及其法律思考——中国内地与香港刑事管辖权冲突问题 [C]. 北京：中国方正出版社 ，2000.

[34] 赵国强 ，关于内地与香港相互移交犯罪嫌疑人的几点思考 [A]. 一国两制下的司法合作学术会议 [C]. 香港：香港大学法律学院 ，1999.

[35] 吕岩峰. 中国区际刑事司法协助中的案犯移交问题 [J]. 长春市委党校学报，2000，（5）.

[36] 胡陆生，李江海. 国内不同法域逃犯移交问题的解决思路 [J]. 法学论坛，2009，（9）.

[37] 柯良栋. 论中国区际移交逃犯应遵循的原则及模式 [J]. 法学家，2008，（4）.

[38] 柯良栋，内地与澳门相互移交逃犯应遵循的原则论纲 [A]. 国际区际刑事司法协助研究 [C]. 澳门：澳门特区检察院，2002.

[39] 方泉. 澳门与内地移交逃犯的法律安排——兼议澳门 < 刑事司法

互助法> 的原则规定论 [J]. 中国刑事法杂志，2009，(7).

[40] 陈沛林. 论香港特别行政区区际刑事司法协助的现状与展望 [J]. 法学杂志，2008，(2).

[41] 贾宇. 论内地与港澳台移交案犯合作 [J]. 法律科学，1993，(2).

[42] 赵国强. 论一国两制下的移交逃犯机制 [J]. 行政（澳门），2007，(4).

[43] 赵秉志，陈一榕. 试论政治犯罪不引渡原则. [J] 现代法学，2001，(2).

[44] 高艳平. 美国适用政治犯不引渡原则的发展趋势 [J]. 政法论坛，1988，(6).

[45] 郑淑娜. 台刊载文谈政治犯罪 [J]. 中国法学，1992，(2).

[46] 庞仕平，韩霖. 论国家安全视野中的"政治犯罪"[J]. 国际关系学院学报，2006，(1).

[47] 吴景芳. 两岸共同打击犯罪应有之做法 [J]. 中兴法学（台北），1998，(44).

[48] 林锦村. 论海峡两岸之刑事司法协助 [J]. 法令月刊（台北），1996，(12).

[49] 柯葛壮，论两岸刑事司法协助 [A]. 赵秉志，黄晓亮：中国区际刑法专题整理 [C]. 北京：中国人民公安大学出版社，2009.

[50] 张宪初，谈香港内地区际民商事司法协助的几个问题 [A]. 北京国际法律大会：法律研讨会论文集 [C]. 北京：中国人民公安大学出版社，2005.

[51] 赵秉志，陈一榕. 试论政治犯罪不引渡原则 [J]. 现代法学，2001，(2).

[52] 庞仕平，韩霖. 论国家安全视野中的"政治犯罪"[J]. 国际关系学院学报，2006，(1).

[53] 周露露. 欧盟引渡制度的新发展及对我国的启示 [J]. 法学，2003，(12).

[54] 杨柳. 内地与香港移交逃犯合作之法律障碍及对策分析 [J]. 时代法学，2008，(4).

[55] 托尔斯泰. 施泰因. 国际恐怖主义和引渡权 [A]. 当代联邦德国国际法律论文集 [C]. 北京: 北京航空航天大学出版社, 1992.

[56] 刘道伦. 两岸共同打击犯罪存在的问题及对策 [J]. 福建法学, 2009, (1).

[57] 王绰光, 吴冠霆. 由台湾之证据法则论被告以外之人于大陆公安面前之陈述 [A]. 中国法官协会、福建省法官协会. 海峡两岸司法实务研讨会论文汇编 [C]. 福州, 2009.

[58] 陈龙环. 试论两岸刑事取证协作制度的构建 [A]. 中国法官协会、福建省法官协会. 海峡两岸司法实务研讨会论文汇编 [C]. 福州, 2009.

[59] 董武全. 两岸刑事司法实务互助机制之构建与展望 [A]. 中国法官协会、福建省法官协会. 海峡两岸司法实务研讨会论文汇编 [C]. 福州, 2009.

[60] 陈朱贵. 两岸司法文书送达互助制度暨取证互助、证据采信制度之研究 [A]. 中国法官协会、福建省法官协会. 海峡两岸司法实务研讨会论文汇编 [C]. 福州, 2009.

[61] 蔡丽宾. 涉台刑事案件证据认定之管见 [A]. 中国法官协会、福建省法官协会. 海峡两岸司法实务研讨会论文汇编 [C]. 福州, 2009.

[62] 林雪标. 涉台刑事案件证据的调取与采信 [A]. 中国法官协会、福建省法官协会. 海峡两岸司法实务研讨会论文汇编 [C]. 福州, 2009.

[63] 林建斌. 两岸刑事司法取证互助研究 [A]. 中国法官协会、福建省法官协会. 海峡两岸司法实务研讨会论文汇编 [C]. 福州, 2009.

[64] 施建清. 两岸刑事司法取证互助、证据采信制度探析 [A]. 中国法官协会、福建省法官协会. 海峡两岸司法实务研讨会论文汇编 [C]. 福州, 2009.

[65] 鲍艳. 关于解送在押人员出国作证的有关规定 [A]. 黄风、赵林娜、张磊. 国际刑事司法合作: 研究与文献 [C]. 北京: 中国政法大学出版社: 2009.

[66] 张晓鸣, 鲍艳. 跨国视频音频取证问题初探 [A]. 黄风、赵林娜、张磊. 国际刑事司法合作: 研究与文献 [C]. 北京: 中国政法大学出版社: 2009.

[67] 周晓永. 国际执法合作中的远程视像取证 [A]. 黄风、赵林娜、张磊. 国际刑事司法合作：研究与文献 [C]. 北京：中国政法大学出版社：2009.

[68] 胡淑朱，徐快华. 两岸司法文书送达互助制度探究 [A]. 中国法官协会、福建省法官协会. 海峡两岸司法实务研讨会论文汇编 [C]. 福州，2009.

[69] 朱新平，程明敏. 两岸诉讼文书送达问题研究 [A]. 中国法官协会、福建省法官协会. 海峡两岸司法实务研讨会论文汇编 [C]. 福州，2009.

[70] 陈燕萍. 涉台民事案件送达程序存在的问题及对策 [A]. 中国法官协会、福建省法官协会. 海峡两岸司法实务研讨会论文汇编 [C]. 福州，2009.

[71] 李太正. 两岸司法文书送达之回顾与展望 [A]. 中国法官协会、福建省法官协会. 海峡两岸司法实务研讨会论文汇编 [C]. 福州，2009.

[72] 黄风. 来自国际反腐战线的报告——<联合国反腐败公约若干法律问题 > [N]. 法制日报，2003—8—21 (4).

[73] 赵秉志. 海峡两岸间刑事案件移交和已决犯移管问题研究 [A]. 赵秉志. 中国区际刑法问题专论 [C]. 北京：中国人民公安大学出版社，2005.

[74] 黄风. 关于追缴犯罪所得的国际司法合作若干问题研究 [J]. 政治与法律，2002，(5).

[75] 高俊义. 国际刑事司法协助中“犯罪资产分享”问题初探 [J]. 公安研究，2005，(12).

[76] 张磊. 澳大利亚2002年 <犯罪收益追缴法 > 中的犯罪收益没收制度 [A]. 黄风，赵林娜. 国际刑事司法合作：研究与文献 [C]. 北京：中国政法大学出版社，2009.

[77] 张静，刘炯，试论被没收犯罪收益分享机制 [A]. 黄风，赵林娜. 国际刑事司法合作：研究与文献 [C]. 北京：中国政法大学出版社，2009.

[78] 向党. 论国际侦查措施——追缴犯罪收益 [J]. 公安研究，1998，

(3).

[79] 张明. 被判刑人移管研究 [A]. 黄风，赵林娜. 国际刑事司法合作：研究与文献 [C]. 北京：中国政法大学出版社，2009.

[80] 赵秉志. 中国内地与港澳特区之间被判刑人移管机制构建探讨 [J]. 环球法律评论，2009，(5).

[81] 刘志伟. 外国被判刑人移管的原则、条件及被判刑人移管程序研究 [A]. 赵秉志，陈弘毅. 国际刑法与国际犯罪专题探索 [C]. 北京：中国人民公安大学出版社，2003.

[82] 赵秉志，黄芳. 香港特别行政区与外国移交被判刑人制度研究 [A]. 赵秉志、陈弘毅. 国际刑法与国际犯罪专题探索 [C]. 北京：中国人民公安大学出版社，2003.

[83] 徐吉童. 被判刑人移管中的几个理论与实践问题探讨 [A]. 黄风，赵林娜. 国际刑事司法合作：研究与文献 [C]. 北京：中国政法大学出版社，2009.

[84] 刘志伟，左坚卫. 外国被判刑人移管的原则、条件及程序探讨 [J]. 北京科技大学学报，2003，(1).

[85] 赵秉志，黄晓亮. 港澳特区关于移交被判刑人的安排之考察与启示 [J]. 法学论坛，2009，(7).

[86] 黄风. 中华人民共和国国际刑事司法协助法（立法建议稿）[J]. 法学评论，2008，(1).

[87] 吴仲柱. 两岸警务协作实践与深化路径 [J]. 中国人民公安大学学报，2009，(3).

[88] 白俊华. 海峡两岸侦查程序中若干问题的比较 [J]. 中国人民公安大学学报，2003，(3).

[89] 朱恩涛. 加强警学研究，促进警务合作 [A]. 中国警察协会. 海峡两岸暨香港澳门警学研讨会论文集 [C]. 上海，2006.

[90] 朱穗生. 加强警务合作，打击跨境犯罪——粤港澳台四地警务合作的实践与思考 [A]. 中国警察协会. 海峡两岸暨香港澳门警学研讨会论文集 [C]. 上海，2006.

[91] 王连蒲. 海峡两岸侦查制度比较研究 [J]. 福建公安高等专科学

校学报，2007，(3).

［92］赵永琛. 论区域警务合作［J］. 政法学刊，1999，(2).

［93］闵剑 . 对当前国际警务合作方式的探讨［J］. 上海公安高等专科学校学报，2005，(2).

［94］张建良、熊安邦. 中国区际警务合作模式的探析［J］. 云南警官学院 学报，2009，(1).

［95］顾风高，郑德明. 建立互信 民生为先 务实合作——来关于加强海峡两岸警务交流合作的几点思考［J］. 公安学刊，2009，(6).

［96］林德华. 海峡两岸共同打击跨境诈欺犯罪对策探讨［A］. 中国警察协会. 海峡两岸暨香港澳门警学研讨会论文集［C］. 苏州，2010.

［97］叶俊，周治国. 深度警银合作：电信诈骗犯罪的有效阻击点［J］. 上海公安高等专科学校学报，2009，(12).

［98］谢连焱. 电信诈骗的防控体系研究［J］. 法制与社会，2011，(5).

［99］林宜隆，张志岑等. VOIP 网络电话诈欺的犯罪分析与防治因应对策之研究［A］. 中国警察协会. 海峡两岸暨香港澳门警学研讨会论文集［C］. 苏州，2010.